Phänomen-Verlag

Enjoy your Evolution!

Wolfram Kölling

Die Spirale der Wandlung

Die Bedeutung von Scham und Schamlosigkeit für unser Leben

Phänomen-Verlag

Bibliografische Information Der Deutschen Bibliothek:

Die Deutsche Bibliothek verzeichnet diese Publikation in der Deutschen Nationalbibliografie; detaillierte bibliografische Daten sind im Internet über http://dnb.ddb.de abrufbar.

Wolfram Kölling
Die Spirale der Wandlung
EAN 978-84-946284-5-0

Phänomen-Verlag
Web: www.phaenomen-verlag.de
E-Mail: kontakt@phaenomen-verlag.de

Satz & Gestaltung: Phänomen-Verlag

WIDMUNG

Ich widme dieses Buch meiner lieben Frau Helga, die mich in meiner Arbeit immer wunderbar und sehr wertschätzend unterstützt hat. Gleichzeitig war sie auch immer sehr klar und deutlich in ihrer sehr konstruktiven Kritik. Ebenfalls widme ich diese Arbeit meinen Töchtern Anna und Eva.

Über den Autor

Wolfram Kölling. Dipl.Psychologe ist Psychologischer Psychotherapeut mit jahrzehntelanger Erfahrung als Gruppen- und Seminarleiter. Er war siebzehn Jahre Leitender Psychologe in einer Psychosomatischen Klinik. Nach intensiven Fort- und Weiterbildungen sowie Selbsterfahrungen u.a. in Kathatym Imaginativer Psychotherapie (KIP), Primärtherapie, Holotropen Atmen, Gestalttherapie und EMDR hat er sich vor allem mit dem Studium schwerer Schamkonflikte und Persönlichkeitsstörungen beschäftigt. In einem eigenen Ansatz der Arbeit mit inneren Einstellungen verbindet er traditionelle Psychotherapie mit den Erkenntnissen einer Integralen Transpersonalen Psychologie. Intensive Erfahrungen und auch persönliche Begegnungen u.a. mit Stan Grof, Henning von der Osten, Sogyal Rinpoche, Jack Kornfield und Hunter Beaumont waren sehr bedeutend und haben seine Arbeit stark beeinflußt.

Inhaltsverzeichnis

Einleitung . . . 9

TEIL I: ZERRISSENHEIT . . . 13

1. Am Anfang war die Scham . . . 14
2. Schamgefühle und die Spaltung der Gegensätze . . . 30
3. Die seelische Zerrissenheit . . . 34
4. Verschmelzung oder Distanz . . . 45
5. Muttersöhne . . . 51
6. Vatertöchter . . . 71
7. Suche – Sehnsucht – Sucht . . . 79

TEIL II: BEWUSSTSEIN . . . 89

8. Schamgefühle – Stolpersteine auf dem spirituellen Weg . . . 90
9. Stufen des Bewusstseins . . . 108
10. Hindernisse und Blockaden . . . 129

TEIL III: SPIRALE DER WANDLUNG . . . 139

11. Der Fluss der Entwicklung . . . 140
12. Die Arbeit mit inneren Einstellungen . . . 149
13. Da-Sein . . . 164
14. Verlust der Einheit . . . 171
15. Egozentrik . . . 180
16. Die Wandlung der Beziehung zur inneren Mutter . . . 188
17. Die Wandlung der Beziehung zum inneren Vater . . . 193
18. Die Suche nach der frühen Einheit . . . 197
19. Der Fluss der Genesung . . . 204

Exkurs: Die Kultur der scheinbaren Schamlosigkeit . . . 215

20. Boomeritis oder ein postmoderner Sozialcharakter . . . 217
22. Schritte des Wandels . . . 252

Anmerkungen . . . 271
Literatur . . . 280

Einleitung

„Das Gesicht zu verlieren heißt,
vor Scham zu vergehen,
und wie wahr ist das:
Wir wollen nicht das Gesicht verlieren!
Wir wollen nicht vergehen!
Wir wollen nicht, dass die Empfindung
des getrennten Selbst aufhört"
(Ken Wilber)

Dieses Buch liegt mir persönlich sehr am Herzen und es ist inhaltlich ein großer Kompromiss zwischen sehr unterschiedlichen Bedürfnissen, Ansprüchen und Interessen. Vor allem sind damit auch meine sehr persönlichen Wünsche gemeint, bestimmte Erfahrungen aus der Therapie mit Menschen, die unter Schamgefühlen und ganz besonders unter verborgenen Schamkonflikten leiden und deshalb sehr intensiv an sich arbeiten zu teilen, d.h. aufzuschreiben, theoretisch zu reflektieren und öffentlich zu machen. Gleichzeitig will ich gerne immer wieder mal deutlich machen, in welcher Art ich von bestimmten Veränderungsschritten persönlich betroffen bin, denn so ist die Wahrscheinlichkeit etwas größer, dass ich vielleicht an der einen oder anderen Stelle als Mensch für den Leser spürbar werde. Denn in einem Punkt bin ich mir in den vielen Jahren meiner praktischen Tätigkeit als Psychotherapeut ganz sicher geworden: die authentischen, zwischenmenschlichen Begegnungen sind letztlich die Antriebskräfte für jede menschliche Entwicklung. Das gilt immer für die Entwicklungs- oder Genesungsschritte der Menschen, mit denen ich als professioneller Helfer zu tun hatte, aber genauso auch für meinen persönlichen Prozess der Veränderung.

Allerdings will ich, was die Scham betrifft, gleich hier festhalten, dass Menschen im Zusammenhang mit Scham nicht immer offen leiden, sondern dass die Scham auf verschiedene Art und Weise meist unbewusst unser Leben bestimmt.

Darüber zu schreiben ist mir seit vielen Jahren ein sehr wichtiges Anliegen und jetzt, einige Zeit nach meinem Ausscheiden aus der beruflichen Tätigkeit als Leitender Psychologe in einer Psychosomatischen Klinik, spüre ich deutlich, wie wichtig mir die konkrete Arbeit an diesem Projekt ist.

Die erste Frage ist bei einem Buch wohl immer die nach der Zielgruppe, also für wen ein Buch geschrieben wird. Jedenfalls habe ich diese Erfahrung gemacht, als ich Kontakte zu Verlagen hatte, bei denen es um mögliche Veröffentlichungen meiner Arbeiten ging.

Nun, mein Buch soll kein Fachbuch werden und auch kein wissenschaftliches, akademisches Werk, sondern eher eine Art Erfahrungsbericht aus der Arbeit mit Menschen, die mit Schamkonflikten zu tun haben. Es ist natürlich klar, dass meine persönlichen Erlebnisse und meine Begegnungen mit Menschen von mir immer in Zusammenhang gebracht werden mit wissenschaftlichen Erkenntnissen und Modellen der Psychologie. Theoretische Konzepte und Modelle werden von mir jedoch immer sehr vereinfacht und so modifiziert und dann vorgestellt, dass sie für möglichst viele Menschen verständlich, annehmbar und vielleicht sogar berührend sind. Solche Berührungen sind eigentlich mein innerster Wunsch. Es ist also ein Buch für Betroffene. Betroffen ist bei diesem Thema aber gerade jeder Mensch, und so soll auch eine Trennung zwischen Patient und Therapeut in diesem Buch möglichst keine besondere Bedeutung mehr bekommen. Bei der Vereinfachung war ich dennoch immer sehr bemüht, Wesentliches aus psychologischen Theorien zu erfassen und dieses dann sozusagen für alle Menschen verständlich, wiederzugeben. Dieses Wesentliche sollte in jedem Fall nicht verloren gehen, ja sogar als besonders wichtig erhalten bleiben und diesbezüglich herausgestellt werden.

Bei einem Buch für Betroffene tauchen erneut zwei Fragen auf, die es wohl erst zu klären gilt. Als erstes möchte ich deutlich machen, dass es mir nicht um psychische Krankheiten geht und auch nicht abgegrenzt davon, um sogenanntes gesundes Verhalten, sondern um natürliches, menschliches Verhalten, wie jeder Mensch es kennt und erleben kann. Ich habe den Wunsch und einen nicht ganz unbescheidenen Anspruch, etwas über dieses Erleben zu schreiben aber jenseits einer Einteilung in gesund und krank.

Wie schon angedeutet, werde ich natürlich vorhandene theoretische Modelle und Konzepte nutzen und auch die Modelle von psychischen Krankheiten, wie sie unsere Gesellschaft derzeit vorgibt, jedoch höchstens im Sinne von Landkarten und nicht von Wirklichkeiten. Die Wirklichkeit sind dann die tatsächlich erlebten Zustände, wie jeder Mensch sie erfahren kann.

Eine weitere Schwierigkeit ist der Schamaffekt selbst und das dazugehörende Gefühl der Peinlichkeit, was ja vereinfacht ausgedrückt eine schwächere Ausprägung von Scham ist. Die Scham wahrzunehmen oder auch früher erlebte Beschämungen in sich zu erkennen, löst bereits wieder Scham aus, und auch wenn die Scham wahrgenommen wird, löst das Sprechen darüber erneut das Gefühl der Peinlichkeit aus. Wir haben es also damit zu tun, dass Schamgefühle immer wieder aus dem bewussten Erleben verloren gehen und durch sogenannte Masken der Scham überdeckt werden. Diese Masken der Scham werden nun in unserer Kultur der scheinbaren Schamlosigkeit immer bedeutender und auch gesellschaftlich immer mehr akzeptiert, manchmal sogar gewünscht, sodass meiner Ansicht nach eine ausführliche Aufklärung zu dieser umfassenden Problematik immer notwendiger wird.

Zum Schluss möchte ich noch hinzufügen, dass mir auch eine Art spirituelle Entwicklung in meinem ganzen Berufsleben immer wichtiger geworden ist. Meine ersten Erlebnisse diesbezüglich hatte ich 1980, als ich im Zusammenhang mit der Geburt meiner ersten Tochter eine Primärtherapie bei einem spirituell orientierten Therapeuten gemacht habe.

Diese Erfahrungen habe ich als sehr wertvoll für meine eigene Psychotherapie erlebt und so habe ich immer wieder mal Begegnungen mit spirituellen Lehrern gehabt und mich auch mit verschiedenen Praktiken und Schriften zu Spiritualität intensiv auseinandergesetzt.

Schritte im Sinne eines spirituellen Wachstums gehören deshalb immer auch zu meiner Arbeit und die Schritte der Entwicklung oder der Genesung, wie ich sie hier im Zusammenhang mit Schamgefühlen beschreiben werde, möchte ich also grundsätzlich auch als Schritte der spirituellen Genesung betrachten.

TEIL I

ZERRISSENHEIT

1. Am Anfang war die Scham

„Adam, der Mensch schlechthin, sei ganz in Licht gehüllt, in Gewänder von Licht gekleidet gewesen, bis er aus dem Garten Eden verstoßen worden sei. Nach dem Grunderlebnis der Scham: entdeckt und bloßgestellt, verworfen und ausgeschlossen worden zu sein, steht er nun da, seiner Lichtgestalt beraubt. Doch bei jedem einzelnen findet sich die Spur dieses ursprünglichen Lichtes, der Ebenbildlichkeit des Göttlichen, im Antlitz wieder: im Gesicht als dem persönlichsten und individuellsten Ausdruck des Menschlichen."

(Aus dem Hebräischen)[(1)]

In den vielen Jahren meiner beruflichen Tätigkeit habe ich mich besonders mit den Schamgefühlen der Menschen beschäftigt und dabei habe ich persönlich immer wieder erkannt, wie sehr ich selbst in meinem Leben mit Schamgefühlen zu tun hatte und natürlich in einem gewissen Ausmaß immer noch habe.

Alles fing damit an, als mir am Anfang meiner beruflichen Laufbahn ein Supervisor eines Tages einen Artikel in die Hand drückte und sagte: „Herr Kölling, lesen sie doch mal diesen Artikel, er könnte für sie hilfreich sein bei ihrem Fall".[2] Nun dieser Artikel war mir nicht nur sehr wichtig für meine Arbeit mit einem Klienten, sondern ich habe sofort gespürt, dass das Thema auch sehr viel mit mir persönlich zu tun hat. Ich begab mich also auf die Suche nach weiterer Literatur zu diesem ganzen Themenkomplex und begann mit einem intensiven Studium dieses Gefühls.

Nicht nur, aber ganz besonders bei Menschen mit einer sogenannten narzisstischen Persönlichkeitsentwicklung erkannte ich immer häufiger schwere Konflikte, die mit Schamgefühlen zu tun haben. Dabei wurde mir sehr schnell deutlich, dass Schamgefühle grundsätzlich oft tabuisiert, verleugnet und in der psychotherapeutischen Arbeit auch vernachlässigt und vergessen werden.

Da tauchte natürlich die Frage auf, warum dies so ist. Also erst einmal können wir feststellen, dass Scham, anders als andere Gefühle, ein existenzielles Gefühl ist; es hat mehr mit dem menschlichen Dasein zu tun als andere Gefühle.

Dann wird dieses Gefühl vielleicht auch gerade deshalb so übersehen und vernachlässigt, weil es als eines der sogenannten Leitgefühle des Narzissmus betrachtet wird und es in einer männlich-narzisstischen Gesellschaft eben nicht sein darf und hinter einer Maske versteckt werden muss. In dieser Gesellschaft wird die Scham eben auch ganz besonders von Männern nicht gesehen, was ich später in einem eigenen Kapitel erörtern werde. Es ist also grundsätzlich schwer zu bekennen, dass man sich schämt, denn schon das Sprechen darüber kann erneut Scham auslösen.

So wie der Mensch, der sich schämt, verschwinden oder sich verstecken und verbergen möchte, so verbirgt sich auch das Gefühl selbst hinter bestimmten Verhaltensweisen, anderen Gefühlen oder Charaktereigenschaften. Der Zustand der Beschämung wird also in einer bestimmten Art scheinbar verarbeitet und damit aus dem bewussten Erleben abgespalten. An dieser Stelle ist mir wichtig zu betonen, dass die Charakterbildung oder eben die Entwicklung von Persönlichkeitseigenschaften und Einstellungen in der Kindheit die Wunden der Erschütterungen des Selbst, die Scham auslösen, zudecken, und somit kann es sein, dass der erwachsene Mensch Scham nicht mehr wahrnimmt. Es ist sogar so, dass bei bestimmten Persönlichkeitstypen die Fähigkeit, Scham zu erleben in der frühen Kindheit nicht gelernt wurde. Diese Menschen haben sich Scham sozusagen nicht angeeignet.

Ich spreche hier erst einmal von der Wunde der Scham oder dem Schmerz der Scham, die zugedeckt werden müssen, da sie für den Menschen schwer auszuhalten sind. Ist Scham also immer negativ oder als pathologisch anzusehen? Nein, die Scham ist vor allem eine Art Signalgefühl. Sie zeigt dem Betroffenen, dass sein Selbst, also der Kern seiner Persönlichkeit, angegriffen oder verletzt wird. Genauer gesagt zeigt die Scham auch, wenn der Mensch in seinem Selbstgefühl irritiert, verunsichert oder verwirrt ist, beziehungsweise sein Selbstgefühl plötzlich verloren geht. Also ist Scham ein natürliches und auch zutiefst menschliches Gefühl. Also jemand macht z. B. eine abwertende Bemerkung oder hänselt oder demütigt einen Anderen und bei dem Betreffenden kann es kurz zu einem Schamgefühl kommen. Kann diese

Person in dieser Situation auch andere Gefühle wahrnehmen und zeigen, wie Ärger oder ein Verletzungsgefühl so kann sich die Scham schnell auflösen, denn ihre Schutz- oder Signalfunktion ist dann nicht mehr notwendig. Der Mensch kann sich wehren, sich verteidigen oder auch nur empören beziehungsweise sein Verhalten ändern, also lernen. Zum menschlichen Lernprozess gehört also Scham immer dazu.

Allerdings ist es bei sehr vielen Menschen leider nicht immer so einfach. Das Beispiel ist eher ein Idealzustand, denn dieser Umgang mit Scham hat sehr viel zu tun mit den erlebten Beschämungen in der Kindheit und in der Jugend. Die oben beschriebenen Entwicklungen von Persönlichkeitsmustern oder Charaktereinstellungen dienen ja dazu, die durch Beschämung entstandene Wunde des Schmerzes zuzudecken. Deshalb können wir hier von „Masken der Scham"[3] sprechen, denn solche Charakterhaltungen oder auch andere Gefühle, die Deckgefühle genannt werden können, verhindern eben, dass der betreffende Mensch seine Scham überhaupt wahrnimmt. Sie maskieren gewissermaßen die Scham oder decken sie zu.

Scham hat also auf eine bestimmte Art mehr mit dem Auf-der Welt-Sein, mit dem Da-Sein und dem Selbst-Sein zu tun als andere Gefühle. Sie hängt mit dem wachsenden und sich abgrenzenden Selbst also auch mit dem sich entwickelnden Identitätsgefühl des Menschen zusammen. Man kann sich schämen, wenn man sich gesehen, wahrgenommen, beobachtet, beurteilt oder bloßgestellt erlebt und natürlich ganz besonders, wenn man sich kritisiert, entwertet oder abgewertet erlebt. Der Beschämte fühlt sich gesehen und erkannt mit seiner Schwäche, seinen Fehlern oder mit seinen Mängeln und Defekten. Ich sprach schon von Erschütterungen des Selbst und werde diese Definition auch immer wieder gebrauchen, denn die Irritation, die Verunsicherung oder die Verwirrung und totale Unklarheit über sein Selbst ist es, die beim Menschen einen Zustand auslöst, den wir Scham nennen. In dieser Verwirrtheit oder den Zuständen von Auflösung bzw. von innerem Zusammenbrechen gesehen zu werden macht den großen Schmerz der Scham aus. Dabei ist es oft gleichgültig ob der andere, von dem man sich gesehen fühlt, real da ist oder ob er psychisch bereits verinnerlicht wurde. Also wenn ein Mensch plötzlich Scham empfindet, wenn er im Kontakt mit einem anderen ist, kann es möglich sein, dass in diesem

Augenblick früher erlebte Scham ausgelöst wird. Besonders durch einen Augenkontakt kann ein Schamgefühl mobilisiert werden, obwohl dieser Andere keinerlei negative Signale aussendet und auch keine negativen Gefühle hat. Frühere Beschämungen z. B. Demütigungen durch den Vater in der Kindheit lösen dann die aktuelle Scham aus.

Wenn wir einen Blick auf die Entwicklung des Menschen in der frühen Kindheit werfen, dann können wir feststellen, dass das Schamgefühl dort entsteht, wo das Eigene, der intime Kern des Selbst plötzlich auf das Fremde stößt. Mit diesen wechselseitigen Prozessen zwischen dem Kleinkind und der ersten Bezugsperson befasst sich der Psychoanalytiker Seidler und entwickelt dazu eine Beziehungslehre. Da wo das Selbst auf den Anderen trifft, an dieser Schnittstelle von Innen und Außen, entsteht das Schamgefühl. Allerdings ist nicht nur die Schnittstelle zwischen dem Ich und dem Anderen von Bedeutung, sondern auch die Schnittstelle zwischen dem Ich und dem tiefsten inneren Kern des eigenen Selbst. Dieses Kind schaut sozusagen kritisch auf sein inneres Selbst oder noch besser auf den inneren Kern seines Selbst und da kann sich die Scham entfalten. Scham ist also grundsätzlich kein negatives Gefühl, sondern ein Affekt, der direkt mit dem Selbst-Gefühl und wie wir später noch genauer sehen werden mit der Regulation des Selbstwertgefühls zusammenhängt. So gesehen gehört die Scham direkt zur Beziehung zwischen dem Ich und dem Du. Da wo ein Ich und ein Anderer sind, da ist auch die Scham. Scham gehört also immer zur Individualität des Menschen und ist gleichzeitig ein soziales Gefühl, da immer auch mindestens zwei Menschen dazu gehören.

Bei dem sich entwickelnden und wachsenden Selbst in der frühen Kindheit ist dieser "Schnittstellenaffekt" immer beteiligt.[4] Das Selbst des kleinen Kindes entsteht ja durch das Wahrgenommen- und Angenommen-Werden, also auch durch Bestätigt-Werden. Dieses Gesehen-Werden oder geachtet und geliebt werden durch die Mutter, den Vater oder einer anderen engen Bezugsperson, ist ja die erste Voraussetzung für die Entwicklung der Persönlichkeit. Die liebevollen und angemessen fürsorglich-bestätigenden Reaktionen sind es ja durch die sich die Struktur eines Selbst entwickeln kann. Man spricht in diesem Zusammenhang auch von Spiegelung, da die sorgende Bezugsperson auf die

Signale des Kindes wie ein Spiegel reagiert, aber auch umgekehrt das kleine Kind wie ein Spiegel auf die Signale der Bezugsperson.

Das sich so gerade langsam entwickelnde Selbst kann durch das Gesehen-Werden beginnen, sich selbst zu sehen. Durch einen überwiegend „guten Blick” der Mutter oder des Vaters entsteht also das Selbst bzw. das Selbstgefühl und das Selbstbewusstsein.

Nun kann es in diesem Prozess, bei dem Seidler auch von Reflexivität spricht, immer dann zu einem physiologischen Erschrecken kommen, wenn das Kind in einem Augenblick in dem es Vertrautes oder „Gleiches“ erwartet, plötzlich und unerwartet etwas „Unvertrautes”, „Fremdes” möglicherweise sogar etwas Unangenehmes oder gar Verletzendes erlebt. Das kleinkindliche, noch nicht gereifte und entwickelte oder entfaltete Selbst sucht nach Seidler bei der Begegnung "beglückende Übereinstimmung" (das Eigene, Vertraute, Gewohnte) und findet im Gegenüber immer auch das Andere (das Fremde). Kommt es also statt zu der erwarteten Wertschätzung und Akzeptanz zu Ablehnung oder Zurückweisung – Schüttauf und Specht sprechen auch von Verwerfung – so kommt es zu dem schon genannten physiologischen Zustand des Erschreckens, den diese Autoren auch Protoscham nennen.[5]

Ich bin allerdings zu der Überzeugung gekommen, dass es sich bei der Suche nach „Gesehen-Werden” immer auch um eine Art spirituelle Sehnsucht handelt, um eine Sehnsucht nach Ganzheit. Es ist eine Suche nach Verbundenheit, nach Bindung zu einem übergeordneten Ganzen oder auch die Sehnsucht des Menschen nach Transzendenz, die hier eine Bedeutung bekommt. Manche Menschen erleben es als Sehnsucht nach Gott oder dem göttlichen Licht, andere sprechen von einer höheren Macht oder einem höheren Selbst. In jedem Fall ist es ein Drang nach Überwindung aller Arten von Teilungen. Da die Scham auch im direkten Zusammenhang mit dieser Sehnsucht entsteht, hat sie gleichzeitig mit zwischenmenschlichem Kontakt und Beziehung sowie mit Spiritualität zu tun. Ich werde an anderer Stelle auf dieses Thema etwas genauer eingehen.

„Die Scham signalisiert die Fähigkeit zur Wahrnehmung in fremd und vertraut”.[6] Dahinter steht der zutiefst menschliche, triebbestimmte Wunsch, erkannt zu werden. Jeder Mensch hat das grundsätzliche

Bedürfnis, gesehen und „erkannt" und dadurch eben auch bestätigt zu werden.

Die gesunde oder natürliche Scham signalisiert dem sich Schämenden eine Verletzung oder einen Angriff auf den tiefsten und intimsten Kern seiner Persönlichkeit. „Ich werde gesehen in meiner Verletzbarkeit, mit meiner Schwäche und meinen Fehlern, letztlich in meiner Unvollkommenheit". Fehlende Scham hingegen bedeutet Hochmut, menschliche Hybris oder Überheblichkeit und Arroganz bis hin zur Größenvorstellung. Wir können dies auch narzisstische Grandiosität, Omnipotenz oder Allmachtsvorstellung nennen. Die Fähigkeit, natürliche Scham zu empfinden und damit umzugehen hingegen zeigt uns, dass wir Menschen sind, mit all unseren Fehlern und Schwächen, unvollkommen ja sogar unvollendet.[7] Die Wahrnehmung von Scham und der achtsame Umgang mit diesem Gefühl, kann somit auch als natürliches Gegenmittel gegen einen übertriebenen Narzissmus verstanden werden.

So wichtig es also ist, Scham in einem natürlichen Ausmaß erleben zu können, so schwierig wird es andererseits, wenn wir unter extremen Schamgefühlen leiden oder zu starken Schamgefühlen neigen. Gesunde Scham ist also für unsere Entwicklung, für menschliches Lernen und für die Regulation des Selbstwertgefühls sehr wichtig, sie zeigt uns unsere Menschlichkeit. Kranke oder die sogenannte „vergiftete Scham" ist immer ein zu viel an Scham und kann zu schweren Leidenszuständen führen. In dieser Arbeit geht es mir aber nicht nur um Scham, die zur Krankheit führt, sondern auch um ein mittleres Maß an Beschämungen, nämlich um die Art von Beschämungen, die zu den diversen Charakterhaltungen und Persönlichkeitseigenschaften führen, die in unserer Gesellschaft durchaus kritisch zu bewerten und zu hinterfragen sind. Scham hat also durchaus auch eine gesellschaftliche und politische Dimension.

Kommt es in der Kindheit und besonders in der frühen Kindheit zu extrem starken und häufigen Erfahrungen von Missachtung oder besonders der Verletzung der Bedürfnisse nach Schutz, Zugehörigkeit, Integrität und Anerkennung,[8] so entsteht eine Art „Schamprägung" mit einer sich entwickelnden Neigung zu Schamgefühlen und einem brüchigen Selbst. Brüchiges Selbst bedeutet eine Empfindlichkeit oder Verletzlichkeit des Selbstwertgefühls und auch des Selbstgefühls. Manche

Menschen mit diesen Erfahrungen leiden auch unter einer Art Schamattacke, die sie in bestimmten Krisensituationen überfällt. Dies kann dann auch als „inneres Zusammenfallen" als „Zusammenbruch" oder als ein „fragiler Selbstprozess" beschrieben werden.[9]

Weitere mögliche Verletzungen und Traumatisierungen, die zu schweren Schamprägungen führen können, sind häufige Entwertungen, Abwertungen und Bloßstellungen, sowie extreme Kränkungen und das Erleben von Verachtung, Gewalt und sexueller Gewalt sowie natürlich jede Art von Missachtung, Misshandlung und Grenzüberschreitung. Diese Erfahrungen führen durch die erwähnten Erschütterungen zu einem Übermaß an Scham, die dann als „toxische Scham" die Entwicklung der Persönlichkeit besonders stark beeinträchtigt.[10]

Wir haben gesehen, dass die Scham dort entsteht, wo das Ich auf das Du stößt. Wenn die Erfahrungen einer „beglückenden Übereinstimmung" mit der bestätigenden Mutter oder dem Vater häufig sind und der „Glanz im Auge der Mutter" auch oft genug erfahren wurde, dann entwickelt sich ein natürlicher Umgang mit Schamgefühlen und eine Stabilität des Selbstwertgefühls.

Allerdings ist hier ein mittleres Maß an Bestätigung und Anerkennung notwendig. Deutliche Überbehütung oder extreme Verwöhnung und Überfürsorglichkeit, aber auch zu viel Gewähren oder ständiges Loben, führen ebenfalls zur Schamentwicklung, da das betroffene Kind an dieses Übermaß an Versorgung oder Bestätigung fixiert bleibt und jede Versagung oder Begrenzung dann die Scham des „Nichtwert-Seins" auslösen kann. Die Entwicklung einer normalen Selbstsicherheit des kleinen Kindes oder ein stabiles Gefühl für sich selbst, kann aber auch durch einen heftigen und intensiven Blick des Anderen plötzlich und brutal unterbrochen werden, wenn es noch sehr empfindlich ist.

Die Selbstwerdung ist also einerseits ein Ergebnis des „Blicks des Anderen", andererseits kann der „fremde Blick" oder gar der „böse Blick" bei einem schwachen Selbst zum inneren Zusammenfallen oder zum Zusammenbrechen führen. Dieser Zusammenbruch des Selbstgefühls, der auch fragiler Selbstprozess genannt wird, kann außer mit Schamgefühlen auch häufig mit Ekelgefühlen verbunden sein. Literarisch sind solche Prozesse sehr deutlich von Jean-Paul Sartre in seinem Roman „Der Ekel" dargestellt worden. Da werden Fremdheitsgefühle beschrieben, Gegenstände bekommen eine Art „Eigenpersönlichkeit" und das Leben wirke so „unstet und zusammenhanglos". Man fühle sich gelähmt, ist „unfähig, sich auszudrücken", so als sei man „voller lauwarmer Milch" und zugleich „leer".[11] Sartre beschreibt in diesem Roman Entfremdungsprozesse, die wir psychologisch auch als Schamprozesse, „fragile Selbstprozesse" oder auch als „Masken der Scham" bezeichnen können.

Schamgefühle sind also einerseits zutiefst menschlich und signalisieren dem Betreffenden seine menschliche Begrenztheit und Unvollkommenheit, andererseits können sie bei extremer Ausprägung zu schweren Persönlichkeitsstörungen führen. Dazwischen gibt es natürlich einen großen Bereich von Schamgefühlen, die teilweise Signalgefühl zum Schutz sein können und teilweise auch zu stark das Leben des Betroffenen einschränken können

Die Inhalte des Schamaffekts können unter anderen sein:

- *Ich verachte mich selbst*
- *Ich fühle mich defekt, psychisch, physisch und geistig zu kurz gekommen*
- *Ich bin schwach und versage beispielsweise in Rivalitätssituationen*
- *Ich fühle mich schmutzig und verachtet, empfinde Ekel*
- *Ich habe über Körperfunktionen und Gefühle die Kontrolle verloren*
- *Sexuelle Erregung durch Leiden, Erniedrigung und Schmerz*
- *Wahrnehmen und Zeigen sind gefährliche Aktivitäten und werden bestraft.*[12]

Der sich Schämende reagiert auf dieses Gefühl immer mit dem Impuls sich zu verstecken, sich zu verbergen oder gar zu verschwinden, „ich könnte vor Scham im Boden versinken".

Aber auch das Gefühl der Scham selbst verbirgt sich und wird von dem Betroffenen oft nicht als solches wahrgenommen. Im Laufe der Sozialisation wird die Scham ja durch die Entwicklung spezifischer Charakterhaltungen, Einstellungen, bestimmten Verhaltensmustern oder anderen Gefühlen vom bewussten Erleben abgetrennt also zugedeckt. In Anlehnung an Leon Wurmser können wir hier von den Masken der Scham sprechen.

Ich benutze den Begriff hier in seiner doppelten Bedeutung. Erstens im Sinne von den Masken, die die Scham verbergen und zweitens in der Bedeutung der Scham als Schutz-Maske der Persönlichkeit.

In Abb. 1 finden Sie eine Zusammenstellung der häufigsten „Masken der Scham".

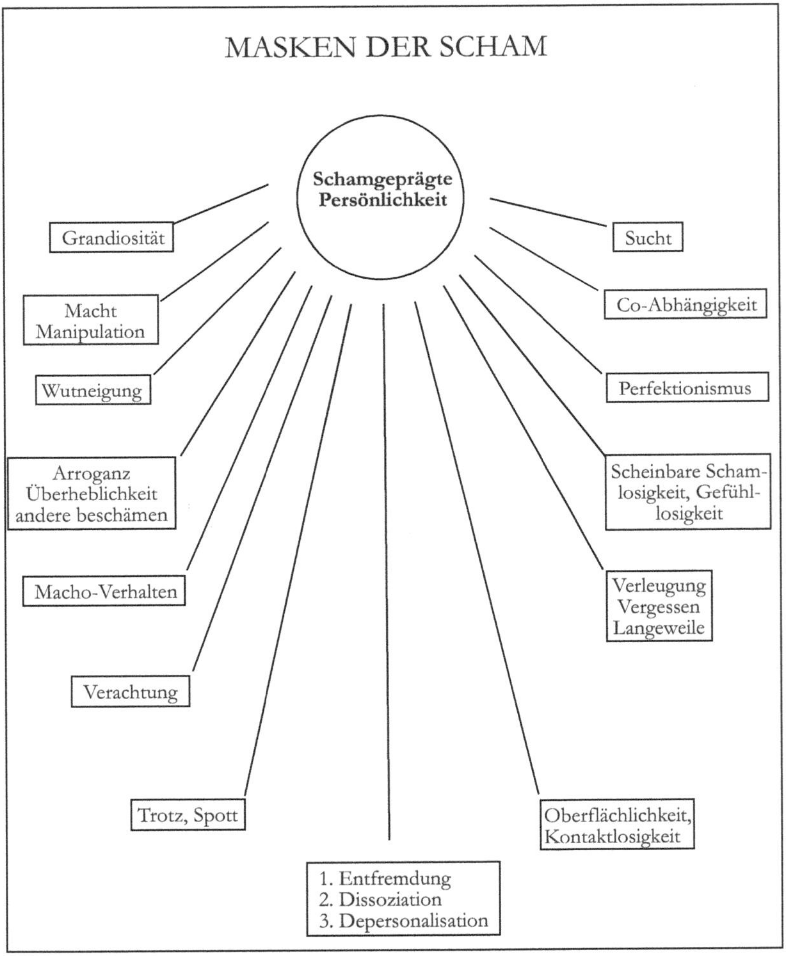

(Abb. 1)

Jede Art von süchtigem Verhalten überdeckt meist eine Schamneigung. Besonders hervorheben möchte ich die Co-Abhängigkeit, hinter der man nicht so leicht Schamkonflikte vermuten wird, denn der Co-Abhängige geht im Gegensatz zu jemandem, der sich schämt, viel auf Menschen zu. Allerdings überwiegend nur mit seinem co-abhängigen Verhalten.

Der Co-Abhängige muss für den Andern da sein, er muss immer helfen um nicht den schmerzhaften, schamerfüllten Zustand „Nicht wert zu sein" zu spüren. Beim Perfektionismus ist dies wohl anders. Es fällt wahrscheinlich eher leicht, sich vorzustellen, dass der Perfektionist zwanghaft versuchen muss, endlich das Gefühl zu erleben: „Ich bin gut so wie ich bin". Durch den Drang perfekt zu sein wird ja gerade die schambedingte innere Einstellung „ein Versager" zu sein zugedeckt. Man muss dann immer perfekt sein, alles absolut richtig machen sowie immer Recht haben und alles besser wissen, um die sehr schmerzlichen Schamgefühle nicht zu erleben. Oft denke ich da auch an Menschen, die in einer Unterhaltung zu jeder Äußerung etwas wissen, auf jede Frage sofort eine Antwort haben und einen Augenblick des Überlegens oder Abwartens einfach nicht zulassen können.

Eine weitere Möglichkeit für den Menschen, den Schmerz der Scham nicht wahrzunehmen, ist eine scheinbare Schamlosigkeit, die meist mit einer scheinbaren Gefühllosigkeit verbunden ist. So habe ich hochgebildete und psychisch gesunde Menschen erlebt, die von sich behauptet haben, Scham sei ihnen unbekannt. Auch ich selbst hatte eine Phase in meinem Leben, in der mir dieses Gefühl äußerst fremd war. Es werden also Scham und andere Gefühle vom bewussten Erleben abgespalten, und es kann eine Charakterhaltung entstehen, bei der der Betroffene mit Schamgefühlen nichts anfangen kann und auch nichts oder grundsätzlich wenig fühlt. Auch Vergessen oder Verleugnen von Handlungen oder verbalen Äußerungen, die nachträglich peinlich werden könnten, zähle ich zu den Masken der Scham. Manchmal wird es jemandem in einer Begegnung mit einem Anderen langweilig, obwohl er vielleicht gerade Interesse, möglicherweise sogar sehr emotionales oder intimes Interesse an dieser Person hat. Auch hier verbergen sich möglicherweise Schamängste oder Schamkonflikte hinter der Langeweile. Eine sehr wichtige Maske ist die Entfremdung, die sich über einem Zustand der Dissoziation zur Depersonalisation entwickeln kann.

Menschen fühlen sich dabei verwirrt, „neben sich stehend" oder erleben Körperteile als nicht mehr zu ihnen gehörend. Andere sprechen von „abdriften", „außer sich sein" oder „innerlich weggetreten sein". Um schamauslösende Abhängigkeiten nicht zu spüren, kann man auch im Trotz stecken bleiben und sich überwiegend rebellisch verhalten. Auch spöttisches und verachtendes Verhalten anderen gegenüber ist meist eine Umkehrung der Selbstverachtung, die ja mit starken Schamgefühlen verbunden ist. Es ist leichter, andere zu verachten, als die schmerzliche Scham der Selbstverachtung zu spüren. Gleiches gilt für Arroganz und Überheblichkeit und im gewissen Sinne auch für das Macho-Verhalten.

Andere von Oben-herab zu behandeln, sie zu demütigen und zu beschämen, lenkt leicht von der eigenen Schamanfälligkeit ab.

Besonders wichtig ist die Wut, die häufig anstelle der Scham oder an sie gekoppelt bzw. auch abwechselnd zur Scham auftreten kann. Es ist dies kein Zorn oder starker Ärger, der relativ schnell wieder vergeht, sondern ein Gefühl von Wut, das sich meist nicht auflöst oder immer gleich wieder neu entsteht.[13] Ich spreche auch von Wutneigung von Menschen, die unter Wutanfällen leiden oder im Zusammenhang mit Sucht, auch schon mal von „Wutsucht". An dieser Stelle ist auch die Gewaltneigung – besonders die männliche Gewalt – zu nennen, die meiner Ansicht nach eine Reaktion auf Ohnmacht, extreme Hilflosigkeit und Schamgefühle ist.

Extreme Machtausübung und manipulatives Verhalten anderen Menschen gegenüber sind auch oft von tiefer liegenden Schamgefühlen angetrieben.

Wenn wir uns diese Charaktereigenschaften und Verhaltensweisen sowie diese seelischen Zustände des Menschen genauer betrachten, dann wird klar, dass gleichzeitig die Schamgefühle hinter ihnen verborgen sind (Masken der Scham) und sich die betreffenden Menschen selber hinter diesen Fassaden oder Charaktermasken verstecken können. Letztlich, wie wir jetzt deutlicher verstehen können, um sich vor der eigenen extrem schmerzhaften Scham und gleichzeitig häufig auch vor erneuten Beschämungen zu schützen. Denn wenn jemand Macht ausübt, sich immer besserwisserisch verhält oder überheblich reagiert, kann er vielleicht erneute schamauslösende Verletzungen z. B. Entwertungen abwehren bevor es dazu kommen kann.

Was ist nun eigentlich Scham? Diese Frage wird in den unterschiedlichen Philosophien und in psychologischen Theorien auf die vielfältigste Weise beantwortet. Mir war und ist es aber immer ein Anliegen, Erklärungen und Konzepte zu nutzen, die für jeden Menschen leicht verständlich sind.

In einem meiner Vorträge, als wir versuchten die Scham zu definieren, sagte ein Zuhörer: Scham bedeutet *„Ich bin nicht da"*.

Dieser Zustand ist in zweifacher Bedeutung zu verstehen. Erstens stellt sich ein Zustand, den wir Scham nennen ein, wenn der Mensch plötzlich die Sicherheit seines zusammenhängenden Selbst verliert. Plötzlich erlebt er die innere Zweiteilung seines Daseins, einerseits in den Teil, der einfach da ist, unveränderbar und in den Teil der sich wandeln kann, wo er also etwas tun kann oder sogar sollte. Kommt diese Einsicht ganz plötzlich oder erschreckend von außen ausgelöst, dann kann sie zum Zusammenbruch der menschlichen Einheit führen. Erinnern wir uns an das physiologische Erschrecken, den Schockzustand, den ich schon erwähnt habe. Erschütterung des Selbst nenne ich dieses Erleben, welches zum augenblicklichen Verlust der Kohärenz und zu einer Desorganisation führt. Genau diesen Zustand der inneren „Auflösung" nennen wir dann Scham. Anders ausgedrückt ist Scham der Zustand, wenn der Mensch plötzlich, unerwartet und schockartig auf sein reines Körper-Sein zurückgeworfen wird. Es gibt in diesem Augenblick dann kein geistiges Sein mehr, kein Selbst und kein Ich.[14]

Zweitens will der Mensch, der diesen Zustand erlebt, auf keinen Fall so gesehen werden. So in einem aufgelösten, innerlich zerbrochenen Zustand mit einer inneren Leere wahrgenommen zu werden scheint die schlimmste Erfahrung des Menschen zu sein.

So haben wir zwei Gründe, die in der Scham liegen und die zum Nicht-da-Sein führen.

Wenn ich über starke Schamanfälligkeit spreche und um die geht es mir hier in erster Linie, dann können wir also feststellen, dass die Scham meist hinter den beschriebenen Charaktermasken verborgen ist. Der sich Schämende ist also nicht wirklich präsent und die Scham selber ist ebenfalls hinter einem Schutzwall der Abwehr verborgen. Es ist oft sogar so, dass die Scham als physiologischer Reflex auftritt, der ganz plötzlich erlebt und kaum als Scham wahrgenommen wird und der dann bestimmte körperliche Reaktionen und Empfindungen auslöst.

Die Merkmale dieses Reflexes, den ich wegen seines plötzlichen und heftigen Auftretens und seiner Nähe zur Angst- oder Panikattacke auch Schamattacke nenne sind folgende:[15]

- *Augenkontakt bricht zusammen*
- *Denkstörung*
- *Sprachstörung*
- *Inneres Schrumpfen*

Der Blick senkt sich und der Augenkontakt geht verloren. Manchmal gehen die Augen zu oder der Blick geht in eine ganz andere Richtung, meist nach unten. Es kann auch sein, dass die Augen zwar offen sind und dennoch kein Sehen möglich ist, bzw. kein wirklicher Blick entsteht, oder jemand schaut einen anderen an, der wirkliche Blick geht jedoch scharf an den Augen des Angeschauten vorbei.

Es kommt dann meist auch zu einer massiven Denkstörung. Die Betroffenen sprechen von Verwirrtheit, Durcheinander oder es fällt ihnen nichts mehr ein bzw. sie können nicht mehr klar denken. Manchmal kann jemand beispielsweise sagen „er wisse einfach nicht mehr, was los sei". Die Sprachstörung die dazu gehört, zeigt sich meist als Sprachhemmung oder Lähmung, also eine Art Blockade oder auch als ein Durcheinanderreden bzw. Stottern oder Stammeln. Als Körperreaktion kommt es neben dem möglichen Erröten oder vermehrter Schweißsekretion zu einem „inneren Schrumpfen". Der sich Schämende erlebt sich als klein, minderwertig, hilflos, ohnmächtig und bedürftig kann dies aber in der Regel auch wieder nicht kommunizieren.

Dies fühlt sich von außen tatsächlich so an wie bei einem kleinen Kind oder sogar wie bei einem Baby. Manchmal ist dieses innere Zusammenfallen auch äußerlich, in der Körperhaltung, zu erkennen. Der Betroffene erlebt einen plötzlichen Verlust aller bis dahin vorhandenen Fähigkeiten des Erwachsenseins und seiner Selbstständigkeit. Seine beruflichen Kompetenzen scheinen ihm total abhandengekommen, und er fühlt sich nur noch unfähig zu jeder Handlung, also absolut hilflos.

Schamschuld

Bevor ich mich weiter mit den Schamgefühlen und den damit zusammenhängenden Leidenszuständen und Schwierigkeiten der Menschen auseinandersetze, ist es unbedingt erforderlich noch kurz auf die Schuldgefühle einzugehen. Schuld und Scham gehören zusammen, da wo Scham ist, ist die Schuld nicht allzu weit. Und wo der Mensch sich schuldig fühlt, da kann ihn auch die Scham schnell mal überkommen. Beides wird auch oft verwechselt und beides tritt manchmal gemeinsam auf und manchmal kurz nacheinander. Die Schuld kann sich auf ein Tun oder ein Handeln des Menschen aber auch auf sein Sein bzw. seine Existenz beziehen. Die Scham bezieht sich hingegen immer auf das Sein. Der Mensch erlebt sich selbst als „falsch", „nicht richtig", „nicht liebenswert", „unvollkommen" oder als Versager. Ein Schuldgefühl entwickelt der Mensch vorwiegend nach einer Tat, durch die anderen Menschen Schmerz zugefügt wurde oder deren Grenzen durch Machtverhalten verletzt oder sonst in irgendeiner Art beeinträchtigt wurden. Das Schuldgefühl begrenzt das Machtverhalten oder die Machtausdehnung, es „setzt der Stärke Schranken" sagt Leon Wurmser. Die Scham verdeckt und verhüllt Schwäche, sie verbirgt ein zerschlagenes oder erschüttertes Selbst.[16] Die ungarische Philosophin Agnes Heller spricht von Schamschuld und dies macht den starken Zusammenhang sehr deutlich. Schamschuld ist wohl zu verstehen als ein Schuldgefühl, das nach Verinnerlichung einer äußeren Autorität und deren Normen und Werte entstehen kann, wenn es durch einen Bruch dieser Normen zu Gesichts- und Ehrverlust kommt.[17] Aus meiner Sicht haben wir es hier mit Scham und Schuld gemeinsam zu tun. Leon Wurmser spricht von der Scham-Schuld-Dialektik oder dem Scham-Schuld-Dilemma und meint damit den tragischen Charakter eines Menschen, wenn dieser einerseits in der Scham über seine Abhängigkeit feststeckt und andererseits bei jeder Aktivität, die in Richtung Autonomie führen kann, in Schuldgefühle kommt, was dann auch wieder zur Scham zurückführt.[18] Nach meiner Erfahrung ist diesem Dilemma nur zu entkommen, wenn der Mensch in angemessenen Schritten mit seiner Schamproblematik arbeitet. Ich komme auf dieses Thema in späteren Teilen dieses Buches zurück.

Mathias Hirsch macht in seinem Buch eine Einteilung in vier Arten von Schuldgefühl.[19]

- *Basisschuldgefühl*
- *Schuldgefühl aus Vitalität*
- *Trennungsschuldgefühl*
- *Traumatisches Schuldgefühl*

Beim Basisschuldgefühl geht es um die Existenz des Menschen, um sein bloßes Da-Sein oder um sein So-Sein, wie er eben gerade ist. Kinder, die gar nicht gewollt sind, aber auch Kinder, die ein anderes Geschlecht haben sollten oder grundsätzlich eine vorher bestimmte Funktion ausfüllen müssen, können nach Hirsch dieses Schuldgefühl entwickeln. Hier ist für mich die Nähe zum existenziellen Schamgefühl besonders deutlich und ich spreche deshalb auch von Basisschamgefühl.

Werden elementare Lebensbestrebungen oder auch Überlebensbestrebungen behindert und die Vitalität eines Kindes unterdrückt, kann sich das Schuldgefühl aus Vitalität entwickeln. Es ist auch ein Schuldgefühl, das direkt mit dem Über-Ich also der Gewissensbildung und der Rivalitätssituation zu tun hat. Auch ein Überlebensschuldgefühl vieler ehemaliger KZ-Insassen wird beispielsweise so erklärt.

Eindeutig im Zusammenhang mit den Autonomiebestrebungen des Kindes kann ein Schuldgefühl entstehen, das Trennungsschuldgefühl genannt wird. Massive Behinderungen und Einschränkungen in der Identitätsentfaltung sind die Ursachen für dieses spezielle Schuldgefühl. Loslösung wird als Aggression gegen Eltern oder andere Bezugspersonen auch Geschwister angesehen und so können z. B. auch Arbeitsstörungen oder Prüfungsängste als Folgen dieser Schuldgefühle auftreten.

Als letztes ist noch das sogenannte Traumatische Schuldgefühl zu erwähnen, das viele Menschen nach traumatisierenden Erlebnissen als sogenanntes Täterintrojekt in sich tragen. Ein gewisses Maß an „falschem“ Ertragen von Traumatisierungen und auch eine mögliche Weitergabe von traumatisierender Gewalt beispielsweise lassen sich so erklären.

Alle diese Erfahrungen, die Menschen machen können und die diese entsprechenden Schuldgefühle auslösen, führen auch zu massiven Schamgefühlen. Sie sind ja immer auch als Verletzungen und Erschütterungen des Selbst zu verstehen. Es ist also immer eine klare Differenzierung notwendig um Schuld und Scham genau zu erkennen bzw. das Ausmaß ihrer Zusammengehörigkeit festzustellen. Da es mir in diesem Buch aber vor allem um die Erschütterungen des Selbst und die damit zusammenhängende Scham und auch Schamlosigkeit geht, werde ich allerdings auf eine genaue Analyse der Schuldgefühle meist verzichten.

2. Schamgefühle und die Spaltung der Gegensätze

„Jenes Gefühl: ‚Ich bin der Mittelpunkt der Welt!' tritt sehr stark auf, wenn man plötzlich von der Schande überfallen wird; man steht dann da wie betäubt inmitten einer Brandung und fühlt sich geblendet wie von einem großen Auge, das von allen Seiten auf uns und durch uns blickt."
(Friedrich Nietzsche) [1]

Wie wir gesehen haben hat die Scham grundsätzlich zwei Bedeutungen. Erstens zeigt sie uns unsere menschliche Begrenztheit und Unvollkommenheit, wenn sie in einer entsprechenden Situation in angemessener Intensität als Signalgefühl erlebt wird. Sie zeigt uns dann einerseits an, dass wir tatsächlich oder möglicherweise angegriffen oder verletzt werden, vor allem in unserer Integrität und auch in unserer tiefsten Intimität. Andererseits wirkt sie auch als eine Art Gegenmittel gegen narzisstische Größenvorstellungen und Allmachtsgefühle. Sie führt uns gewissermaßen wieder wirkungsvoll zu unserer Unvollkommenheit und bremst oder blockiert damit eine mögliche Hybris. Wird sie als Signalgefühl wahrgenommen, kann der Betreffende das Verhalten ändern, „Fehler" können korrigiert werden und es kann grundsätzlich gelernt werden, so dass Entwicklung immer das Ziel bleibt. Ein soziales Lernen ist durch das Erleben der Scham immer möglich und unser Selbst kann stabiler und unser Selbstwertgefühl sicherer werden. Wir könnten dann vielleicht mit der Grundhaltung oder Einstellung leben:
„Ich bin gut, so wie ich bin, mit meinen Fehlern und Schwächen".

Zweitens führt sie uns in die soziale Isolation und in den Rückzug, wenn sie im Übermaß auftritt oder uns überflutet. Das Abbrechen des zwischenmenschlichen Kontaktes ist die Folge und es entwickelt sich eine Einstellung, die etwa lauten kann:
„Ich bin nichts wert" oder *„Ich soll nicht da sein"*.

Je nachdem, wie intensiv und häufig also unsere Erfahrungen mit Beschämung sind, je mehr also die sich gerade erst entwickelnde Persönlichkeit missachtet, verletzt oder gedemütigt wird, desto bedeutsamer wird die Tendenz zur Zerrissenheit in Bezug auf unser Da-Sein oder unser Selbst-Sein. Wir können entweder relativ gut im Kontakt mit uns selbst und mit anderen Menschen sein, also eine stabiles Selbst-Gefühl entwickelt haben oder unsere Fähigkeit zum Kontakt ist gering und unser Selbst(wert)gefühl ist schwach.

Da der Schnittstellenaffekt Scham sich ja immer um die Begegnung zwischen Ich und Du rankt und das Selbst ja nur existieren kann, da wo ein Anderer ist, hat der Schamaffekt ganz offensichtlich eine wichtige Bedeutung im Zusammenhang mit den inneren Gegensätzen von Nähe und Distanz. Was kann das bedeuten? Menschen, die starke Beschämungen erlebt haben, können große Schwierigkeiten haben mit Nähe und Grenzen umzugehen. Der Grundkonflikt des Menschen, der zwischen Autonomie und Abhängigkeit hat also grundsätzlich mit Scham zu tun und zwar in der Bedeutung dass schwere Beschämungen diesen Konflikt im Menschen verstärken. Darüber hinaus müssen wir jedoch festhalten, dass die Scham ja mehr noch eine Art Daseinsgefühl ist, also sie rankt sich gewissermaßen um die menschlichen Zustände des Daseins und Nicht-Daseins. Also noch einmal, wer sich schämt, möchte nicht da sein, will sich verbergen oder verstecken, könnte im Boden versinken oder im äußersten Extrem, will er nicht mehr existieren, also nicht mehr leben.

Menschen, die wenig schwere Beschämungen in der Kindheit erlebt haben, also einen „überwiegend guten Blick“, oder oft genug „den Glanz im Auge der Mutter oder des Vaters“, erfahren konnten, sind grundsätzlich mehr da und lebendiger auf dieser Welt und können mit Nähe und Distanz besser umgehen. Wir müssen hier immer wieder betonen, dass ein normales gewissermaßen geringes Maß an Beschämung zum menschlichen Leben und zum Lernen gehört. Im Gegenteil, wir brauchen dieses Signalgefühl und es gehört zur menschlichen Existenz. Da wo ein Mensch ist, da ist auch die Scham. Die besondere Schwierigkeit mit diesem Gefühl besteht eben auch darin, dass es eine kranke Scham oder vergiftete Scham gibt sowie eine gesunde und zutiefst menschliche Scham. Wobei hier schon wieder gilt: Auch die „kranke Scham“ ist zutiefst menschlich, und das hat eben eine besondere Bedeutung für jede Therapie und Beratung. Dazu später mehr, wenn ich mich mit Therapie und Wandlung beschäftige.

Ausreichende Bestätigung, Anerkennung und Spiegelung im kindlichen Dasein führt also nicht nur zu weniger Konflikten mit Schamgefühlen, sondern es kann sich auch eine starke Bindungsfähigkeit entwickeln. Ein Mangel an Bestätigung, Gesehen-Werden und Anerkennung, also eher viele schamauslösende Erschütterungen in der Kindheit führen demgegenüber zu verstärkten Bindungsschwierigkeiten im Leben, und das bedeutet eben wieder besondere Konflikte in zwischenmenschlichen Beziehungen, vor allem mit Verlust und Trennungen.

Es gibt nun noch einen weiteren großen Bereich von innerer Zerrissenheit des Menschen neben dem zwischen Nähe und Distanz, der letztlich eine gleich wichtige existenzielle Bedeutung hat. Es ist dies der Umgang mit den inneren Gegensätzen oder Polaritäten, meist beschrieben als die Polarität zwischen Gut und Böse. Auch der Umgang mit dieser Dualität gelingt Menschen, die sehr schamgeprägt sind im Leben nicht so gut und sie können massive Schwierigkeiten damit bekommen.

Wenn das Selbst stabil ist, darf der Mensch da sein und er darf auch Fehler machen. Das bedeutet, er kann auch mit Schamgefühlen relativ gut umgehen, und in der Regel gelingt ihm auch der Umgang mit „guten inneren Zuständen“ und „schlechten inneren Zuständen“ besser. In der Psychoanalyse wird hier auch von „Lustgefühlen“ und „Unlustgefühlen“ gesprochen.

Die gesunde Schamentwicklung wird also in Bezug auf den Konflikt zwischen Nähe und Distanz oder Autonomie und Abhängigkeit und dem Konflikt zwischen „Gut und Böse“ etwa zu folgender Grundhaltung führen:

„Ich bin gut, auch wenn ich Fehler mache und ich darf da sein".

Da-sein bedeutet hier ein unabhängiges Selbst entwickeln, dieses im Kontakt mit dem Anderen auch zu behaupten und es (das Selbst) nicht zu verlieren bzw. sich selbst nicht zu verlieren.

Die kranke Schamentwicklung führt im gleichen Zusammenhang zur Grundeinstellung:

„Ich bin schlecht (nicht wert) und ich muss verschwinden".

Nicht wert sein und verschwinden müssen bedeutet hier also ein schwaches Selbst entwickelt zu haben, und deshalb auch die Schwierigkeit, dem Anderen im Kontakt wirklich zu begegnen.

Sich wertlos oder sich nicht liebenswert zu fühlen, führt zu der starken Neigung zu verschwinden, sich zu verbergen oder zu verstecken. Dieser schambedingte Rückzug aus dem Kontakt mit dem Anderen kann nun wieder auf zwei Arten geschehen, die ebenfalls gegensätzlich sind.

„Ich mache mich groß oder ich mache mich klein"

Allerdings bin ich der Meinung, dass die Wortwahl hier nicht günstig ist, obwohl sie im Rahmen von Therapie immer wieder sehr gebräuchlich ist. Die Worte „ich mache" sind in diesem Zusammenhang, in dem es immer um das Leid der Menschen geht, nicht hilfreich, und sie legen die Betonung zu sehr auf ein aktives Tun. Es ist ja wohl tatsächlich immer zuerst ein Erleben. Also benutze ich in solchen Situationen viel lieber Sätze wie:

„Ich erlebe mich groß oder ich erlebe mich klein"

Gleiches gilt übrigens auch für den Begriff Spaltung. Spaltung hebt auch ein aktives Tun hervor, und für ganz unangebracht halte ich deshalb Sätze wie: „Du spaltest". Es geht auch hier mehr um das Erleben, und deshalb wähle ich unabhängig von den Theorien gerne Begriffe wie „Zustände", „Zerrissenheit", „absolutes Erleben" oder „extreme Zustände".

Jetzt sind wir bei den Schwierigkeiten des Menschen angekommen, die wir unter den Begriffen Selbstwertstörung oder Selbststörung kennen. Es handelt sich dabei um die narzisstischen Probleme des Menschen. Diese haben immer mit den Zuständen zu tun, in denen man sich entweder besonders groß oder besonders klein fühlt. Diese inneren Gegensätze können in ihrer Qualität z. B. auch als stark oder schwach, als mächtig oder ohnmächtig bzw. als wertvoll oder wertlos bzw. als liebenswert oder nicht liebenswert empfunden werden.

3. Die seelische Zerrissenheit

„Die narzisstische Persönlichkeit ist, oberflächlich betrachtet, geräuschvoll, exhibitionistisch, selbstsicher, zielstrebig und häufig von einer Aura des Erfolgs in Beruf und Privatleben umgeben. Narzissten scheinen in vielen Fällen alles zu haben - sie sind begabt, reich, schön, gesund und einflussreich, sie wissen genau, was sie wollen und wie sie es bekommen."
(James Masterson) [1]

In den vielen Jahren meiner therapeutischen Arbeit hatte ich immer wieder Begegnungen mit Menschen, die mit ihren gegensätzlichen Gefühlsregungen und ihren allgemeinen inneren Gegensätzen grundsätzlich große Schwierigkeiten hatten. Ein sehr häufig beobachtetes Erleben war das einer Alles-oder-Nichts-Orientierung. Das heißt Menschen wollen entweder irgendwie alles, zu viel, zu schnell oder immer mehr und haben so die Werte einer Leistungs- und Wachstumsgesellschaft als extreme Ansprüche in sich. Sie sind also perfektionistisch mit völlig überhöhten Ansprüchen an sich oder/und an andere. Andererseits können diese Menschen auch in große Krisen kommen, in denen sie sich als Versager empfinden und beispielsweise das Gefühl haben nichts zu können oder nichts zu schaffen. Ihr Selbstgefühl oder ihr Selbstwertgefühl ist also in dem einen Fall besonders gut und sie fühlen sich vielleicht toll und großartig, und in der Krise erleben sie einen Zusammenbruch, einen sogenannten „fragilen Selbstprozess" mit den Gefühlen von Minderwert oder einfach Selbstwertmangel und oft depressive Gefühle. Ich nenne diese Zustände auch narzisstische Krisen, wenn sozusagen ein überhöhtes Selbstwertgefühl zusammenbricht und sich ein Minderwertigkeitsgefühl einstellt. Wir haben schon gesehen, wie Schamgefühle bei beiden Zuständen beteiligt sind. Beim übersteigerten Selbstwertgefühl wirken in gewisser Weise die Masken der Scham und decken die alten Schamgefühle und den Schmerz der Beschämungen meist vollständig zu, und im Zustand des Selbstzusammenbruchs oder Selbstwertzusammenbruchs kann es zu depressiven Reaktionen kommen und eine Schamanfälligkeit kann sich eher zeigen.

Auch hier können sich allerdings die Schamanfälligkeit oder auch konkrete Schamgefühle hinter anderen Gefühlen oder Symptomen verbergen, so dass der Betreffende auch hier die Scham nicht spürt. So kann sich vielleicht ganz plötzlich ein Wutausbruch zeigen und die Wut ist dann ein Deckgefühl oder Suchtverhalten deckt die Schamneigung zu oder statt Scham erlebt der Betreffende Hilflosigkeit und Versagensgefühle.

Das was ich hier beschreibe, können wir zwar als narzisstische Prozesse oder narzisstische Zustände verstehen, es ist aber sehr wichtig, dass dieses Modell für alle Menschen Gültigkeit hat, da der Narzissmus ja ein allgemein menschliches Phänomen ist. Eine Unterscheidung zwischen gesund und krank ist grundsätzlich zwar möglich und manchmal auch hilfreich und deshalb notwendig, aber im Rahmen dieser Arbeit ist sie eher hinderlich, denn es geht mir ja ganz allgemein um die Bedeutung von Schamgefühlen der Menschen in der heutigen Zeit. Ich werde später in dieser Arbeit aber noch genauer auf eine Differenzierung zwischen gesund und krank eingehen.

Kommen wir zurück auf diese Prozesse, in denen man das Gefühl haben kann sich aufzulösen, sich zu verlieren oder nicht mehr bei sich zu sein. In der Fachwelt kann man solche Prozesse auch „fragile Selbstprozesse", „Schamprozesse" oder einfach Selbstprozesse bzw. narzisstische Prozesse nennen.[2] Diese Auflösungsprozesse oder inneren Zusammenbrüche haben grundsätzlich mit einer Aufspaltung oder eben der inneren Zerrissenheit zu tun. Es gibt einige, vor allem psychoanalytische Theorien über solche Spaltungsprozesse auf die ich hier aber im Einzelnen nicht näher eingehen werde. Ich will eher Konzepte vorstellen, die aus meiner praktischen Erfahrung stammen, sich also einerseits als sehr hilfreich für Menschen auf einem Weg der Entwicklung oder der Wandlung des Leids gezeigt haben und andererseits natürlich aus solchen Theorien hervorgegangen sind. Dabei will ich immer wieder die Zusammenhänge zur Scham genauer betrachten und für den Leser verständlich erklären.

Beginnen wir wieder bei den verschiedenen Arten von Verletzungen in der Kindheit, die ja immer auch schamauslösend wirken. Stellen wir uns traumatische Erlebnisse oder auch Gewalterfahrungen und schwere Demütigungen vor und schauen, was in der Psyche des Betroffenen damit passiert. Die Wunde der Erschütterung, die wir Scham nennen, muss in irgendeiner Art und Weise zugedeckt werden, da der damit verbundene extreme Schmerz nicht ausgehalten wird. An dieser Stelle sei vermerkt, dass der Schmerz der Scham als brennend, vernichtend oder existenziell zerstörend erlebt werden kann. Dieser Schmerz gilt als der Schlimmste, den Menschen erleben können. Wie schon erwähnt, geschieht dieses „Zudecken" durch die Entwicklung der verschiedensten Verhaltensmuster, Persönlichkeitshaltungen, Charaktereigenschaften und inneren Einstellungen. Manchmal kommt es auch dazu, dass andere, eher mögliche und erlaubte Gefühle, die Funktion des Verbergens oder Maskierens von Scham und Schmerz übernehmen. So kann sich beispielsweise eine Neigung zur Angst entwickeln oder Wut kann die Funktion eines Deckgefühls der Scham übernehmen. Wir können also sagen, dass die Persönlichkeitsentwicklung mehr oder weniger, aber natürlich nicht allein und nicht nur, aber doch wesentlich durch die Intensität und Art der Beschämungen bestimmt wird. Möglicherweise kann die Person oder das Kind, dass hier so traumatisiert und gedemütigt wurde, ein tyrannisches Verhalten entwickeln, gekennzeichnet durch herrschsüchtiges, aggressives Machtverhalten und vielleicht auch Gewaltneigung. Andere Muster können sein: extreme Leistungsorientierung mit Perfektionismus, Dominanz oder Arroganz und Überheblichkeit sowie Entwertung anderer. Diese Verhaltensmuster oder Charaktereigenschaften decken also auch die eigentliche, die wirkliche Persönlichkeit zu. Ich nenne diese Muster deshalb auch falsches Selbst.[3] Bevor ich genauer auf dieses falsche Selbst eingehe, ist vielleicht noch darauf aufmerksam zu machen, dass genau aus diesem Grund bei Menschen die Abwehr meist sehr groß ist, sich mit Schamgefühlen zu beschäftigen. Jede Charakterhaltung oder Persönlichkeitseigenschaft kann eben nach meiner Auffassung hinterfragt werden, hinsichtlich ihrer Funktion als Schutz vor alten Beschämungen und altem Schmerz. Ist diese Funktion eher gering oder kaum bzw. gar nicht vorhanden, so benutze ich inzwischen grundsätzlich eher den Begriff Selbsterhaltung. Dieser Begriff, auf den ich später noch näher eingehen werde, ist eher wertfrei zu verstehen, denn diese Selbsterhaltung ist ein Bestreben, das jeder Mensch in sich trägt.

Das falsche Selbst (Selbsterhaltung)

Ich benutze hier noch den Begriff „falsches Selbst“, da es mir vorerst noch um das Leid der Menschen geht, das in einer pathologischen Entwicklung entsteht. Hier also einige der Muster, die ich dem falschen Selbst zuordne. Extreme Funktionstüchtigkeit gehört dazu, Kontrolle und Manipulation anderer, offene Größenvorstellungen, sowie Omnipotenzgefühle und damit auch übertriebene Machbarkeitsvorstellungen. Besonders schwierig ist ein Verhalten, dass den Anderen entwertet, funktionalisiert, benutzt oder objektiviert, also zum Objekt macht. Als letztes möchte ich noch jede Art von Missbrauch anderer, sowie Gewalt, Misshandlung und emotionale Ausbeutung hinzufügen.

Diese Persönlichkeitsanteile, Charakterhaltungen und Einstellungen reichen von extremer Ausprägung bei schweren Persönlichkeitsstörungen bis hin zu sehr geringer Ausprägung, die bei allen Menschen vorhanden sein kann. Das bedeutet, dass wir alle ein solches falsches Selbst entwickelt haben, und nur das Ausmaß entscheidet darüber, ob wir uns als krank definieren sollten bzw. ob die Normen und Wertmaßstäbe der Gesellschaft oder einer Kultur zu dieser Definition führen, unabhängig davon wie wir das selbst empfinden. Hier sei noch mal erwähnt, dass wir diesen Selbstzustand des falschen Selbst grundsätzlich bei allen Menschen als Bestreben zur Selbsterhaltung oder Selbstbehauptung also als ein Autonomiebestreben sehen können. Jenseits einer Einteilung in gesund und krank sind dann auch die oben beschriebenen Muster deutlich anderer Art oder Qualität. Dazu aber mehr in einem späteren Kapitel.

Die Zerrissenheit kann sich nun zeigen, in dem gegensätzliche seelische Zustände zu den bisher beschriebenen Mustern gar nicht im bewussten Erleben wahrgenommen werden, oder es in bestimmten Zeiten gerade zu einem plötzlichen Wechsel zu diesem gegensätzlichen Erleben kommt. Also wo Machtverhalten war, kommt es nun zu Ohnmachtsgefühlen, oder wo extreme Leistungsorientierung war, kann es zu Arbeits- oder Leistungsvermeidung kommen. Der Perfektionist hat plötzlich Versagensgefühle, und statt Größenvorstellungen stellt sich ein Selbstwertmangel oder Minderwertigkeitsgefühl ein. Dieses Kippen in den gegensätzlichen psychischen Zustand kann manchmal ganz plötzlich kommen oder er bahnt sich langsam an. Manchmal ist jemand sehr lange im Zustand des falschen Selbst und nur sehr kurz kommt es zum Kippen in den gegensätzlichen Zustand.

Die gegensätzlichen Gefühlszustände des falschen Selbst nenne ich symptomatisches Selbst, und wenn die entsprechenden Muster eher angemessen und nicht extrem sind, handelt es sich um ein Bestreben nach Selbstanpassung. Diese Selbstanpassung ist wieder ein grundsätzliches Bestreben des Menschen und daher wertfrei zu betrachten.

Das symptomatische Selbst (Selbstanpassung)

Zum symptomatischen Selbst zählen wir also alle extremen Verhaltensmuster und innere Einstellungen, die als gegenteilig zum falschen Selbst zu betrachten sind. Entweder zeigen sich solche Extreme nach einem Zusammenbruch des falschen Selbst oder es hat sich aufgrund spezieller familiärer Sozialisationsbedingungen ein eher starres symptomatisches Selbst entwickelt. Depressive Zustände oder Reaktionen können dazugehören, oft verbunden mit Hilflosigkeitsgefühlen oder psychosomatischen Symptomen. Suchtverhalten sowie Scham- oder Wutneigung, die zu einer Kränkungsanfälligkeit gehören, sind häufig zu beobachten und vielleicht kommt es zu einer Opferhaltung mit starkem Anpassungsverhalten. Während die Zustände des falschen Selbst irgendwie immer mit Stärke, Größe oder besonders starkem Selbstwert zu tun haben, hat das Erleben im symptomatischen Selbst immer mit Schwäche, Minderwertigkeit oder klein fühlen zu tun. Deshalb wird das symptomatische Selbst manchmal auch als „Kleinheitsselbst“ bezeichnet. In angemessener Ausprägung dient dieses Verhalten dem natürlichen Bestreben der Selbstanpassung und ist dementsprechend wertfrei zu betrachten. Die im Zusammenhang mit dem falschen Selbst erwähnte Neigung des Menschen, die der Selbsterhaltung dient, bildet mit der hier angesprochenen Verhaltenstendenz Selbstanpassung die natürliche Polarität menschlichen Verhaltens mit denen es der Mensch immer zu tun hat.

Das wahre Selbst

Nun gibt es noch einen dritten Selbstzustand, den des wahren Selbst. In Abbildung 2 habe ich die Zerrissenheit in die drei Selbstzustände dargestellt. Beim wahren Selbst spreche ich auch manchmal von der Suche nach dem wahren Selbst, denn bei Menschen mit psychischen Leiden ist hier oft ein längerer Weg der intensiven Arbeit an sich selbst, der Selbsterforschung oder gar der therapeutischen Arbeit erforderlich. Je stärker nun die Traumatisierungen, Verletzungen, Demütigungen oder sonstigen Erschütterungen in der Kindheit sind, desto mehr müssen Scham- und Schmerzgefühle jeglicher Art aus dem bewussten Erleben abgetrennt werden. Es reicht also nicht, dass sie durch die Entwicklung von Persönlichkeitseigenschaften des falschen Selbst scheinbar verarbeitet also zugedeckt werden oder sich in bestimmten Mustern des symptomatischen Selbst verbergen, sondern sie müssen gewissermaßen noch weiter aus dem Bewusstsein abgespalten werden. Sie sind dann noch tiefer im Unbewussten verborgen.[4]

Je nach Schweregrad der frühen Verletzungen können hier Gefühle von Verzweiflung, panischer Angst, Vernichtungs- und Auflösungsgefühle sowie Leere und scheinbar endloser Schmerz verborgen sein. Auch Hass und Ohnmachtsgefühle sind ebenso möglich wie heftigste Wut und eben die brennende Scham.

Wie ich schon deutlich gemacht habe, müssen solche Gefühle oft in intensiven therapeutischen Prozessen durchgearbeitet werden, bevor es dann zum Erleben von sehr angenehmen und lustvollen Gefühlen kommt. Bei Menschen mit massiven seelischen Verletzungen in der Kindheit sind oft die verschiedensten positiven, menschlichen Gefühle kaum erlebbar oder die Fähigkeit, diese zu erleben, ist nur mangelhaft entwickelt. Natürlich können solche Gefühle wie beispielsweise Freude, Glücksgefühle, Humor oder intensive Liebesgefühle im ganzen Leben in einem gewissen Maße vorhanden sein und auch immer wieder neu entstehen, dennoch kommt es häufig erst nach den Prozessen des Durcharbeitens der Schreckensgefühle zu sehr starker und vor allem relativ beständiger Entfaltung solcher Glücks- und Zufriedenheitsgefühle.

Diese Prozesse des Durcharbeitens sind häufig nur in einer sehr intensiven und unterstützenden Psychotherapie möglich. Ich bin aber davon überzeugt, dass solche inneren Prozesse auch immer wieder mal möglich werden ohne eine intensive Therapie. Dies kann in kleineren Schritten und über eine längere Zeit im normalen Leben geschehen oder bei Menschen die versuchen eine Art Selbsttherapie oder Selbsterforschung zu machen oder auch in spirituellen und meditativen Prozessen. In einer integralen Praxis, auf die ich später noch näher eingehen werde, nennt man dies auch Schattenarbeit. Auch durch Beratungsprozesse wie beispielsweise Supervision oder Coaching werden manchmal solche inneren Prozesse angestoßen. Hilfreich und anregend dafür können auch Erlebnisse in der Natur oder im kreativen Bereich sein, sowie bestimmte Erfahrungen die im körperlichen Bereich liegen.

Ich möchte hier jedoch nicht falsch verstanden werden und will deshalb deutlich sagen, dass die gezielte Durcharbeitung solcher inneren Zustände oft nur im geschützten Rahmen von Psychotherapie möglich ist. Andererseits ist es mir ebenso wichtig festzuhalten, dass grundsätzlich, zumindest bei weniger starken Leidenszuständen oder Problemen die Selbstheilungskräfte sehr wirksam sein können. Selbsterforschung, Selbstentwicklung oder Selbstveränderung ist ja immer mehr ein allgemeines Interesse von Menschen in der heutigen Gesellschaft und so können auch psychische Selbstheilungskräfte immer wieder angestoßen werden. Oft auch ohne das man es beabsichtigt. Verschiedene Schritte der Genesung oder besser gesagt der persönlichen Entwicklung, unabhängig davon, ob die Zustände der Zerrissenheit nun als gesund oder krank angesehen werden, will ich ja in diesem Buch aufzeigen.

Das Kippen vom Zustand des falschen Selbst in den Zustand des symptomatischen Selbst oder „Kleinheitsselbst“ und auch umgekehrt, ist also ein Phänomen, das immer wieder vorkommen kann. Wobei meine Beobachtung die ist, dass Menschen, die sich überwiegend im Erleben des falschen Selbst befinden, eher nur in Krisensituationen ins Erleben des symptomatischen Selbst kippen können und dann auch schnell wieder zurück, gewissermaßen um sich wieder „sicherer“ oder „stark“ zu fühlen. Denn das falsche Selbst ist ja auch eine Abwehr oder Schutz vor allen Gefühlen, besonders der schmerzlichen. Man zeigt sich eben nicht so gerne verletzbar.

DAS FALSCHE SELBST (Selbsterhaltung)	**DAS SYMPTOMATISCHE SELBST** (Selbstanpassung)
Absolute Autonomie	Absolute Abhängigkeit
Freiheit	Bindung
Grandiosität	Minderwertigkeitsgefühl
Omnipotenz	Selbstwertmangel
Macht/Kontrolle	Ohnmacht/Hilflosigkeit
Extreme	
Leistungsorientierung	Arbeitshemmung
Überfunktionstüchtigkeit	Leistungsverweigerung
Perfektionismus/falscher Stolz	Depression/Versagensgefühl
Arroganz/Überheblichkeit	Rückzug/Soziale Isolation
Anspruchshaltung	Scham-Wutneigung
Manipulation	Selbstabwertung
Andere zum Objekt machen	Opferhaltung/Kränkbarkeit
Benutzen/missbrauchen	Anfälligkeit für Demütigung

DAS WAHRE SELBST

Gefühle von Leere, Vernichtungs- und Auflösungsangst
Panik und Schmerzgefühle, Schrecken und Verzweiflung
(Sehn)Sucht nach Anerkennung und Bestätigung, Wut/Scham
Entwicklung des wahren Selbst mit individuellen Fähigkeiten und Talenten, Kreativität, Humor, Freude und Liebe

(Abb. 2)

Es gibt nun aber neben diesem Wechsel auch die Möglichkeit, dass jemand sich in beiden Selbstzuständen gleichzeitig bewegt. Zum Beispiel jemand klagt einerseits über seine Gefühlsnot und zeigt Gefühle wie Schmerz oder Verzweiflung und andererseits drückt er vielleicht nonverbal etwas anderes aus, nämlich so etwas wie: „Und du musst mir helfen“. Es ist dann zu spüren, dass er Macht ausüben will oder sein Gegenüber manipulieren will. Festzuhalten ist noch, dass seine Gefühlsäußerungen des Schmerzes meist nicht echt oder authentisch wirken. Wir können also sagen, dass er aus dem falschen Selbst heraus Macht ausüben will und aus dem symptomatischen Selbst Gefühle des Leidens ausdrückt. Oder eine andere Person zeigt sich in einer co-abhängigen Haltung, was eigentlich zum symptomatischen Selbst gehört, aber er manipuliert auch den Anderen, was eben zum falschen Selbst gehört. Wir haben also jetzt das Kippen oder den Wechsel von einem Selbstzustand in den anderen besprochen und das gleichzeitige Erleben der gegensätzlichen Selbstzustände.

Die dritte Möglichkeit ist die, dass Menschen sich mehr oder weniger die meiste Zeit in einem der Selbstzustände befinden. Dies ist wohl am häufigsten der Fall, und solange keine persönlichen Krisen eintreten, können Menschen wohl auch dauerhaft und problemlos in einem solchen Muster leben. Da ich sehr lange und auch intensiv mit Männern gearbeitet habe, kann ich feststellen, dass es viele Männer gibt, die ihr falsches Selbst sehr ausgeprägt leben.

Der gesellschaftlich übliche und grundsätzlich auch gewünschte oder zumindest akzeptierte und sehr geachtete Selbstzustand ist ja oft das falsche Selbst. Menschen, die die Charakterhaltungen dieses Selbstzustandes erleben, können ja, wie wir gesehen haben, sehr leistungsorientiert oder erfolgsorientiert und funktionstüchtig sein, sie können besonders gut mit Macht umgehen, sind oft dominant und führungsstark aber manchmal auch herrschsüchtig. Dies sind grundsätzlich Eigenschaften die in der heutigen Gesellschaft durchaus gefördert, manchmal auch gefordert und besonders auch bei vielen Männern zu beobachten sind. Wir können hier erfolgreiche Manager finden ebenso wie Politiker, Stars der Unterhaltungsindustrie oder Ärzte, Lehrer und sogar Therapeuten. Grundsätzlich finden wir Menschen mit ausgeprägtem falschen Selbst natürlich in allen Berufen. Das Muster in Familien und Partnerschaften ist dann häufig eines, in dem der Mann sich oft im Zustand des falschen Selbst bewegt und die Frau im Zustand des symptomatischen Selbst. Anders ausgedrückt, der Mann lebt stärker in der Haltung der Selbstbehauptung und die Frau in der Haltung der Selbstanpassung mit den dazu passenden Einstellungen.

Die Zustände des symptomatischen Selbst, die ja immer irgendwie zur „Kleinheit" tendieren, sind ja oft als Folge von emotionalen oder psychischen Krisen zu sehen und die Betroffenen kommen auch nicht selten in die Situation, dass sie professionelle Hilfe in Anspruch nehmen. Die Tatsache, dass wie es hier häufig mit Frauen zu tun haben, hat schon grundsätzlich mit der geschlechtsspezifischen Erziehung in unserer patriarchalisch orientierten Gesellschaft zu tun. Positiv können wir natürlich auch sehen, dass Frauen grundsätzlich eher Leid und schmerzliche Gefühle annehmen können, eher gelernt haben, Hilflosigkeit oder Ohnmachtsgefühle zu zeigen und um Hilfe oder Unterstützung zu bitten. Häufig können sich Frauen auch eher partnerschaftlich oder kompromissbereit verhalten und ihre Bereitschaft zur Selbstanpassung ist stärker ausgeprägt.

Zum geschlechtsspezifischen Umgang mit der Zerrissenheit später mehr in einem eigenen Kapitel. Halten wir hier einfach mal fest, dass sich eher Frauen dauerhaft in den Zuständen des symptomatischen Selbst bewegen. Zum Beispiel sie nehmen in der Ehe eine untergeordnete Rolle an, passen sich sehr stark an oder sind co-abhängig. Wichtig ist jedoch auch, dass Menschen, egal ob Frauen oder Männer, die sich längere Zeit im Zustand des symptomatischen Selbst erleben, plötzlich auch in die Muster des falschen Selbst wechseln können, z. B. um aus dem Erleben von Unterordnung oder Hilflosigkeit herauszukommen. Da wird dann jemand der sonst eher abhängig und unterwürfig ist plötzlich arrogant, machtausübend oder besonders häufig manipulativ.

Oder jemand reagiert oft tendenziell depressiv und dann kann es einen Wechsel geben und die Person verhält sich überfunktionstüchtig und perfektionistisch. Wobei hier auch wieder beides gleichzeitig auftreten kann.

Auch wenn es um tatsächliche psychische Krankheiten geht, kommen Menschen schneller in die Zustände des symptomatischen Selbst. Also zum Beispiel: Männer mit Versagensängsten, Suchtverhalten oder depressiven Reaktionen oder auch Frauen mit Essstörungen, Co-Abhängigkeit und Angstzuständen. Selbstverständlich können diese Symptomzustände grundsätzlich bei beiden Geschlechtern beobachtet werden und, wie schon deutlich wurde, kann es immer wieder zum Kippen vom symptomatischen Selbst in das falsche Selbst kommen.

In die schmerzhaften Zustände des wahren Selbst kommen Menschen eher, wenn sie tatsächlich psychisch krank sind oder eben sehr in diese Leidenszustände rutschen. Dann erleben sie zum Beispiel heftigste seelische Schmerzen, Verzweiflung oder panische Ängste und Leere- bzw. Sinnlosigkeitsgefühle. Auch heftigste Schamgefühle und Wut können Menschen in diesen Zuständen immer wieder erleben. Ohne professionelle Unterstützung ist es zwar auch möglich aus solchen Zuständen immer wieder herauszukommen, und viele Menschen erleben das, aber oft ist therapeutische Hilfe notwendig. Solche schmerzhaften Zustände haben natürlich auch mit einem allgemeinen Bestreben des Menschen nach Selbstauflösung zu tun, über das ich dann später berichte.

Die positiven Gefühle des wahren Selbst sind ja als beständige Erfahrungen meist erst möglich in fortgeschrittenen Phasen der Therapie, sofern es um psychische Krankheiten geht. Natürlich, und das muss ich hier wieder sehr deutlich machen, ist bei den meisten Menschen das wahre Selbst mit Zufriedenheits- und Glücksgefühlen ja grundsätzlich auch ausgeprägt, und Freude Liebe und Humor haben durchaus ihren Platz im Erleben dieser Menschen.

Wir können also sehen, dass dieses Modell der Dreiteilung sehr unterschiedliche Variationen von Gefühlszuständen erfasst, und im zweiten Teil dieser Arbeit werde ich dann noch etwas genauer auf diese Dreiteilung der Zerrissenheit und auch auf die erforderlichen Entwicklungsschritte oder die Wandlung eingehen.

4. Verschmelzung oder Distanz

„Während man also die Verschmelzung mit dem Unbewussten eines anderen Menschen erfährt, erlebt man zur gleichen Zeit einen Zustand seelischer Distanz, die jede Beziehung überhaupt verhindert“
(Schwartz-Salant)[1]

Eine weitere spezifische Art der inneren Zerrissenheit, die auch im höchsten Maße mit Scham oder scheinbarer Schamlosigkeit zu tun hat, ist die zwischen einer tiefen Bedürftigkeit nach Nähe einerseits und der heftigen Abwehr dieser Bedürftigkeit andererseits. Die Bedürftigkeit nach Nähe ist genauer gesagt eine extrem starke Neigung eines Menschen nach psychischer Verschmelzung mit einem Anderen und die heftige Abwehr dieser Neigung, die sich meist als starke Distanzierung oder Ablehnung zeigt. So gesehen kann es auch zu starker Idealisierung einer Person einerseits und zur deutlichen Entwertung dieser Person andererseits kommen.

Häufig ist den Betroffenen die Distanzierung, die Kontakt- und Beziehungsschwierigkeit und auch die scheinbare Vermeidung von Nähe und Kontakten bewusster als die Neigung zu verschmelzen. Die Tendenz zur Verschmelzung kann sich als völlige emotionale Offenheit und Grenzenlosigkeit zeigen, die meist selber nicht als solche erkannt wird. Das hat damit zu tun, dass die Menschen, die unter diesen Zerrissenheitszuständen leiden, immer traumatische Erfahrungen gemacht haben. Mit traumatisch meine ich hier nicht nur Gewalterfahrung oder das Erleben von sexuellen Grenzüberschreitungen und sexueller Gewalt, sondern auch emotionale Vernachlässigungen, emotionale Ausbeutung sowie Misshandlungen und die Erfahrung von Verlassenheit.

Die Zustände, um die es hier geht sind also in der Regel immer Folgen dieser traumatischen Erfahrungen. In der Traumatherapie werden sie deshalb auch Traumafolgen genannt und nicht Symptome, da sie nichts mit einer Krankheit zu tun haben, sondern als Überlebensmuster notwendig geworden sind. Zwar sind diese Zerrissenheiten schon länger als sogenannte Borderline-Zustände bekannt, aber in der letzten Zeit wird immer deutlicher, dass es sich dabei um Traumafolgen handelt. Der Begriff Borderline, also Grenzlinie, wurde anfangs benutzt, um deutlich zu machen, dass diese Problematik irgendwo an der Grenze von Neurose und Psychose anzusiedeln sei.

Es war also anfangs wohl eher eine Art Verlegenheitsdiagnose, bis immer mehr Erkenntnisse zu ganz eigenen Theorien dieser Problematik führten. Die vielfachen Beschreibungen führten dann auch zu unterschiedlichen Bezeichnungen, die von Borderline Persönlichkeitsstörung (BPS), über Borderline-Struktur und Borderlinesyndrom bis hin zur Borderline Persönlichkeitsorganisation[2] führten. Ich selbst habe meine Diplomarbeit über die Kommunikations- und Beziehungsstörungen bei Patienten mit Borderline-Syndrom geschrieben[3] und mich dann auch im Berufsleben immer wieder intensiv mit dieser Problematik auseinandergesetzt. Heute spreche ich allerdings in der Regel nur noch von Borderline Zuständen, obwohl gerade die Theorien dazu dienten, genau darzustellen, dass es sich um ganz spezifische Persönlichkeitsentwicklungen handelt. Ich will aber mit diesem Begriff „Zustand" gerade wieder deutlich machen, dass es sich um ein Erleben handelt, dass alle Menschen in bestimmten Situationen haben können. Mein Umgang damit soll also einer Aufhebung der Trennung von gesund und krank dienen. Es handelt sich vielmehr um ein Spektrum dieser Problematik das von ganz schwer und mit starkem Leiden verbunden, bis ganz leicht und für alle Menschen erlebbar reicht. Besonders in engen Partnerbeziehungen kann es zu solchen Zuständen kommen, aber auch bei allen Menschen in psychischen Krisensituationen und vor allem auch in sehr emotionalen therapeutischen Prozessen, im Rahmen von Selbsterfahrung und bei der Ausübung von spirituellen und meditativen Übungen. In all diesen Situationen sind diese Erlebnisse meist nur vorübergehend. Nach einer gewissen Zeit, die meist nicht sehr lange dauert, kommen die Betroffenen von selbst wieder aus solchen Zuständen heraus. Treten solche Zustände der Zerrissenheit jedoch oft und dauerhaft auf oder kommen Menschen aus diesem Erleben nicht wieder ohne Hilfe von außen heraus und leiden darunter, dann kann in der Regel von Krankheitszustand gesprochen werden.

Schauen wir uns diese Zerrissenheitszustände nun genauer an, dann sehen wir, dass es auch Erlebnisse von Absolutheit sind. Das bedeutet ein absolutes Erleben entweder eines Extrems oder ein absolutes Erleben des gegenteiligen Extrems. Zwischentöne oder ein Erleben in der Mitte, Spannungstoleranz oder ein Balancezustand sind kaum oder gar nicht möglich. Was Nähe und Distanz betrifft, gibt es dann eben nur die extreme Verschmelzung einerseits oder die extreme Distanzierung andererseits. Was im Zitat oben gemeint ist, verstehe ich vor allem als Kontaktlosigkeit, wenn die Verschmelzung gleichzeitig mit seelischer Distanz auftritt. Das bedeutet Menschen in solchen Zuständen verschmelzen mit anderen und haben zur selben Zeit gerade keinen Kontakt, weder zu sich selbst, noch zum Gegenüber, denn sie verlieren ja in der Verschmelzung mit dem Anderen gerade ihre eigene Identität. Dadurch sind sie wie automatisch wieder auf Distanz nämlich kontaktlos und müssen dann auch aktiv wieder auf Distanz gehen, denn die Gefahr des beständigen Verlusts der Identität bleibt ja weiterhin bestehen. Die Verschmelzung führt dazu, dass sich die Identität sozusagen im anderen verliert und deshalb ist diese Art der Nähe für den Betroffenen höchst gefährlich und muss schnellstens durch die Distanzierung wieder beendet werden.

Der Begriff des absoluten Erlebens ist mir immer wichtiger geworden, denn wie schnell können wir in unseren zwischenmenschlichen Begegnungen solche Absolutsetzungen erleben, und dann ist es oft nicht mehr weit zu dominantem Verhalten, zur Machtausübung, zu Dogmatismus oder gar Fanatismus. Menschen, die immer Recht haben müssen oder immer alles genauestens wissen, sind immer auch gefährdet, in diese Absolutsetzung zu kommen, oder sie sind schon davon betroffen.

Bleiben wir noch bei der Zerrissenheit von suchtartiger Suche nach Verschmelzung einerseits und der Distanzierung andererseits. Die mehr oder weniger heftige Abwehr der Nähe wird deshalb notwendig weil im Erleben der Nähe also der Verschmelzung die Gefahr des Selbstverlustes also der Selbstauflösung droht. Nach Tiedemann handelt es sich dabei um den Konflikt zwischen den zwei Grundängsten vor dem Alleinsein oder Verlassenwerden einerseits (deshalb Verschmelzung) und vor dem „Verschlungenwerden“ also Selbstverlust andererseits (deshalb Distanzierung).[4]

Natürlich verliere ich mein Selbst, mein Identitätsgefühl, wenn ich mit meinem Gegenüber verschmelze, also muss ich mich sofort wieder abgrenzen. Dieses ist aber im natürlichen und angemessenen Maß gar nicht möglich, weil ja die Verschmelzungsneigung immer da ist, also bleibt nur eine heftige Distanzierung. In meiner therapeutischen Arbeit habe ich viele Jahre mit einem Modell gearbeitet, bei dem ich von Bedürftigkeit einerseits und Abgrenzung andererseits gesprochen habe. In Abb.3 habe ich dies dargestellt. Jeder Kreis bedeutet hier eine Person.

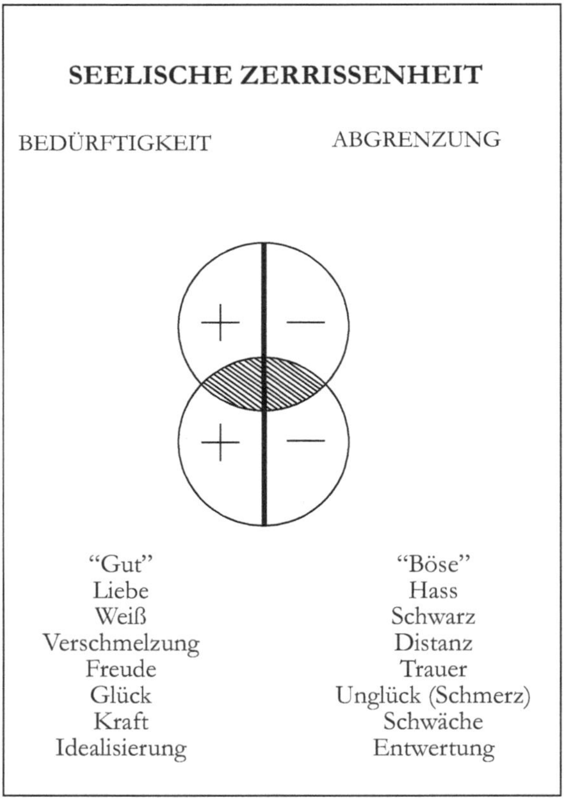

(Abb. 3)

Bei der Bedürftigkeit geht es ja hier immer um das Bedürfnis nach Nähe, Liebe oder Kontakt und Anerkennung und bei Abgrenzung immer wieder um die erneute Herstellung oder Behauptung der Autonomie. Der Mensch braucht den Anderen und er braucht seine Unabhängigkeit. In diesem Spannungsfeld bewegt sich der Mensch sein Leben lang und es geht immer darum, wie er mit dieser Spannung umgeht.

Die Zerrissenheit kann weitere Qualitäten haben wie beispielsweise die zwischen Gut und Böse. Das kann bedeuten, dass eine andere Person als nur „gut“ erlebt wird oder nach einem plötzlichen Wechsel als nur „böse“. Der Wechsel geschieht meist nach dem Erleben einer Verletzung. Man spricht dann auch entweder von einer Idealisierung oder nach dem Wechsel von einer Abwertung.

Die Qualitäten Liebe und Hass spielen oft eine Rolle denn es gelingt nicht Gefühle der Zuneigung und Liebe mit Ärger, Wut oder Zorn zu vermischen. Beides wird dann immer nur absolut erlebt.

Allgemein ist das sogenannte Schwarz-Weiss-Denken sehr bekannt bei Menschen, die unter dieser Zerrissenheit leiden.

Aber auch Gefühle wie Freude und Trauer, Glück und Unglück sowie Stärke und Schwäche werden immer nur absolut erlebt, und eine Mischung solcher gegensätzlicher Gefühlszustände ist nicht oder kaum möglich.

Bei dieser Art der inneren Zerrissenheit hat nun das Schamgefühl eine ganz besondere Bedeutung, da es hier ja immer um Identität und Persönlichkeit der Menschen geht und Scham ja gewissermaßen eine Art Identitätsgefühl darstellt. Also so wie der Mensch Schwierigkeiten in seiner Identität hat – man spricht oft auch von Identitätsdiffusion –, zeigt sich auch das Schamgefühl. Die ursprünglichen Auslöser sind die in der Kindheit erlebten schweren Beschämungen, die wir auch Verletzungen, Demütigungen oder Traumatisierungen nennen können. Diese führen ja immer zu einer Erschütterung des Selbst und diese Erschütterung oder auch Zerstörung des Selbstgefühls und Selbstwertgefühls löst ja die Scham aus. Erinnern wir uns, die Sätze könnten lauten: *„Ich bin nicht“*, *„Ich bin nicht da“*, *„Ich bin nicht wert“*, *„Ich bin nicht liebenswert“*, *„Ich sollte gar nicht sein“* oder ähnlich. Die Zerrissenheiten und all ihre Begleiterscheinungen wie Irritationen, Verwirrtheit und Verunsicherungen oder Orientierungslosigkeiten, sowie alle sie begleitenden negativen Gefühlszustände und Symptome, sind also Folgen der Beschämungen und haben die Funktion, die Scham zu bewältigen oder sie zumindest in Schach zu halten. So gesehen dienen sie wieder als Masken der Scham. Dies ist also die primäre Scham, die zur Zerrissenheit führt, und diese Zerrissenheit und ihre Begleiterscheinungen führen auch wieder zu Schamgefühlen. Man schämt sich wegen dieser Zustände und das ist die sekundäre Scham. Als drittes kommt nun noch die Schamangst hinzu. Menschen die unter dieser Zerrissenheit leiden leben in der ständigen Angst immer wieder verletzt, gedemütigt oder angegriffen zu werden. Diese ununterbrochene Angst erneut verletzt oder gar traumatisiert und damit beschämt zu werden ist somit zum Teil ihres Lebens geworden.

Primäre Scham, sekundäre Scham und Schamangst sind also die bedeutendsten Gefühle, die, neben den schon genannten Ängsten, mit den sogenannten Borderline-Zuständen zusammenhängen.

Wenn es eine Art psychischen Leidens gäbe, bei dem die Scham im besonderen Masse eine Rolle spielt, so würde die hier besprochene Problematik ganz sicher dazugehören. Aber es ist tatsächlich so, dass es keine eigentliche Schamkrankheit gibt, denn zu jedem psychischen Leiden und zu sehr vielen Charakterhaltungen und Einstellungen auch bei psychisch gesunden Menschen gehört das Schamgefühl dazu.

5. Muttersöhne

„Wird Männlichkeit einerseits als Stärke ausgewiesen, so ist sie doch stets in Gefahr, bei einer unkontrollierten Annäherung an die Frau in Hilflosigkeit, Ohnmacht, Abhängigkeit und Schwäche umzuschlagen."
(Bernd Nitzschke)[1]

Die in diesem Zitat angesprochene Zerrissenheit der männlichen Psyche ist ein weiteres Thema, das mich in meiner Arbeit immer wieder sehr beschäftigt hat. Auch wenn es auf den ersten Blick nicht so viel mit Schamgefühlen zu tun hat, will ich es hier etwas genauer darstellen. Natürlich werde ich mich wieder bemühen zu analysieren, inwiefern Scham auch bei dieser typisch männlichen Zerrissenheit eine Rolle spielt. Es geht mir in diesem Teil um die männliche Geschlechtsidentität und die damit verbundenen Schwierigkeiten und Probleme. Also auch um die Frage: „Wann ist ein Mann ein Mann?"

In meinen Vorträgen sage ich manchmal: „Alle Männer sind Muttersöhne und alle Frauen sind Vatertöchter". Wie ist das gemeint? Ich beziehe mich dabei auf die Psychologie von C.G. Jung und stelle erst einmal fest, dass es insgesamt acht Komplexe gibt, die mit den Eltern, also Vater und Mutter, zu tun haben. Da gibt es bei Frauen den weiblichen positiven Mutterkomplex und den weiblichen negativen Mutterkomplex dann gibt es den weiblichen positiven Vaterkomplex und den weiblichen negativen Vaterkomplex. Die gleichen vier Komplexe gibt es dann entsprechend bei Männern. Verena Kast hat Wege aus diesen Vater- und Mutterkomplexen in ihrem Buch: „Vater-Töchter, Mutter-Söhne", sehr ausführlich und verständlich beschrieben.[2] Mein vorher erwähnter Satz bezieht sich sozusagen auf die Mutterkomplexe der Männer und die Vaterkomplexe der Frauen. Ich beschäftige mich aber hier nicht näher mit diesen Komplexen, sondern greife etwas allgemeiner die Schwierigkeiten auf, die viele Männer in ihren Beziehungen zu Frauen haben, denn diese sind oft ein Schwerpunkt in der Therapie mit Männern. Es geht mir also um Männlichkeit, und in einem zweiten

Absatz möchte ich die Konflikte näher beschreiben, die dann zwischen Muttersöhnen und Vatertöchtern entstehen können. Dazu ist es natürlich notwendig, dass ich mich auch mit dem Thema Vatertöchter beschäftige, also wenigstens kurz etwas zum Thema Weiblichkeit sage.

Warum komme ich zu dieser Auswahl? In meiner langjährigen Arbeit mit Männern in Gruppen und auch in Einzeltherapie sowie vor allem auch mit Männern und Frauen in Paartherapien bin ich besonders häufig auf die Schwierigkeiten zwischen Mann und Frau gestoßen, die ich immer wieder dem Themenkomplex „Muttersöhne / Vatertöchter" zuordnen konnte. Auch bei diesem Thema will ich gerne bekennen, dass ich mit den diversen Schwierigkeiten, um die es mir hier geht, auch immer wieder selber zu tun hatte.

Bevor ich mich nun etwas genauer mit Geschlechtsidentität befasse, will ich nochmal aufzeigen, dass in der traditionellen Familie eine Aufspaltung besteht, zwischen dem, was die Mutter tendenziell eher vertritt, vermittelt oder repräsentiert und was der Vater eher vermittelt oder repräsentiert. Jessica Benjamin spricht von der Spaltung zwischen der Mutter der Bindung und dem Vater der Trennung.[3]

In Abb. 4 habe ich dies kurz dargestellt.

Frauen **(Mütter)** repräsentieren	Männer **(Väter)** repräsentieren
Bindung	**Trennung**
Gebundenheit	Loslösung
Geborgenheit	Aktivität in der Welt
Nähe	Distanz
Gefühle	Sachlichkeit
Enge	Weite
Schwäche	Stärke
Weichheit	Härte
Hingabe/Loslassen	Begehren,absichtsvolles Handeln
Passivität	(Wollen, Fordern)

(Abb.4)

Natürlich ist klar, dass in vielen Familien, durch die verschiedensten gesellschaftlich bedingten und dann auch sehr persönlichen Ursachen, starke Prozesse der Wandlung zu beobachten sind. Ich erinnere nur an die Stichworte: alleinerziehend, Einelternfamilie, Stieffamilie, Patchworkfamilie oder Scheidungsfamilie. Nicht zuletzt, natürlich auch die Veränderungen, die allein durch die Emanzipations- oder Entwicklungswünsche von Männern und Frauen entstehen. So werden Frauen beispielsweise immer aktiver in der Welt, stehen auch mehr für Loslösung oder für starkes Fordern und Wollen. Und Männer bemühen sich darum, weicher und gefühlvoller zu werden oder sie streben mehr Nähe an und wollen dem Kind auch Geborgenheit vermitteln. Dennoch glaube ich, dass die genannte Aufspaltung in sehr vielen Familien noch ihre Wirkung hat und auch da wo die Prozesse der Wandlung schon geschehen, wirken die alten, hier beschriebenen Muster teilweise noch weiter.

Die hier dargestellte Aufspaltung zwischen den Müttern der Bindung und den Vätern der Trennung haben natürlich ihren Anteil an den immer wieder auftretenden Zerrissenheiten der Menschen und ganz besonders natürlich an der typischen Zerrissenheit der männlichen Geschlechtsidentität.

Männliche Zerrissenheit

Beginnen wir nun mit der Entwicklung der Geschlechtsidentität. Für Freud war wohl die Männlichkeit ein von Geburt an vorhandener Naturzustand, der für ihn bei beiden Geschlechtern vorhanden war. Er ging also davon aus, dass Femininität, also Weiblichkeit eigentlich verhinderte Maskulinität, also Männlichkeit sei. Diese Auffassung konnte sich nicht durchsetzen und in der Theorie der Psychoanalyse behaupten. Schon früh gab es die Überzeugung, dass Männlichkeit und Weiblichkeit angeborene Urzustände seien, die sich aufgrund biologischer Gegebenheiten parallel entwickelten.

Eine weitere psychoanalytische Theorie der Entwicklung der Geschlechtsidentität ist die einer Protofemininität, also der Überzeugung, dass beide Geschlechter eine Phase primärer Femininität durchlaufen, die als Folgeerscheinung einer ursprünglichen Identifizierung des Kindes mit der Mutter gesehen wird.[4]

Dabei handelt es sich also um eine primäre weibliche Identifikation, die jeder Junge im Kontakt mit seiner Mutter und natürlich mit dem Körper der Mutter durchlebt und von der er sich lösen muss, um zu seiner männlichen Identität zu finden. Für beide Geschlechter, also für den kleinen Jungen und das kleine Mädchen geht es also darum, sich von dieser Identifikation zu lösen oder zu befreien. In der Fachsprache wird das Entidentifizierung oder Desidentifikation genannt. Diese Entidentifizierung ist nun natürlich beim Jungen anders als beim Mädchen denn das Mädchen hat das gleiche Geschlecht und besonders auch den gleichen Körper wie die Mutter, also der Junge ist ganz einfach anders. Deshalb kommt es zu der Annahme, dass die Entwicklung der Geschlechtsidentität des Jungen schwieriger ist als die des Mädchens, zumal die Identifizierung des Jungen mit dem Vater häufig nicht oder nur in sehr geringem Ausmaß möglich ist. Seit dem Buch von Alexander Mitscherlich über die „Vaterlose Gesellschaft“ ist weitgehend und sehr allgemein bekannt, dass der Vater dem kleinen Jungen sehr oft als Bezugsperson und damit als Modell für Männlichkeit fehlt.[5]

In der Theorie der Psychoanalyse wird in diesem Zusammenhang gerne vom Bild des Vaters als „Retter oder Befreier“ des Kindes von der Mutter gesprochen. Durch die Brille einer männlichen Zerrissenheit betrachtet, haben wir es dann mit einem gespaltenen Vaterbild vom Störenfried der narzisstischen Verbundenheit von Mutter und Kind einerseits oder vom Befreier von der mütterlichen Umschlingung andererseits zu tun. Der Vater wird also entweder in der Rolle des eifersüchtigen Rivalen oder in der Rolle eines „strahlenden Ritters mit glänzender Rüstung“ gesehen, der das Kind „vor der bösen Mutter rettet“.

Das Bild eines angemessenen Vaters ist also das, von einem emotional anwesenden, kontaktfähigen und partnerschaftlichen Vaters, der sowohl dem Kind also auch der Mutter, also seiner Frau, als Interaktionspartner zur Verfügung steht. Ein solcher Vater hat die innere Zerrissenheit weitgehend überwunden und hat in sich eine gute innere Balance gefunden. So wäre es auch wichtig, dass die Aufspaltung zwischen der Mutter der Bindung und dem Vater der Trennung sich allmählich auflöst und es immer mehr Mütter und Väter gibt, die wenigstens in Ansätzen beide

Anteile vertreten können. In unserer Gesellschaft ist wohl ein Prozess, der in diese Richtung führt, zu erkennen, und bei der jungen Generation auch schon etwas weiter fortgeschritten. Dennoch bin ich der Auffassung, dass noch zu wenig Väter und auch Mütter diese neuen Einstellungen wirklich entwickeln und besonders auch leben.

Nun fehlt der Vater oft nicht nur dem Jungen als Modell für Männlichkeit, sondern natürlich in anderer Hinsicht auch der Tochter. Dazu werde ich später etwas ausführlicher berichten, wenn es um die Vatertochter geht. Väter sind oft nicht nur tatsächlich abwesend, sondern sie sind in der Familie auch sehr häufig emotional abwesend. Das Fehlen des Vaters ist aber besonders für den Jungen sehr bedeutsam, denn ihm fehlt dann das Identifizierungsobjekt, und die Loslösung von der Mutter fällt dann umso schwerer. In meiner langjährigen Arbeit mit Männern ist diese Problematik bei fast jedem Mann im emotionalen Prozess aufgetaucht.

Betrachten wir das Fehlen des Vaters und den Prozess der Entidentifizierung von der Mutter etwas genauer, so können wir feststellen, dass nach diesen Vorstellungen Männlichkeit zuerst einmal bedeutet nicht Frau zu sein. Von Robert Stoller soll der Satz stammen: „Es ist die erste Pflicht des Mannes, keine Frau zu sein“.[6]

Die Trennung des kleinen Jungen von der Mutter ist ja immer auch eine Trennung vom Körper der Mutter, also vom weiblichen Körper. Diese Besonderheit des körperlichen Andersseins des Jungen verstärkt aber meist die Schwierigkeit der Entwicklung von Männlichkeit und lässt gleichzeitig die beim Mann immer wiederkehrende Sehnsucht nach dem weiblichen Körper entstehen bzw. lässt sie gewissermaßen als eine Art Restsehnsucht bestehen. Es ist aber gerade diese Sehnsucht nach Verschmelzung, die meiner Erfahrung nach manchmal in eine Art Sucht übergehen kann. Wir haben es dann ganz einfach mit der Sucht nach Verschmelzung bei Männern zu tun. Es kommt allerdings bei der männlichen Geschlechtsidentität gleichzeitig zu einer Entwicklung von Angst vor der Frau, und die Verschmelzungssehnsucht führt zu der Wunschvorstellung, sich deren Körper – also den weiblichen Körper – zurückzuerobern. Hier kommt dem Aspekt der „männlichen“ Macht in letzter Konsequenz manchmal der Aspekt der Gewalt hinzu. Warum taucht hier plötzlich Macht auf, die bei sehr vielen Männern in der

Beziehung zu Frauen und besonders in der sexuellen Beziehung eine relativ große Bedeutung hat? Die Nähe zum weiblichen Körper kann mehr oder weniger unbewusst für den Mann die drohende Gefahr bedeuten, wieder in eine Art der Verschmelzung mit der Mutter zu geraten. Diese Verschmelzung wiederum kann den drohenden Verlust des Selbst oder der Geschlechtsidentität oder der Identität bedeuten. Also der Nähewunsch kann letztlich auch Ausdruck einer Sehnsucht nach Verschmelzung mit der Mutter sein und dies kann natürlich erneut Ängste auslösen.

Diese Angst der Verschmelzung also die Angst vor Verlust der Männlichkeit lässt meiner Ansicht nach eine Art inneren Macht- oder manchmal Kampfimpuls entstehen. Etwas vereinfacht ausgedrückt können wir hier die Ursachen der Gewalt gegen Frauen erkennen.[7] Fassen wir nochmal zusammen, denn dies ist für mich ein entscheidender Aspekt der ganzen Problematik. Männer tragen häufig in sich eine Sehnsucht nach Verschmelzung bei gleichzeitiger Angst davor. Dies führt zu der von mir sogenannten „männlichen Zerrissenheit", in letzter Konsequenz zwischen dem Symbiosewunsch und Gewalt wie Nitzschke es beschreibt.[8] Diese Art der inneren Zerrissenheit ist auch der Hintergrund der inzwischen allgemein verbreiteten, und meiner Ansicht nach richtigen Auffassung, dass die Geschlechtsidentität des Mannes grundsätzlich instabiler oder anfälliger sei als die der Frau. Sehr vereinfacht und überspitzt ausgedrückt können wir also sagen, Männlichkeit zeigt sich in den drei Sätzen: „ Ich bin nicht meine Mutter", „Ich bin nicht wie meine Mutter" und „Ich bin gegen meine Mutter".[9]

In Abb. 5 habe ich die männliche Zerrissenheit dargestellt.

MÄNNLICHE ZERRISSENHEIT

Nähewunsch	Abwehr von Nähe (Distanz)
Verschmelzungsneigung	Heftige Distanzierung
Sehnsucht nach Symbiose	Gewaltneigung
Wehleidigkeit	Sachlichkeit
In Gefühlen versinken	Intellektualisieren, Vernunftorientierung
Angst vor Verlust der Männlichkeit	scheinbare Autonomie
(brüchige Geschlechtsidentität)	Macht und Stärke
Angst vor Verlust des Selbst(-gefühls)	Einsamkeit (Steppenwolf)
Frauenbild: Heilige	Hure

(Abb. 5)

Nach traditioneller psychoanalytischer Auffassung entwickelt sich die männliche Geschlechtsidentität in der Ablösung von der Mutter und der anschließenden Identifizierung mit dem Vater. Es gibt nun allerdings noch eine letzte theoretische Annahme, die ich hier erwähnen möchte, denn sie hat nach meiner Überzeugung eine große Bedeutung für unser Thema. Die Entwicklung der Geschlechtsidentität wird in diesem Modell als Prozess einer Differenzierung angesehen.

Ausgehend von einem undifferenzierten also narzisstischen Zustand „des Alles“, gehe es bei beiden Geschlechtern darum, jeweils die Kategorien von Männlichkeit und Weiblichkeit weiterzuentwickeln.[10] Diesen Prozess der Differenzierung und Weiterentwicklung kann man nun vorwiegend als einen Prozess von Verlust und Begrenzung beschreiben. Da wo einfach „Alles“ war, männlich und weiblich, undifferenziert und diffus, da müssen Jungen und Mädchen lernen, mit den geschlechtsspezifischen Begrenzungen und Einschränkungen umzugehen. Dabei geht es immer um die Beschränkungen, die sich aus biologischen Voraussetzungen ergeben und die Beschränkungen, die sich aus kulturellen, gesellschaftlichen Normen und Werten entwickeln. Der Narzissmus der Grenzenlosigkeit und Undifferenziertheit muss sich wandeln, und das natürlich nicht nur in Hinsicht der Differenzierung der Geschlechtsidentität, sondern ganz allgemein als Überwindung der egozentrischen Selbst- und Weltsicht. Dazu später mehr in den Kapiteln, in denen es um die Egozentrik geht. Nun aber erst zur Differenzierung der Geschlechtsidentität. Hierzu gehören eben die Beschränkungen und Begrenzungen, die mit männlich und weiblich zu tun haben. Der Junge ist beispielsweise körperlich anders als das Mädchen, und umgekehrt. Beide, Jungen und Mädchen lernen anfangs in erster Line die Unterschiede körperlicher Art zu erkennen und dann auch zu akzeptieren, und erst im Laufe des Differenzierungsprozesses auch die Unterschiede hinsichtlich spezifischer Fähigkeiten und Eigenschaften, die jeweils nur beim Mädchen und beim Jungen anzutreffen sind. Ohne auf die kulturell bedingten Geschlechtsmerkmale näher einzugehen – das wäre ein eigenes Thema –, geht es natürlich um die verschiedensten Merkmale von männlich und weiblich. Die Qualitäten dieser unterschiedlichen Merkmale habe ich beim Thema Mütter der Bindung und Väter der Trennung schon angesprochen.

Jungen und auch Mädchen müssen sich auf die geschlechtstypischen Merkmale begrenzen und einschränken, das wird Differenzierung genannt. Diese damit verbundene Wandlung oder Transformation des Narzissmus, also der egozentrischen Selbst- und Weltsicht mit ihrem undifferenzierten Alles, scheint das eigentliche Problem bei der Geschlechtsdifferenzierung bzw. bei der Unterscheidung zwischen einem männlichen und weiblichen Narzissmus zu sein. Männlicher Narzissmus zeigt sich ja eher expansiv, heftiger, lauter oder sichtbar machtvoll und manchmal gewalttätig, hingegen weiblicher Narzissmus scheint eher stiller, verborgener, versteckter aber auch oft geschickter oder verschleierter zu sein. Machtverhalten zeigt sich beim weiblichen Narzissmus oft eher als manipulierendes Verhalten, wogegen die Macht von Männern oft direkt und manchmal sehr plump ausgelebt wird.

Meiner Auffassung nach liegt hier eine Art Schnittstelle zwischen biologischen Anlagen und Voraussetzungen der Geschlechter einerseits und der Sozialisation und damit der Entwicklung des Narzissmus andererseits. Wie wird in der Erziehung auf die notwendige Loslösung des kleinen Mädchen und des kleinen Jungen eingegangen? Wird der kleine Junge mehr gefördert, auch mehr gefordert oder wird ihm mehr zugetraut, ihm immer deutlich mehr gewährt und mehr zugestanden? Also wird ihm mehr erlaubt, darf er mehr oder wird er gar verwöhnt? Das könnten einige, der in der Gesellschaft verbreiteten Überzeugungen oder auch Vorurteile sein, auf die ich aber hier nicht näher eingehen kann. Solche Erziehungsmuster und -haltungen können natürlich nicht nur in der Erziehung von Jungen eine große Rolle spielen, sondern natürlich in anderer Art, auch in der Erziehung von kleinen Mädchen. Klar scheint für mich zu sein, dass diese unterschiedlichen Haltungen oder gar Erziehungsstile bei Jungen und Mädchen eine große Bedeutung haben, für die Entwicklung von männlichen und weiblichen Narzissmus.

Aber bleiben wir noch einen Moment bei der männlichen Zerrissenheit. Schon oft bin ich gefragt worden, ob denn diese Zerrissenheit nicht die gleiche innere Aufspaltung sei, wie die bei der vorher schon beschriebenen allgemeinen Zerrissenheit oder der Zerrissenheit der Borderline-Zustände.

Nun, es ist nicht die gleiche, aber es gibt Überschneidungen. Wenn ich nicht mehr streng von den Klassifikationen und Typenbeschreibungen der Persönlichkeitstheorien und der Krankheitslehren ausgehe – und das tue ich hier in dieser Arbeit –, dann kann ich klar sagen, dass die männliche Zerrissenheit sich oft auch mit der Zerrissenheit überschneidet, die ich im dritten Kapitel beschrieben habe. Anders ausgedrückt, viele Männer können sehr narzisstisch sein oder sich in bestimmten Situationen so verhalten und sozusagen narzisstisch agieren, aber dennoch sind beide Arten von Aufspaltung nicht gleich und schon gar nicht identisch.

Bei der Männlichkeit geht es sehr spezifisch um die Aufspaltung zwischen Verschmelzungsneigung und Distanzierung in Beziehungen zu Frauen und bei der allgemeinen seelischen Zerrissenheit ging es ja um die Trennung zwischen falschem Selbst mit Grandiosität und Überselbstsicherheit einerseits und einem symptomatischen Selbst mit Selbstwerteinbruch und Minderwertigkeitsgefühlen andererseits. Beide inneren Zustände, falsches Selbst und auch das symptomatische Selbst sind viel umfassender ausgeprägt, da sie sich ja auch in allen Lebensbereichen zeigen können.

Die zweite Frage war die, ob nicht die sogenannten Borderline-Zustände mit der hier beschriebenen männlichen Zerrissenheit zu tun haben. Im ersten Moment könnte man das ja annehmen denn bei beidem geht's ja um Nähe und Distanz. Auch hier gilt aber, dass die männliche Zerrissenheit zwischen Symbiosewunsch und heftiger Abwehr sich immer in Beziehung zu Frauen, in intimen Situationen und im erotischen und sexuellen Bereich zeigt, und die Borderline-Zustände wirken grundsätzlich in allen Lebensbereichen. Dies ist die wichtigste Unterscheidung, die als erstes wahrgenommen wird und die jeder Mann und vor allem natürlich Frauen spüren können.

Es sind dann weiter eher die Begleitgefühle und die diversen Symptome, die den Unterschied ganz deutlich machen. Bei den Borderline-Zuständen können beispielsweise heftige Impulsdurchbrüche, Leerezustände, extreme Gefühle wie heftige Scham, Verzweiflung und Einsamkeit auftreten. Hingegen die männliche Zerrissenheit zeigt sich in der Regel ja sehr angepasst, unauffällig und beinahe harmlos. Nur manchmal bei Gewalthandlungen oder extremen Ausprägungen von Intellektualisierung oder Sachlichkeit kommt es dann zu Auffälligkeiten. Wobei die Bedeutung der Gewaltneigung und der häufig auftretenden Distanz nicht verharmlost werden sollte. Zumal Letztere meist auch mit extremer Gefühllosigkeit verbunden ist.

Bevor ich dazu komme aufzuzeigen, welche Bedeutung die Scham für den Mann ganz allgemein hat, will ich noch zwei Themen ansprechen, die bei sehr vielen Männern als Muster des Verhaltens häufig zu beobachten sind. Ja es sind meiner Ansicht nach ausgesprochen zeittypische Erscheinungen von Männlichkeit.

Der ewige Jüngling

Als ich meine ersten Erfahrungen in der therapeutischen Arbeit in einer Klinik machte – ich war damals etwa 30 Jahre alt und arbeitete als Co-Therapeut mit einem Arzt zusammen – habe ich folgendes erlebt. Dieser Arzt sagte eines Tages zu mir: „Wolfram du bist ja ein Berufsjugendlicher". Diese Äußerung erfüllte mich damals mit einem gewissen Stolz, denn da ich über den zweiten Bildungsweg kam, hatte ich noch kein Studium hinter mir und fühlte mich immer noch als nicht angepasst, im gewissen Sinne rebellisch und sehr kritisch gegenüber dem bestehenden Gesundheitssystem und der etablierten Therapie. Vom Chefarzt wurde ich allerdings sehr gefördert und, wegen meiner jugendlichen Art – so schien es mir – kam ich relativ gut bei Kollegen und besonders auch bei Patienten an.

Erst Jahre später im Rahmen meines Studiums und meiner Ausbildung stieß ich dann auf das Konzept des ewigen Jünglings. Marie-Luise von Franz spricht auch von Puer Aeternus und meint damit einen antiken Kind-Gott oder einen göttlichen Jüngling.[11]

Der ewige Jüngling ist zuerst einmal ein bestimmter Typ Mann, der sich noch zu wenig von seiner Mutter gelöst hat, also in seinem Mutterkomplex gefangen ist. Männer, die in dieser Art ihrer inneren Zerrissenheit leben, können ein romantisches Verlangen oder eine Sehnsucht haben, die manchmal auch als mythisch oder auch als magisch betrachtet werden kann. Ein solcher Mann hat in der Regel große Schwierigkeiten sich an die Gesellschaft anzupassen, er hält sich vielleicht für etwas ganz Besonderes, für jemand, der sich eben gar nicht anpassen muss, denn eigentlich sei er ja eine Art verborgenes Genie. Vielleicht weniger stark ausgeprägt neigen solche Männer zu falschen Überlegenheitsgefühlen, Überheblichkeit und Arroganz sowie zu Größenvorstellungen. Andererseits kann es auch zu Minderwertigkeitsgefühlen kommen, die dann in eine depressive Phase übergehen können. Wir haben es bei diesem Typ Mann also auch wieder mit der sogenannten narzisstischen Zerrissenheit zu tun. Entsprechend gehören, wie im dritten Kapitel schon dargestellt, die Schamgefühle in diverser Ausprägung und Bedeutung dazu. Weiter kann der ewige Jüngling oft nicht mit Zeit umgehen, er kann nicht warten, sowie nicht zuhören und lernen. Er hat keine Geduld. Manchmal neigt er zu spirituellen Übertreibungen und er kann oft sehr labil und launisch sein. Marie Luise von Franz meint, dass er „sich nie ganz in weltliche Angelegenheiten hinein begibt, immer ein wenig über der Erde schwebt, sie von Zeit zu Zeit berührt, sie hier und da beleuchtet, und diesen wenigen Spuren muss man folgen."[12]

Der französische Dichter und Schriftsteller Antoine de Saint-Exupéry, der den „kleinen Prinzen" geschrieben hat, wird von von Franz als Beispiel eines ewigen Jünglings vorgestellt.

> *„Er war selbst subtil, keusch und äußerst empfindsam, außerdem ehrgeizig und sehr empfindlich in Bezug auf alles, was seine Ehre betraf. Fortwährend war er auf der Suche nach einem religiösen Sinn: er betete nicht zu Gott, weil er ihn nicht gefunden hatte, aber er war immer auf der Suche. Er war großzügig, intelligent und schweigsam, leicht zu irritieren und neigte zu depressiven Launen und Wutausbrüchen."* [13]

Weiter soll er in einer bestimmten Art sehr schüchtern und gehemmt gewesen sein, was nun eindeutig ein Hinweis auf das Vorhandensein von Schamkonflikten ist.

Die Biografin des Dichters meint: „In seinen Briefen schwankte er zwischen aufdämmernder Unabhängigkeit und hartnäckiger Unreife".[14] Wir können wohl dieses Schwanken grundsätzlich verstehen als ein Hin und Her zwischen innerer Abhängigkeit von der Mutter einerseits und einer Art „Höhenflug" als Abwehr dieser Gebundenheit andererseits. Hier zeigt sich nun ganz deutlich die Maskierung der Abhängigkeitsscham durch die Einnahme der Rolle des „Überfliegers" was wohl nicht nur beim ewigen Jüngling zu beobachten ist.

Nun noch einmal zusammengefasst einige typische Merkmale des ewigen Jünglings. Neben dem romantischen Verlangen und dem jünglingshaften Verhalten finden wir immer eine Art „Höhenflug" oder ein „Über den Dingen schweben". Oft hat er Schwierigkeiten einen richtigen Beruf zu finden und er kann häufig angefangene Dinge nicht beenden. Heute könnte man sagen, er lebt nur in Projekten, und zwar nicht nur an einem Ort. Wir sprechen heute oft vom flexiblen Menschen, der dann seine wechselnden Tätigkeiten überall in der Welt findet und besonders natürlich in exotischen Gegenden, worum ihn dann manche wieder beneiden. So kann die Lebenssituation in der flexiblen Gesellschaft förderlich sein, einen Persönlichkeitstyp des „ewigen Jünglings" zu entwickeln. Manchmal neigt der ewige Jüngling auch zu Gutgläubigkeit, zur Naivität und zu falschem Idealismus sowie zu religiösen Größenideen. Er lebt immer eher in der Fantasie und in seiner intellektuellen Idee anstatt in der Wirklichkeit. Auch wenn er merkt, er müsste sich mehr an die Realität anpassen, kann es sein, dass er dies nur auf einer intellektuellen Ebene tut. Er hat eine „gewisse vitale Schwäche" Konflikte auszuhalten und lebt stattdessen immer zu sehr als „guter Junge". Emotionale Verstimmungen sowie Hochs und Tiefs, also die männliche Zerrissenheit zeichnen grundsätzlich sein Erleben aus. Obwohl er oft sehr charmant sein kann, mit Menschen scheinbar gut umgehen kann und kontaktfreudig und lebenslustig wirkt, verbirgt sich dahinter doch eine grundsätzliche Lebensvermeidung. Der übertriebene, spirituelle Erlösungswunsch und die romantische Sehnsucht können natürlich auch als narzisstische Suche nach Anerkennung und Bestätigung verstanden werden. So ist dieses Muster des ewigen Jünglings eine spezielle Variante der männlichen Zerrissenheit.

Ein weiterer Typ von Männlichkeit der in der heutigen Zeit scheinbar immer mehr an Bedeutung bekommt, ist der des Kümmerers.

Der Kümmerer

Dieser Typ Mann hat sich wohl auch deshalb immer stärker entwickelt, weil es in unserer Gesellschaft in den letzten 20 bis 30 Jahren, vor allem als Folge der Frauenbewegung, zu einer grundsätzlichen Verunsicherung des Mannes gekommen ist. Ich habe ja schon erwähnt, dass die Geschlechtsidentität des Mannes tendenziell eher instabiler ist als die der Frau, und zusätzlich ist es dann im Rahmen der emanzipatorischen Entwicklungen zu einer Verstärkung dieser Unsicherheiten gekommen. In der Umgangssprache kam es in diesem Zusammenhang auch noch zu einigen anderen Begriffen, die eine ähnliche Bedeutung haben, jedoch teilweise etwas unangenehmer sind, manchmal sogar als Schimpfworte benutzt werden. Ich denke da an Softi, Frauenversteher, Warmduscher oder Weichei. Es geht dabei immer um einen Mann, der sich immer um Frauen kümmern, ihnen helfen oder sie retten muss. Der Autor Harvey A. Hornstein sprach in diesem Zusammenhang vom Kümmerer-Syndrom und bezieht sich dabei auf ein Gedicht von Erich Kästner.[15]

„Der Kümmerer ist zwar ein Mann,
doch seine Männlichkeit hält sich in Grenzen.
Er nimmt sich zwar der Frauen an,
doch andre Männer ziehn die Konsequenzen.

Der Kümmerer ist ein Subjekt,
das Frauen wenn es sein muß, zwar bedichtet
hingegen auf den Endeffekt
von vornherein verzichtet.

Er dient den Frauen ohne Lohn.
Er liebt die Frau en gros, er liebt summarisch,
Er liebt die Liebe mehr als die Person.
Er liebt mit einem Worte, vegetarisch!

Er wiehert nicht. Er wird nicht wild.
Er hilft beim Einkauf, denn er ist ein Kenner.
Sein blick macht aus der Frau ein Bild.
Die andren Blicke werfen andre Männer.

Die Kümmerer sind nicht ganz neu.
Auch von von Goethe wird uns das bekräftigt.
Sein Clärchen war dem Egmont treu,
doch der war meist mit Heldentum beschäftigt.

So kam Herr Brackenburg ins Haus,
vertrieb die Zeit und half beim Wäschelegen.
Am Abend warf sie ihn hinaus.
Wer Goethes Werke kennt, der weiß weswegen.

Die Kümmerer sind sehr begehrt,
weil sie bescheiden sind und nichts begehren.
Sie wollen keinen Gegenwert.
Sie wollen nichts als da sein und verehren.

Sie heben euch auf einen Sockel,
der euch zum Denkmal macht und förmlich weiht.
dann blicken sie durch ihr Monokel
und wundern sich, daß ihr unnahbar seid.

Dann knien sie hin und beten an.
Ihr gähnt und haltet euch mit Mühe munter.
Zum Glück kommt dann und wann ein Mann
und holt euch von dem Sockel runter!
(Erich Kästner)

So schön und auch treffend Erich Kästner hier den Typ Mann mit „Kümmerersyndrom" beschreibt, so wenig sagt er uns etwas über seine eigene innere Haltung gegenüber Frauen. Natürlich können wir hinter diesen Zeilen, über die wir zu gerne lachen möchten, die eigene Aufwertung des „richtigen" Mannes und die schadenfrohe und beschämende Entwertung des Geschlechtsgenossen mit der „mangelnden Männlichkeit" erkennen.

Wenn man die Biografie von Erich Kästner liest, fällt es nicht schwer zu verstehen, dass dies auch die Worte eines „Muttersohnes" sein können, dessen narzisstische männliche Rivalität auch zu einer wunderbaren Lyrik geführt hat. Er konnte sehr ungehalten sein, wenn seine Sexualpartnerin nicht jederzeit zur Verfügung stand, und aus den Briefen an seine Mutter kann man wohl entnehmen, dass er Defizite in der Loslösung von ihr hatte und dass seine Verhaltensmuster heute zumindest in die Nähe von Beziehungssucht oder gar Sexsucht gerückt werden könnten.[16]

Betrachten wir nun, entsprechend unserem Thema, welche Zusammenhänge es gibt zwischen diesen drei Arten oder speziellen Ausprägungen von Männlichkeit und der Scham. Die grundsätzliche Zerrissenheit des Mannes hat natürlich ihre Ursache in den Beschämungen, die ein betroffener Mann in der Kindheit erlitten hat. In der Regel sind dies ja erst einmal Erfahrungen in der Mutter-Sohn-Beziehung. Bei diesen Beschämungen kann es sich ja um die unterschiedlichsten schmerzhaften Erfahrungen und Verletzungen handeln, aber auch um das Erleben von Überbehütung und Verwöhnung, emotionaler Ausbeutung, zu starrer Gebundenheit oder gar um sexuelle Grenzüberschreitungen.

Die sexuellen Grenzüberschreitungen von Müttern an Söhnen verbergen sich sehr oft hinter dem „mütterlichen Verhalten", welches für die Hygiene notwendig scheint und sind in der Gesellschaft dadurch ganz besonders tabuisiert. Sehr häufig habe ich Männer erlebt, die ihre Beziehung zur Mutter als zu eng und von der Mutter als klammernd erlebt haben. Oft fühlten sie sich in einer Rolle in der sie für die Mutter da sein sollten. Dies konnte sein als eine Art Partnerersatz oder sogar in der Funktion wie ein Elternteil für die Mutter sorgen zu müssen. Man spricht hier auch von Parentifizierung. Es ist klar, dass diese Männer zutiefst beschämt worden sind und in ihrem „Mutterkomplex" stecken geblieben sind. Wir können ganz allgemein sagen, je schwieriger, komplizierter und verletzender die Erlebnisse in der Identifizierung mit der Mutter und dann vor allem auch im Prozess der Loslösung waren, desto stärker und heftiger wird sich die Aufspaltung oder männliche Zerrissenheit entwickeln.

Einen sehr wichtigen Aspekt dieser Dynamik muss ich hier unbedingt erwähnen. Bei diesen komplexen Prozessen, die ich hier nur andeute, ist natürlich nicht nur die Mutter beteiligt. Also die Mutter ist nicht an allem Schuld zumindest nicht alleine. Von Geburt des Kindes an ist meiner Ansicht nach der Vater ebenso wichtig für dieses Geschehen zwischen Mutter und Sohn und natürlich in der Dreierbeziehung die auch Triade genannt wird. Man geht auch bei diesem Thema heute davon aus, dass der Vater sehr früh eine enge Beziehung zum Kind eingehen kann und auch sollte. Das nennt man dann frühe Triangulierung, wenn Mutter, Vater und Kind jeweils intensive emotionale Beziehungen zueinander eingehen.

Allerdings ist es immer noch so, dass die häufig anzutreffende Abwesenheit des Vaters eine große Bedeutung hat für die Interaktionen zwischen Mutter und Sohn. Ganz besonders wichtig ist oft die emotionale Abwesenheit des Vaters und zuletzt natürlich das Verhalten, welches ein anwesender Vater im Familiensystem tatsächlich zeigt. Ich will hier nur einige Stichworte nennen, die auch entsprechend deutlich machen können welche Bedeutung ein Vater bei diesen schwierigen Prozessen haben kann. Stellen wir uns nur mal vor, der Vater ist Alkoholiker, er ist aggressiv und gewalttätig oder er ist selber extrem emotional bedürftig und depressiv oder lebt ganz allgemein in der Haltung des „Muttersohnes".

Wir haben schon gesehen, wie wichtig der Vater in diesen Prozessen der Entidentifizierung und Loslösung für den Sohn, und wie ich gleich weiter ausführen werde, auch für die Tochter ist. Ich gehe grundsätzlich noch weiter und plädiere ganz allgemein dafür, dass der Vater von Geburt des Kindes an, eine enge Beziehung zum Kind eingeht und somit beteiligt ist an der Aufhebung einer starren Aufspaltung zwischen der Mutter der Bindung und dem Vater der Trennung.

Aus eigenem Erleben, da ich als Vater von Geburt an tatsächlich eine enge Beziehung zu meinen Töchtern eingegangen bin, muss ich feststellen, dass sich eine Reihe neuartiger Probleme eingestellt haben, die bis dahin in der Fachliteratur kaum beschrieben worden sind. Da dies vor mehr als 30 Jahren war, mag sich dies möglicherweise bis heute deutlich verändert haben.

Halten wir jedoch fest, wie ein Vater sein sollte, der emotional anwesend und kontaktfähig für Mutter und Kind ist. Der Psychoanalytiker Peter Kutter meint, wir bräuchten „klar konturierte und scharf profilierte, in sich ruhende, selbstsichere Väter".[17] Allerdings dürfen wir hier nicht vergessen, den Mann auch weiterhin als Liebespartner der Frau zu sehen, denn der Mann sollte nicht nur guter Vater werden, sondern er muss in der Liebesbeziehung zu seiner Frau auch wirklich Mann bleiben und nicht zum zweiten oder dritten Kind werden. Leider können wir sehr häufig beobachten, dass gerade Männer, die noch zu stark an die Mutter gebunden sind, nach der Geburt eines Kindes ihre Identität als liebender Mann etwas verlieren oder vernachlässigen. Auch Mütter können wir immer wieder beobachten, die ihren Ehemann, der ja nun Vater geworden ist, weniger als Liebespartner sehen, sondern überwiegend nur noch in der Rolle des Vaters.

Kommen wir nun wieder zum ewigen Jüngling und zum Kümmerer zurück. Beide Typen von Männlichkeit haben ja genau wie Männer mit der allgemeinen männlichen Zerrissenheit auch eine ungelöste oder eine noch nicht ganz gelöste Mutterbindung. Immer wieder möchte ich daran erinnern, dass jeder Mann diese Zerrissenheit kennt, nur wo er sich auf einem Spektrum zwischen ganz leicht und ohne besondere Problematik sowie ganz schwer und mit größeren Leiden, gerade befindet, muss jeder Mann für sich selbst herausfinden. Das gleiche Spektrum kennen wir in Bezug auf die Mutterbindung, von einer gesunden Bezogenheit, die man immer hat, bis hin zu einer schweren Störung oder Beeinträchtigung. Letztlich kann das Spektrum der inneren Zerrissenheit bis zum Gewalttäter reichen, der seine Symbiosesehnsucht und damit seine Abhängigkeit von der Mutter absolut abgespalten hat und der dann oft in der Gesellschaft keinen Platz mehr findet.

Der Puer Aeternus ist ein Jüngling, der meist eine feste Bindung oder eine verbindliche partnerschaftliche Beziehung meidet. Immer wieder habe ich Männer erlebt, die unter einer sogenannten Bindungsangst litten oder die für sich eine Ideologie entwickelt haben, in der es keine feste Beziehung mehr gibt. Sie spüren oft die Angst gar nicht, da sie eine feste Einstellung, eine innere Haltung oder eben eine Art Ideologie entwickelt haben, in der Bindung, Bezogenheit oder eine monogame Zweierbeziehung nicht mehr vorkommt.

Der ewige Jüngling hat möglicherweise Beschämungen erlebt, die speziell mit seiner sich entwickelnden Männlichkeit zu tun hatten. Zu wenig Aufmerksamkeit, zu wenig Anerkennung und Wertschätzung für Eigenschaften und Verhaltensweisen, die als männlich gelten, sondern eher beschämende Demütigungen und Entwertungen, die ihn eher klein hielten, waren seine Erfahrungen. Als ewiger Jüngling hat er dann Muster oder Persönlichkeitszüge entwickelt, wie beispielsweise scheinbare soziale Kompetenzen, charmantes Auftreten oder Neugier und auch intellektuelle Fähigkeiten, oder eine Neigung zu abenteuerlichen Aktivitäten und die spirituelle Suche. Diese Verhaltensmuster dienen dann der Abwehr von Gefühlen und sind vor allem aber auch als Masken der Scham anzusehen. Sie haben die Funktion frühere Erschütterungen die ja Beschämungen waren, zuzudecken bzw. erneute Scham oder Beschämung zu verhindern. Denn würden sie ihre Restabhängigkeit von der Mutter wahrnehmen, würde erneut Scham entstehen, sogenannte Abhängigkeitsscham. Hinzu käme Scham über die damit verbundenen Gefühle wie beispielsweise Bedürftigkeit, Hilflosigkeit, Ohnmacht oder eben „Kleinheitsgefühle". Hier sehen wir wieder die Dreiteilung der Zerrissenheit: die Muster des ewigen Jünglings als falsches Selbst, die Kleinheitsgefühle als symptomatisches Selbst und die darunter liegende manchmal schwere Depression die sogar mit Todessehnsucht verbunden sein kann, als wahres Selbst. Hier bitte ich den Leser wieder selbst in Ruhe und manchmal mit Unterstützung zu überprüfen wie ausgeprägt dieser Persönlichkeitsstil des ewigen Jünglings bei ihm ist. Das kann wieder auf einem Spektrum sein von sehr geringer Ausprägung oder auch sehr positiver Ausprägung des charmanten und flexiblen ewigen Jünglings, bis hin zu einer schweren Ausprägung bei der das Leiden im Vordergrund steht und sicher professionelle Hilfe notwendig ist. Wie die Schamgefühle hier sogar als Leitgefühle des Narzissmus wirken, habe ich im 2. Kapitel schon dargestellt.

Nun hat der Puer Aeternus gerade auch in der heutigen Zeit der flexiblen Gesellschaft auch oft starke histrionische Anteile. Histrionisch kommt aus dem Lateinischen und bedeutet so etwas wie schauspielerisch. Es hat den alten Begriff hysterisch abgelöst, weil dieser vom dem altgriechischen hystera stammt und dieser Begriff „Gebärmutter" bedeutet. Diese Verbindung mit dem Weiblichen und die gleichzeitige negative Bedeutung ist nun überhaupt nicht mehr zeitgemäß.

Die möglichen histrionischen Anteile des ewigen Jünglings können folgendermaßen definiert werden. Egozentrik, Unechtheit und Eitelkeit sowie möglicherweise Labilität und Reizbarkeit in der Emotionalität. Besonders hervorstechend ist jedoch ein dramatisches und theatralisches Verhalten, bei dem es immer um ein übermäßiges Streben nach Aufmerksamkeit geht. Auch in der Sexualität zeigt sich nach außen eher ein auffälliges und provokatives Verhalten bei gleichzeitiger Problematik und einem abhängigen Verhalten.

Hinter diesem sich Darstellen und Produzieren wie wir es ja auch teilweise beim ewigen Jüngling kennen scheint es jedoch eine Sehn-Sucht nach Aufmerksamkeit, Anerkennung und Liebe zu geben. Diese Männer erleben sich dann auch sehr häufig als klein, ungenügend, unzureichend und unzulänglich.[18]

Hinter den Persönlichkeitszügen wie theatralisch oder unecht verbirgt sich also ein Selbsterleben, das durch Scham und Peinlichkeit gezeichnet ist. Diese tiefe Schamproblematik führt letztlich beim histrionischen ewigen Jüngling zu dem starken Hunger nach Liebe und der Sucht nach Anerkennung.

Zum Schluss dieses Kapitels noch ein paar Bemerkungen zum Kümmerer. Hornstein meint, dieser sei in dem unlösbaren Konflikt zwischen den zwei Wünschen nach Unabhängigkeit und Abhängigkeit gegenüber der Mutter und als Erwachsener gegenüber der Frau gefangen. Seine Muster die Frau zu verehren und zu vergöttern oder sie zu erziehen und sie damit zu retten sowie sie zu beeindrucken decken auch wieder die schmerzlichen Gefühle zu.[19] Diese bewegen sich ja um das Thema Abhängigkeit und um das Erleben nicht genug Mann zu sein, kein richtiger Mann zu sein oder eben klein zu sein. Denken wir wieder an den guten Jungen. All diese Zustände sind natürlich mit Scham verbunden. Was die männliche Zerrissenheit betrifft, so finden wir den Kümmerer wohl eher auf der Seite der Verschmelzungssehnsucht, mit Angst vor Verlust der Männlichkeit und dem Frauenbildes als Heilige.

6. Vatertöchter

„In der Suche nach diesem Ideal ist sie häufig an einen ‚Schattengeliebten' gebunden, d.h. an den idealen Mann, der nur in ihrer Vorstellung existiert"
(Linda Leonard)[1]

In meiner Arbeit in den letzten dreißig Jahren ist neben dem Thema der männlichen Zerrissenheit auch besonders ein anderes Thema sehr wichtig geworden, das ich bei Freuen sehr häufig beobachten konnte. Es ist dies der ganze Bereich, der in der Psychologie von C.G. Jung als weiblicher Vaterkomplex bezeichnet wird.

Auch in meiner persönlichen Lebenssituation und meiner weiteren Entwicklung war ich sehr von dem Thema betroffen, da ich zwei Töchter habe.

Ich hatte mich intensiv bemüht, von ihrer Geburt an, eine enge Beziehung zu ihnen einzugehen. So ist es natürlich, und für mich ganz selbstverständlich gewesen, dass die mit dieser Lebenssituation verbundenen Schwierigkeiten und besonders auch die dazugehörigen Gefühle immer wieder ein wichtiger Teil meines Lebens wurden und mich sehr beschäftigt haben.

So habe ich in den gleichen Jahren, in denen meine Töchter heranwuchsen, auch als Therapeut sehr viel mit Paaren und jeweils mit Männern und Frauen einzeln gearbeitet. Nachdem ich sehr viele Männer in intensiven Prozessen in Männergruppen begleitet habe, und ich meine eigenen Anteile an dem Thema „Männlichkeit" bearbeitet habe, war es ja klar, dass ich mich mit Muttersöhnen und männlicher Zerrissenheit gründlich auseinandersetzen musste. Ich stellte dann aber fest, dass besonders die Konflikte zwischen Männern und Frauen, die mit dem großen Themenbereich Muttersöhne-Vatertöchter zu tun haben, in allen Therapien eine besondere Bedeutung haben. So wurde dann das Thema „Vatertöchter" auch theoretisch immer bedeutender für mich.

In den intensiven emotionalen Prozessen erlebte ich sehr häufig, dass Frauen irgendwann an einen Punkt kamen, an dem es für sie emotional oft nicht weiter ging. Sie erlebten sich dann in irgendeiner Art und Weise blockiert oder gebremst oder gelähmt, wenn es darum ging, bestimmte existenzielle Forderungen zu stellen. So als wäre es einfach unmöglich, zu fordern, als hätten die Frauen nicht das Recht, etwas einzufordern, oder das Recht Ansprüche stellen zu dürfen. Ich erkannte dies als den Mangel an bestimmten Fähigkeiten, die Mädchen traditionell eher vom Vater lernen. Erinnern wir uns an die Aufspaltung in die Mütter der Bindung und die Väter der Trennung, die ja meist immer noch wirksam ist, auch wenn wir im Sinne der Emanzipation und der gesellschaftlichen Entwicklung der Geschlechter schon sehr häufig große Veränderungen erleben. Väter repräsentieren also immer noch eher absichtsvolles Handeln, Begehren also auch Stärke, Kraft und die feste Haltung, etwas zu wollen und auch einzufordern.

Mädchen brauchen den Vater auch als Identifizierungsobjekt, um genau solche Eigenschaften zu entwickeln und zu lernen. Sie brauchen ihn um Anerkennung und Bestätigung zu bekommen, als Mensch, so wie sie sind, aber auch als weiblicher Mensch, letztlich für die Akzeptanz in ihrer Weiblichkeit. Sie brauchen das Interesse des Vaters, sie wollen gesehen werden, erkannt und beachtet werden, vor allem aber immer so wie sie wirklich sind.

So wie Väter für den Jungen oft als Modell für Männlichkeit nicht existieren, so fehlen sie den Mädchen meist auch als „Objekt der Identifizierung". Die fehlenden Väter oder auch die emotional abwesenden Väter sind also auch hier oft das Problem. Natürlich auch sehr oft der Vater, der die Tochter nur so sehen kann, wie sein Bild von ihr ist oder eben nur so, wie er sie haben will. Vatertöchter können wir also alle die Frauen nennen, die eine Verwundung dieser Vaterbeziehung in sich tragen und die sie als erwachsene Frauen in ihren Beziehungen zu Männern wirksam werden lassen, in dem sie spezielle Verhaltensmuster dafür entwickelt haben. Meine grundsätzliche Erfahrung ist die, dass solche schwierigen Vater-Tochter-Beziehungen oft nicht gesehen werden. Die Beziehungen in denen viele Demütigungen, Kränkungen und Verletzungen sowie auch Traumatisierungen, also schwere Beschämungen durch den Vater geschehen sind, werden natürlich meist als extrem schmerzhaft erlebt und bleiben dann entweder sehr bewusst oder werden als Trauma aus dem bewussten Erleben abgespalten. Sehr viele Frauen haben in ihrer Erinnerung jedoch eine besonders gute Beziehung zum Vater, betonen sogar dass diese viel besser sei als die Beziehung zur Mutter, jedoch kann diese Vaterbeziehung dann gerade äußerst schwierig sein. Eine solche Beziehung ist dann oft zu eng oder wie ich oft sagte „zu gut", nämlich dann, wenn eine Tochter den Vater eher nur lieb, weich und warmherzig oder besonders sanft und vielleicht selber sehr bedürftig erlebt hat. Es geht mir also hier wieder nur um die Extreme oder die Absolutheit solcher Verhaltensweisen. Manches davon wird ein solcher Vater allerdings nicht offen und direkt zeigen und der Tochter wird es dann auch nicht bewusst, aber sie trägt ein Muster in sich, für ihn da zu sein. Sie hat dann oft die Haltung entwickelt, für den Mann zu sorgen oder ihm zu helfen, ihn zu retten oder alles für ihn zu tun. So entsteht das, was in der Suchttherapie Co-Abhängigkeit genannt wird. Man meint damit die Abhängigkeit, vom anderen gebraucht zu werden. Wir können also sehr viele Frauen erleben, die starke Sehnsucht nach wirklich Gesehenwerden in sich tragen. Eine sehnsüchtige Suche nach dem wohlwollenden, liebenden und bestätigenden Blick des Vaters, die sie dann in ihrer Beziehungsgestaltung zu Männern erleben. Häufig ist diese Suche, diese Sehnsucht allerdings unbewusst und nur in ihren Verhaltensmustern gegenüber Männern ist sie zu erkennen.

Bevor ich mich etwas näher mit einigen Typen von Vatertöchtern beschäftige, will ich noch einmal zusammenfassend etwas über entsprechende Vatertypen skizzieren.[2]

Da gibt es den Vater, der grundsätzlich auf irgendeine Art abwesend oder distanziert ist und keine verbindliche und verantwortungsvolle Beziehung zur Tochter eingeht. Dieser Typ scheint mir auch der emotional abwesende Vater zu sein, der in unserer Gesellschaft mehr oder weniger üblich ist.

Es kann sich aber auch um einen Vater handeln, der eher schwach und zu nachsichtig ist und oft die Tochter zu sehr an sich bindet. Diese Tochter kann vielleicht wenig Gefühl für Grenzen, Werte oder Respekt entwickeln und es kann oft auch zu einem Autoritätsproblem kommen. Manchmal wird sich dann auch eine Tochter für diesen Vater schämen.

Ein weiterer Typ von Vater kann eher autoritär, streng und manchmal starrsinnig sein, und dementsprechend könnte sich bei der Tochter rebellisches Verhalten entwickeln.

Man kann grundsätzlich wohl wieder von zwei Typen von Vätern sprechen, die etwa auch den zwei Seiten der männlichen Zerrissenheit entsprechen.

Zum einen ist da der tendenziell eher schwache, weiche und nachgiebige Vater, der möglicherweise zur Verschmelzung neigt oder zumindest in der Gefahr ist, eine zu starke Bindung zur Tochter einzugehen und auf der andern Seite, der eher strenge oder auch autoritäre und aggressive Vater. Den eher abwesenden oder emotional abwesenden Vater können wir natürlich auch in seiner männlichen Zerrissenheit sehen, denn genau diese Zerrissenheit kann ja auch als eine – nicht die einzige – Ursache seiner Abwesenheit im Sinne einer Vermeidung, Abwehr oder Flucht gesehen werden. Damit ist die Flucht vor Verantwortung, vor Gefühlen sowie vor Auseinandersetzungen und Konflikten gemeint.

Zur Gruppe der tendenziell eher verschmelzenden Väter gehören ja oft der ewige Jüngling und auch der sogenannte Kümmerer. Die Töchter solcher Väter erleben meist kein angemessenes Vorbild für Selbstdisziplin, Grenzen und Autorität und leiden dann häufig an Unsicherheitsgefühlen, fehlendem Selbstvertrauen oder Ängstlichkeit und einem Gefühl mangelnder Geborgenheit.[3] Je nach Ausprägung der Muster des Puer Aeternus kann sich eine Tochter auch für den Vater schämen. Sie wird jedoch meist die Scham auf sich selbst übertragen, sodass sie nur noch die Scham als ihre eigene wahrnimmt.

Bleiben wir einen Moment bei der Scham, die ja hier unser Hauptthema ist. Auch die Töchter von eher autoritären oder strengen und aggressiven Vätern kommen ja oft in Situationen, in denen sie grundsätzlich sehr beschämt werden. Starke Entwertungen, Missachtungen und Demütigungen sind ja immer als schwere Selbsterschütterungen also Beschämungen zu betrachten und Gewalterleben oder gar sexuelle oder andere Grenzüberschreitungen sowie auch emotionale Ausbeutung sind gewissermaßen Prototypen von Beschämung. Aber auch hier gibt es neben der eigenen schmerzhaften Scham oft die Situation, dass sich die Tochter für den Vater schämt und in der Regel diese Scham wieder nur als ihre eigene Scham in sich wahrnimmt.

Außerdem müssen wir feststellen, dass die Scham ansteckender ist als andere Gefühle. Es kann also sein, dass eine Tochter die Scham des Vaters unbewusst übernimmt. Klar ist jedenfalls, dass nachgiebige und schwache Väter ein Schamproblem haben aber auch aggressive und autoritäre Väter. Erinnern wir uns wieder an die diversen Masken der Scham und an die verschieden Arten von Zerrissenheit bei Männern.

Kommen wir nun zurück zu den Vatertöchtern und einer möglichen Einteilung in verschiedene Typen. Wie immer bei solchen Einteilungen müssen wir feststellen, dass es meist sehr starke Überschneidungen der Muster unterschiedlicher Typen gibt. Frauen haben also häufig Anteile von verschiedenen Typen in sich und es fällt oft schwer oder ist gar nicht möglich sich einem Typ zuzuordnen.

Linda Leonard teilt die Vatertöchter die ihr begegnet sind, vor allem in zwei Typen ein.[4] Einen ersten Typ nennt sie „das ewige Mädchen" und sie beschreibt diese Vatertochter als eine Art weiblichen Modus des „ewigen Jünglings". Irgendwie sei diese Frau wie ein junges Mädchen geblieben, abhängig und immer bereit die Abhängigkeit die andere ihr zuschreiben anzunehmen. So gebe sie auch die Verantwortung für sich selbst gerne ab, wirkt häufig sehr unschuldig, hilflos und passiv und hat eine Neigung zur Depression oder sie rebelliert hin und wieder, bleibt dabei aber im Selbstmitleid, in Trägheit oder einer Opferhaltung stecken.

Diese Vatertochter hat genau die Eigenschaften wenig entwickelt, die sie durch Identifizierung mit einem positiven Vater hätte lernen können. Bewusstheit, Entscheidungskraft, Selbstwertgefühl, Klarheit und Richtung in ihrem Leben sowie Abgrenzung mit Selbstverantwortung.

Der zweite Typ ist bei Leonard eher eine Art „ Amazone", die auf einen unzulänglichen und vernachlässigenden Vater mit einer besonderen Ausprägung ihrer männlichen Anteile reagiert. Bei ihr stehen Leistung oder Kampf für einen guten Zweck oder das Ausüben von Kontrolle im Vordergrund, wobei sie dann oft die Regeln selbst bestimmt. Diese Muster sind jedoch eine Art Schutz, ein Panzer, hinter dem sich dann oft schmerzliche Gefühle, Einsamkeit und weiche Anteile verbergen. Gesellschaftlich und beruflich können diese Frauen durchaus erfolgreich sein, jedoch sind manchmal Kreativität, Vitalität und Lebendigkeit sowie die positive Liebes- und Beziehungsfähigkeit zu Männern von diesen Leistungsmustern zugedeckt.

Eine andere Einteilung der Vatertöchter finden wir bei Julia Onken.[5]

Gefall-Tochter

Als häufigste Art von Vatertochter beschreibt sie die Gefall-Tochter, die wohl den Satz, als Lebensmotto in sich trägt: Ich gefalle, also bin ich. Diese Frau versucht immer wieder, zu gefallen. Durch ihr Aussehen oder durch Gefälligkeiten versucht sie die Aufmerksamkeit und Zuneigung des Vaters und später des Mannes zu bekommen. Sie will endlich gesehen werden um dadurch das schreckliche Gefühl der Nichtbeachtung, des Nicht-Gesehen-Werdens und damit der Nichtexistierens zu bewältigen. Hier wird schon wieder deutlich wie sehr die Scham an diesen Gefühlen beteiligt ist.

Leistungstochter

Als zweites beschreibt Onken die sogenannte Leistungstochter, die nach dem Motto lebt: Ich bin leistungsfähig und erfolgreich, also bin ich. Sie setzt sehr viel Kraft ein und bemüht sich intensiv in bestimmten Bereichen, erfolgreich zu werden. Und dies besonders oft dort, wo sie vermutet, es könnte dem Vater gefallen. Diese Frauen sind oft arbeitssüchtig oder, wie ich es oft genannt habe, überfunktionstüchtig. Frauen mit überhöhten Ansprüchen, die immer funktionieren müssen und eine Neigung zu Perfektion haben, finden sich hier leicht wieder.

Trotz-Tochter

Den dritten Typ einer Vatertochter nennt sie Trotz-Tochter oder rebellische Tochter.

Diese Frau entwickelt einen starken Widerstand gegen den Vater, sie kämpft und zwingt ihn sie zu sehen, sie bleibt im Trotz und ringt ihm

Aufmerksamkeit ab. Sie ist sofort immer im Streit mit ihm. Diese Rebellion habe ich auch immer wieder mal erlebt, wenn ich zu diesen Themen Vorträge gehalten habe. Dann ist es vorgekommen, dass plötzlich eine Frau heftig, polemisch und aggressiv gegen Inhalte meines Vortrages argumentiert hat, und gleichzeitig wurde für viele sofort spürbar, dass es ihr um den Protest ging, nicht so sehr um die Inhalte. Diese Frauen tun sich besonders schwer, sich als Vatertöchter zu verstehen, denn oft lehnen sie den Vater und auch Männer sehr stark ab, da sie sich ja nur im Kampf wirklich spüren.

Die wichtigste Beobachtung war für mich immer, wie sehr Frauen plötzlich äußerst betroffen reagierten, wenn sie die Wunde der Verletzungen durch den Vater und die dazu gehörigen Sehnsüchte in sich erkannt haben. Egal ob es sich um eine Frau handelt, die eher aggressiv, kämpferisch und trotzig reagiert oder um die Frau, die extrem funktionstüchtig und vielleicht arbeitssüchtig ist, oder um die Frau, die angepasstes, vielleicht sogar unterwürfiges Verhalten zeigt und immer wieder in eine Opferhaltung kommt, gemeinsam ist ihnen, dass sie sich vom Vater nicht oder nur falsch gesehen fühlten. Der Schmerz über diesen Mangel an Akzeptanz, Achtung und Anerkennung ist oft riesig und ist meist mit dem Zustand der Scham verbunden. Die Scham kann hier sehr unterschiedliche Ursachen haben. Es kann die alte, bis zu diesem Zeitpunkt eher nicht bewusste Scham der frühen Erschütterungen also Verletzungen, Entsagungen oder gar Traumatisierungen sein oder allgemein, die Scham über die Bedürftigkeit und Sehnsucht und natürlich die Scham über die Abhängigkeit, die ja Abhängigkeitsscham genannt wird. Oft schämen sich Frauen, wie natürlich noch häufiger die Männer, überhaupt Gefühle oder bestimmte Gefühle zu haben. So kann beispielsweise das plötzliche Auftreten von Wut, Trauer oder Angst zusätzlich den Zustand der Scham auslösen. Eine ganz besondere Erfahrung machen oft die Frauen, die überwiegend aggressiv und rebellisch gegenüber Männern auftreten und dann in der therapeutischen Arbeit plötzlich ihre Sehnsucht und Bedürftigkeit erkennen, vom Vater angenommen und vor allem gesehen zu werden. Dies ist dann ganz besonders schambesetzt und es fällt diesen Frauen oft besonders schwer, diese Art der „Sehnsucht nach Liebe“ überhaupt zuzulassen.

Nun können wir direkt zu dem ganz besonders wichtigen Thema kommen, welche Schwierigkeiten sich ergeben, wenn Vatertöchter und Muttersöhne in Kontakt kommen und dann möglicherweise eine Liebesbeziehung eingehen. Diese sehr typischen Konflikte sind meiner Erfahrung nach besonders häufig in den partnerschaftlichen Beziehungen zwischen Mann und Frau in der heutigen Zeit.

7. Suche – Sehnsucht – Sucht

„Es gibt einen grundlegenden Suchtprozess, der in der Gesellschaft selbst liegt und in ihr erlernt wird. Wir werden zu Süchtigen erzogen“
(Anne Wilson Schaef)[1]

Ich habe versucht deutlich zu machen, warum ich grundsätzlich davon ausgehe, dass wir Männer Muttersöhne sind, ohne damit eine Entwertung oder gar Pathologisierung zu verbinden. Seit ich mit diesem Konzept arbeite, und das waren etwa 20 Jahre in meinem Berufsleben, habe ich mich selbst auch immer als Muttersohn verstanden und mich auch immer wieder mal öffentlich dazu bekannt, wenn mir dies sinnvoll erschien. Muttersöhne sind einfach Männer, die noch zu stark in ihrer Abhängigkeit von der verinnerlichten Mutter hängen geblieben sind, auch wenn es sich dabei nur um eine Art Restabhängigkeit handelt. Auch hier geht es nicht um gesund oder krank, sondern um ein Kontinuum, auf dem sich jeder Mann in seiner Persönlichkeitsstruktur bzw. in seiner Geschlechtsidentität finden kann, denn die innere Loslösung von der Mutter ist eine lebenslange Aufgabe, egal ob es die Arbeit an der sogenannten männlichen Zerrissenheit ist, die Muster des ewigen Jünglings verändert werden müssen oder das Verhalten eines Kümmerers aufgegeben wird. Diese immer wiederkehrenden Schritte zur Autonomie sind die wahren Aufgaben eines jeden Mannes.

Auch die Vatertöchter sind deutlich häufiger anzutreffen als es üblicherweise geschieht. Natürlich haben viele Frauen ein Thema im Leben, das mit ihrer frühen Beziehung zur Mutter zu tun hat. Die amerikanische Soziologin Nancy Chodorow ist beispielsweise der Ansicht, dass Freuen sehr häufig eine Neigung zu Abgrenzungsschwierigkeiten haben, da ihre Identifikation mit der Mutter stärker war als die der Jungen und die Mütter manche Töchter stärker an sich binden als die Söhne.[2] Dass die Entidentifizierung von der Mutter dennoch auf bestimmte Art bei Jungen anders und in dieser Art oft auch schwieriger war, habe ich schon ausführlich dargestellt. Ich persönlich bin der Auffassung, dass es sich bei Jungen grundsätzlich um eine andere Art der Desidentifikation von der Mutter handelt. Gerade die erwähnten Schwierigkeiten von Töchtern bei der Loslösung von der Mutter sind zwar möglicherweise bei vielen Frauen ein Thema, haben jedoch weniger mit der eigentlichen Entwicklung der Geschlechtsidentität zu tun. Es geht eben bei Frauen in diesem Zusammenhang oft nur um mögliche Schwierigkeiten in der Abgrenzung, die natürlich auch sehr gravierend sein können, jedoch noch nicht grundsätzlich etwas mit der Geschlechtsidentität zu tun haben müssen.

Zur Entidentifizierung allgemein möchte ich noch ein persönliches Beispiel erwähnen, dass in meinen Vorträgen immer ein heiteres Lachen auslöst.

Es gibt ein schönes Buch über Mutter-Tochter-Beziehungen mit dem Titel: „Ich schau in den Spiegel und sehe meine Mutter".[3] Mein persönliches Erlebnis war folgendes. Ich habe früher sehr lange einen Vollbart getragen, den ich dann im Laufe der Jahre zu einem kleinen Schnurrbart verändert habe. Eines Tages habe ich mir diesen mal abrasiert, und als ich dabei in den Spiegel sah, sah ich meine Mutter. Woraufhin ich mit einem inneren Lächeln beschloss, den Schnauzer wieder wachsen zu lassen, ich trage ihn noch heute.

Natürlich sind die typischen Verhaltensmuster von Muttersöhnen und Vatertöchtern in der Regel in einem Ausmaß vorhanden, bei dem die Betroffenen kaum oder gar nicht leiden und sie dann auch relativ angemessen damit umgehen können. Sie können sich aber auch so stark entwickeln, dass sie in allen zwischenmenschlichen Beziehungen und besonders in Partnerschaften zu Schwierigkeiten führen können und häufig auch die Bedeutung von Suchtverhalten bekommen.

Betrachten wir zuerst einmal ein sehr einfaches aber durchaus nicht seltenes Beispiel. Ein eher schwacher Mann, der kaum Verantwortung übernimmt und sich tendenziell zu sehr anpasst oder der Frau gar unterordnet und die Frau, die gerne alles für den Mann tut, immer gerne hilft, für ihn da ist und auch eine Einstellung hat, ihn zu retten oder einfach die Verantwortung für ihn übernimmt. Beide können ein sogenanntes nicht stoffgebundenes Suchtverhalten entwickeln, wie es sich häufig in Beziehungen beobachten lässt. Er hat tendenziell eher eine Beziehungssucht entwickelt und die Frau zeigt eher ein co-abhängiges Verhaltensmuster. Eine solche Beziehung kann sehr lange gut funktionieren, denn häufig werden erst äußere Krisen zu Schwierigkeiten führen die sich dann auch in der Partnerschaft zeigen.

Etwas weniger krass ausfallend scheint mir diese Dynamik zwischen Mann und Frau sogar in unserer Gesellschaft noch immer sehr typisch zu sein. Wenn nämlich der Mann für Emotionalität und Beziehungsgeschehen kaum oder keine Verantwortung übernimmt und sich die Frau gerade für diese Bereiche besonders stark zuständig fühlt.

Süchtiges Verhalten zeigt sich heute oft allgemein in Beziehungen, denn es geht bei Sucht nicht um das Suchtmittel selbst, sondern um die Zwanghaftigkeit, mit der etwas getan wird, um eine innere Spannung aufzulösen. Sucht ist also eine Unersättlichkeit, eine Getriebenheit oder eine Sehnsucht, die eben auch als sehnsüchtige Suche oder als psychischer Hunger bezeichnet werden kann.[4]

Diese nicht stoffgebundenen Süchte, wie sie bei Männern und bei Frauen auftreten können, haben natürlich mit der noch vorhandenen Gebundenheit an die Mutter und damit einer meist nicht bewussten Sehnsucht nach Verschmelzung mit ihr oder auch mit den Sehnsüchten nach dem anerkennenden Blick des Vaters zu tun.

Die Süchte um die es hier gehen kann, nenne ich in Anlehnung an Anne Wilson Schaef Sexsucht, Beziehungssucht, Co-Abhängigkeit und Romanzensucht.[5] Gleich hier möchte ich deutlich machen, dass nach meiner Erfahrung diese Suchtprozesse in unterschiedlicher Ausprägung bei Männern und Frauen auftreten. Sexsucht habe ich deutlich mehr bei Männern erlebt. Deshalb und weil ich viele Jahre eine Gruppe für sexsüchtige Männer angeboten habe und nicht zuletzt, weil ich selber Mann bin, werde ich im folgenden Absatz überwiegend von Männern sprechen. Beziehungssucht ist nach meiner Beobachtung etwa gleich häufig bei Männern und Frauen zu beobachten. Das co-abhängige Verhalten sehe ich eindeutig mehr bei Frauen, denn bei Männern ist hinter der Co-Abhängigkeit meist doch eine Beziehungssucht zu erkennen. Der amerikanische Autor Sam Keen spricht in diesem Zusammenhang auch „von der FRAU, der überlebensgroßen weiblichen Schattengestalt, die unsere Fantasie beherrscht, unserer Gefühle bestimmt und indirekt viele unserer Handlungsweisen lenkt".[6] Denken wir auch wieder an den Kümmerer, dessen Verhaltensmuster immer auffällig auf die Abhängigkeit zur Frau hinweisen. Romanzensucht dürfte nach meinem Eindruck wieder gleich häufig bei Männern und Frauen anzutreffen sein.

Sexsucht

Dieses Suchtverhalten finden wir meist bei Männern, denn die männliche Zerrissenheit kann ja leicht dazu führen, dass die Wünsche nach Verschmelzung, das Bedürfnis nach Nähe oder die Sehnsüchte nach Wärme und Geborgenheit vom bewussten Erleben abgespalten sind. Alles, was mit Gefühlen zu tun hat, wird nicht mehr wahrgenommen, ist unbewusst und nur der Drang nach Sexualität bleibt bewusst. Die Sexualität hat sich sozusagen verselbstständigt und ist getrennt von allem anderen, was mit dem Erleben von Gefühlen und Beziehung zu tun hat. Männer, die sexsüchtiges Verhalten entwickelt haben, vermeiden ja oft Verantwortung, Beständigkeit und Verlässlichkeit, und sie haben meist Defizite in der Fähigkeit, Gefühle wahrzunehmen und über diese zu sprechen. Besonders auffällig ist die mangelnde Fähigkeit, Ärger und aggressive Gefühle im Kontakt zu Frauen zu spüren und diese auch auszudrücken. Sie haben oft eine fundamentale Konfliktunfähigkeit und ihnen fehlt die Fähigkeit der Abgrenzung. Sexsüchtige Männer sind nicht wirklich im Kontakt, sie kennen keine Bezogenheit und Einfühlung, sie sind stattdessen im Beziehungsverhalten unverbindlich und wirken oft oberflächlich. Weiter kann eine solche Sexualisierung oder auch eine Art Lüsternheit als ein defensives Bemühen angesehen werden, Zustände von Leere und Depression grundsätzlich abzuwehren oder einem akuten Zusammenbruch des Selbst entgegenzuwirken. Sexualität wirkt dann auch als Tranquilizer oder als Antidepressivum und verhindert das Spüren von schmerzlichen Gefühlen wie Einsamkeit, Hoffnungslosigkeit, Verzweiflung und natürlich Scham. So sehen wir auch hier, wie sexuelles Suchtverhalten zur Maske der Scham werden kann.

Verführung und die zur „richtigen Männlichkeit“ gehörende Eroberung stehen dann häufig nur im Dienste eines zwanghaften sexuellen Dranges und der ständigen Sexualisierung. Heftiges Besitzergreifen sowie Machtausübung im Bereich von Sexualität und Liebe gilt ebenso als männlich wie der Leistungsbeweis durch zwanghaftes sexuelles Verhalten.

Der amerikanische Autor Patrick Carnes hat folgende zehn Kriterien genannt, die bei sexsüchtigem Verhalten zu beobachten sind:[7]

- *Ein außer Kontrolle geratenes sexuelles Verhalten*
- *Sexuelles Verhalten hat schwere Folgen*
- *Unfähigkeit trotz schädlicher Konsequenzen aufzuhören*
- *Beharrliches Verfolgen selbstzerstörerischer oder hochriskanter Verhaltensweisen*
- *Kontinuierlicher Wunsch oder Bemühen sexuelles Verhalten einzuschränken*
- *Sexuelle Zwangsvorstellungen und Fantasien*
- *Ständig zunehmende sexuelle Erlebnisse*
- *Schwere Stimmungsschwankungen im Zusammenhang mit sexuellen Handlungen*
- *Übermäßig viel Zeit sich Sex zu verschaffen, sich sexuell zu verhalten oder sich von sexuellen Erlebnissen zu erholen*
- *Aufgrund des sexuellen Verhaltens werden wichtige soziale, berufliche oder erholsame Aktivitäten vernachlässigt*

Beziehungssucht

Sehr viele Männer leiden unter einer zwanghaften Suche und einer extremen Sehnsucht nach FRAU oder sie erleben sich absolut abhängig in ihren Beziehungen zu Frauen. Oft ist dieses Suchtverhalten auch hinter scheinbar normalem Verhalten verborgen. Da zeigt sich beispielsweise ein sogenannter Don-Juan-Typ, der ständig eine neue Frau erobern muss. Oder der typische Mann mit einem aufgeblähten Sexual-Image und einer arroganten Haltung Frauen gegenüber. Aber auch der treue Ehemann, der extrem abhängig seit 30 Jahren mit seiner Frau in scheinbar guter Ehe lebt. Die Beziehungssucht, die es natürlich genauso oder in ähnlicher Ausprägung auch bei Frauen gibt, entsteht also dann, wenn ein Mensch die Beziehung zwanghaft braucht oder sie haben muss, um innere Spannungen und Gefühle zu bewältigen.

Er liebt oder verliebt sich vielleicht nur deshalb, weil er dadurch den Schmerz der Leere, die Einsamkeit und die Scham nicht spüren muss.

Beim Zwang zur Eroberung und dem häufigen und schnellen Verlieben fällt mir immer der Satz ein: „Verlieben verhält sich zu Lieben wie Verlaufen zu Laufen". Man sagt ja auch schon mal Verliebtheit sei ein Rauschzustand.

Worum geht es also bei der Beziehungssucht? Anne Wilson Schaef unterscheidet zwei Typen von Beziehungssucht.

Zum ersten Typ gehören nach ihrer Ansicht Menschen, die immer irgendeine Beziehung brauchen, die also süchtig sind nach der Beziehung selbst und nicht nach einem bestimmten Menschen. Es ist also die zwanghafte Fixierung auf eine Idee oder Fantasie von Beziehung, die diese Sucht ausmacht. Allein die Vorstellung eine Beziehung zu haben, manchmal auch nur die entsprechende Illusion, bringt den Betroffenen den erhofften Kick. Deshalb kommt es hier auch häufig zu den schnellen und auch schnell wechselnden Eroberungen eines Don-Juan-Typs oder einer Donna Juana.

Beim zweiten Typ kommt es zur zwanghaften Abhängigkeit zu einer ganz bestimmten Person, zu der der Betroffene eine Beziehung hat, man spricht dann auch manchmal von Beziehungsabhängigkeit.

Bei beiden Typen von Beziehungssucht kommt es nach Schaef zu einer Art Besessenheit. Das ganze Denken wird von der Beziehung beherrscht und es entsteht eine tranceartige Stimmung, die wie ein Rauschzustand erlebt wird. Es entwickeln sich ritualisierte Verhaltensweisen, die unangemessen, auffallend und extrem wirken und nur dem Aufbau oder dem Erhalt der Beziehung dienen. Das Beziehungsverhalten selbst wird ebenfalls zwanghaft. So muss beispielsweise möglichst umgehend eine neue Beziehung aufgebaut, oder sofort wieder geheiratet werden. An einer bestehenden Beziehung muss unter allen Umständen festgehalten werden, als ginge es ums Leben. Beziehungssüchtige können grundsätzlich nicht allein sein. Da sie aber andererseits auch Fertigkeiten und Verhaltensweisen entwickeln, die allgemein gut ankommen und mit denen sie gut verführen oder erobern können, fällt ihre Sucht weniger auf. Besonders bei Männern des ersten Typs der Beziehungssucht zeigt sich oft, dass sie charmant, nett und sozial kompetent wirken und ein Austausch von Gefühlen zumindest auf einer oberflächlichen Ebene möglich ist. Sie können vielleicht sogar gut zuhören, sind redegewandt, humorvoll und in Gemeinschaften recht unterhaltsam. In einer tieferen Schicht ihrer Seele leiden sie jedoch immer an extremen Verlassenheitsängsten, Leere, Einsamkeit und starken Schamgefühlen oder einer verborgenen Neigung zur Scham. Besonders häufig finden wir hier den Typ des ewigen Jünglings. Beim zweiten Typ der Beziehungssucht finden wir eher den Kümmerer.

Frauen, die eine Beziehungssucht haben, und das gilt für beide Arten dieser Sucht, sind meist in ihrer Vaterproblematik gefangen und leiden als sogenannte Vatertöchter natürlich unter den gleichen Gefühlen wie die Männer.

Co-Abhängigkeit

Co-Abhängigkeit finden wir häufiger bei Frauen als bei Männern, denn schon die geschlechtsspezifische Erziehung in unserer patriarchalischen Gesellschaft schafft dafür die Grundlagen. Im Extremfall, der manchmal immer noch anzutreffen ist, lautete dies ja so, dass die Frau für den Mann da sein muss. Der Begriff der Co-Abhängigkeit ist entstanden, als beobachtet wurde, dass Angehörige von Süchtigen ebenfalls die Merkmale einer Sucht entwickelt haben.[8] So sprach man anfangs von Co-Alkoholikern oder dann auch von Co-Sexsüchtigen. Es zeigte sich jedoch immer mehr, dass es sich bei Co-Abhängigkeit um eine eigenständige Sucht handelt, um die Sucht für den Anderen zu leben, für den Anderen da zu sein, natürlich auch für ihn und seine Krankheit zu sorgen. Co-Abhängige sind süchtig zu helfen, sie übernehmen Verantwortung für Menschen, Aufgaben und Situationen für die sie gar nicht verantwortlich sind und verhalten sich dabei meist sehr kontrollierend und manipulierend. Da sie so wenig ihr eigenes Selbst leben, können sie aber durchaus auch angepasst und manchmal sogar unterwürfig wirken. Dennoch ist bei genauerer Betrachtung ihr Kontroll- und Machtverhalten ausschlaggebend. Menschen mit diesem Verhalten sind extrem an einen anderen gebunden, kontrollieren diesen und auch ihre eigenen Gefühle, sodass sie ihr eigenes Selbst immer mehr verlieren. Sie sind nicht mehr sie Selbst.

Auch hier sind es die schmerzhaften Gefühle der Einsamkeit und der Verlassenheit sowie tiefe Schamgefühle, die sich unter dem co-abhängigen Verhalten verbergen. Bei der Scham können wir ja sagen, wer sich schämt, bricht schnell mal Kontakte ab oder vermeidet oft grundsätzlich Kontakt und Beziehungen zu anderen Menschen. Co-Abhängige sind aber in der Regel sehr kontaktfreudig und gesellig, sie gehen oft sehr schnell auf Menschen zu, aber in der Regel nur um für den Anderen da zu sein, um zu helfen, sich um den Anderen zu kümmern. Also immer mit einem co-abhängigen Verhaltensmuster. Die Co-Abhängigkeit wird heute nicht mehr nur bei Angehörigen von Suchtkranken gesehen, sondern sie gilt als völlig eigene Sucht. Manchmal ist sogar die Rede davon, dass viele Menschen in helfenden Berufen zur Co-Abhängigkeit neigen. Ja es gibt seit langem auch Selbsthilfegruppen für co-abhängige Helfer.

Romanzensucht

Diese Form der Sucht scheint mir die am wenigsten bekannte oder auch ausgeprägte Art der nichtstoffgebundenen Süchte zu sein. Sie wird zwar einerseits sehr klar von der Sex- und Beziehungssucht differenziert, ist jedoch häufig auch vermischt mit Elementen dieser anderen Süchte. Anne Wilson Schaef macht deutlich, warum die Aufteilung der verschiedenen Formen der Sucht so wichtig ist.[9] Erstens würde man sonst das Hauptproblem des betroffenen Menschen nicht treffen und zweitens könnte eine Vermischung verschiedener Süchte das Verleugnungssystem verstärken. Denn leicht könnte z. B. ein Betroffener feststellen, dass ja die Merkmale der Sexsucht nicht auf ihn zuträfen, also sei er nicht süchtig. Bei fehlender Differenzierung würde möglicherweise eine Romanzensucht verborgen bleiben und auch die Aufklärung und Information über das spezifische Leiden würde ja dann umso schwerer fallen.

Die Romanzensucht ist also eine Abhängigkeit von romantischen Illusionen und Erwartungen, nicht von Personen. Es geht also sozusagen um den romantischen „Kick“, der in romantischen und verträumten Situationen erlebt wird. Die Abhängigkeit ist also eine vom Verliebt-Sein in Vorstellungen von Romantik oder auch von wunderschönen romantischen Fantasien. Der Romanzensüchtige ist süchtig nach einer Erregung, nach den Schmetterlingen im Bauch und nach all dem zauberhaften Erleben im Verliebt-Sein.

Der romantische Schriftsteller Novalis hat den schönen Text über die blaue Blume geschrieben, der diesen Zauber, diesen Traum wunderschön beschreibt.[10]

Ich habe in meiner klinischen Praxis etwa 15 Jahre lang jede Woche eine sogenannte Orientierungsgruppe durchgeführt, in der die Teilnehmer eine Blume imaginierten und wir mithilfe dieser Fantasie gemeinsam erste diagnostische Erkenntnisse erarbeitet haben.[11]

Es war immer wieder erstaunlich, wie oft wir beim Imaginieren einer „blauen Blume“ in der Nachbesprechung auf eine innere romantische Einstellung oder Charakterhaltung schließen konnten.

Die Sucht, um die es hier geht, habe ich besonders häufig bei Männern vom Typ des „ewigen Jünglings“ beobachtet, und auch bei männlichen Narzissten, die deutliche Schwierigkeiten mit der im Kapitel 3 beschriebenen Zerrissenheit hatten. Manchmal erleben sich diese Männer auch nur in ihren Fantasien wie Don Juan und ihre Eroberungen finden dann auch nur in ihrem Kopf statt.

Für diese Art der „Verliebtheits-Sucht“ gilt deutlicher noch als bei allen anderen Süchten, der Satz: „Die Sucht beginnt im Kopf“, denn wir haben es ja mit einer Art Fantasiesucht zu tun. Die emotionalen Hintergründe sind hier, wie bei den anderen beschriebenen Süchten die Verlassenheitsangst, die Leere-, Einsamkeits- und Schamgefühle.

TEIL II

BEWUSSTSEIN

8. Schamgefühle – Stolpersteine auf dem spirituellen Weg

„Das Gesicht zu verlieren heißt vor Scham zu vergehen, und wie wahr ist dies: Wir wollen nicht das Gesicht verlieren! Wir wollen nicht vergehen! Wir wollen nicht, dass die Empfindung des getrennten Selbst aufhört. Aber gerade diese Urangst, das Gesicht zu verlieren, ist die Wurzel unserer tiefsten Pein, denn das Gesicht zu wahren, eine Identität mit dem Körper-Geist zu wahren, eben dies ist der Mechanismus des Leidens, der Mechanismus, mit dem man den Kosmos eine Konfrontation von innen und außen zerrt, ein grausamer Bruch, den ich als Schmerz erfahre."
(Ken Wilber)[1]

Ging es im ersten Teil dieser Arbeit vor allem um das Schamgefühl und die Bedeutung von Scham und besonders auch von scheinbarer Schamlosigkeit für den Menschen und seine unterschiedlichen Zustände der inneren Zerrissenheit und der verschiedenen Leidenszustände, so will ich nun das Thema grundsätzlich erweitern auf andere Bereiche des menschlichen Lebens und der Gesellschaft. Wie ich schon angedeutet habe, war mir in meiner gesamten beruflichen Tätigkeit ein erster Zugang und im Laufe der Jahre eine deutliche Orientierung an Spiritualität sehr wichtig, und ich habe versucht, mir eine entsprechende Grundhaltung zu erarbeiten.

Als ich wegen persönlicher Schwierigkeiten, kurz nach der Geburt meiner ersten Tochter eine Primärtherapie bei einem Therapeuten gemacht habe, der damals sehr stark von dem indischen Guru Osho beeinflusst war, konnte ich Erfahrungen machen, die ich für mich eindeutig als spirituell oder mystisch eingeordnet habe.[2]

Obwohl ich bei dem wunderbaren Erlebnis der Geburt meiner Tochter tief emotional, sehr aktiv und mit großer Begeisterung beteiligt war, konnte ich in den ersten Tagen und Wochen danach das Schreien des Babys kaum ertragen. Dieses Schreien kam meiner heutigen Einschätzung nach, nur in einem ganz normalen Ausmaß vor, so, wie ich es für ganz natürlich halte, aber es berührte in diesen Momenten bei mir wohl sehr alte und sehr schmerzhafte Erlebnisse aus meiner frühen Kindheit. Ich reagierte darauf allerdings erstmal mit extremer Ungeduld und dann leider auch mit heftigen Aggressionen, und so beschloss ich nach wenigen Tagen, sofort an einer Gruppe teilzunehmen, in der intensive Primärtherapie zur Anwendung kam. Ich wollte damals ein ganz besonders guter Vater sein und so musste ich die Ursachen dieser Reaktionen schnellstmöglich und durch eine sehr intensive Therapiemethode bearbeiten.

In den ersten Sitzungen erlebte ich dann immer wieder, manchmal eine Stunde oder länger heftigste kaum aushaltbare Schmerzen im Oberbauch. Diese fürchterlichen Schmerzen, die zwischendurch auch mit dem Erleben von heftigster Wut und Verzweiflung aber auch mit anderen Gefühlen gemischt waren und von einem sich immer wiederholenden Reiz zum „Kotzen“ begleitet waren, lösten sich dann nach dem zweiten Tag vollständig auf, und es kam zu einer enormen Entspannung im Bauchbereich. Erst zu diesem Zeitpunkt wurde mir klar, dass sich da eine „Bauchpanzerung“ aufgelöst hatte, von der mir vorher überhaupt nie etwas bewusst war und die ich also vierunddreißig Jahre mit mir herumgetragen hatte.

Erst einige Tage nach dieser Gruppe, als ich mit meiner Mutter sprach und ich sie genau nach Erlebnissen in der frühen Kindheit befragte, habe ich von ihr erfahren, dass ich in den ersten Lebenstagen und Wochen einen Mageneingangskrampf, einen sogenannten Pförtnerkrampf hatte und so gut wie keinerlei Nahrung bei mir behalten konnte. Diese Verkrampfung des Mageneingangs war lebensbedrohlich, denn tagelang war ja keine oder kaum Ernährung möglich.

Dieses schreckliche Erlebnis betrachtete ich von diesem Zeitpunkt an als eine der frühsten Prägungen meiner Persönlichkeit. Deutlich hat sich hier gezeigt, wie das gefühlshafte Erleben meiner kleinen Tochter, die gerade einige Tage auf der Welt war, genau die heftigen Gefühle und inneren Zustände in mir ausgelöst hat, die ich im gleichen Alter erlebt hatte. Als ich dann einige Zeit danach an mehreren mehrwöchigen sehr intensiven Ausbildungsgruppen in dieser Methode teilnahm, kam es neben dem Wiedererleben der eigenen Geburt, die auch eine starke

Prägung bedeutete, zum Durchleben verschiedenster Situationen und Zustände aus der Kindheit und auch zu sogenannten transpersonalen Erlebnissen und spirituellen Erfahrungen.

Solche Erfahrungen, die in der Literatur auch als mystische Erfahrung oder als religiöses Erleben beschrieben werden, konnte ich seit dieser Zeit immer mal wieder in verschiedenen Gruppen, Seminaren oder Retreats machen, auf die ich hier aber nicht näher eingehen will.[3]

Da es mir ja um die Zusammenhänge zwischen Schamgefühlen und einem individuellen spirituellen Wachstum geht, will ich hier nur festhalten, dass ich selbst erst einige Jahre, nach dem ich sehr viele schmerzhafte Erfahrungen der Kindheit durchgearbeitet und ich auch verschiedene spirituelle oder mystische Zustände kennengelernt hatte, die Scham in mir entdeckte. Mir wurde klar, dass trotz dieses intensiven Erlebens, also der Erfahrung positiver Schritte in meiner Entwicklung, sich Verhaltensmuster, die als „Masken der Scham" bezeichnet werden können, immer wieder neu entwickelten. Etwas anders ausgedrückt, sie haben sich nach einer Phase der „Dämpfung" oder „Abschwächung" durch die intensiven Erlebnisse immer wieder erholt und tauchten langsam wieder auf. Die Anfälligkeit für den Zustand, der immer wieder zur Scham führt, löste sich also nicht durch ein „Wiedererleben" anderer schmerzhafter Erfahrungen und der entsprechenden Gefühle auf. Es muss also andere Wege geben, die Scham wirklich zu verstehen und konstruktiv mir ihr umzugehen.

Ich habe schon mehrfach die innere Zerrissenheit beschrieben, die immer mit dem Erleben von Beschämung zu tun hat. Denken wir an das Paradoxon der Anerkennung, wie Jessica Benjamin es nennt, wenn sie sagt: „In dem Augenblick, da wir unsere Unabhängigkeit erreichen, sind wir davon abhängig, sie uns gegenseitig zu bestätigen. In dem Augenblick da wir begreifen, was es heißt, ‚ich selbst' zu sagen, müssen wir auch die Grenzen dieses Selbst erkennen".[4] So wie der Mensch diese Abhängigkeit von der Anerkennung nicht haben will, er sich also für absolut unabhängig hält, neigt er zu einer Polarisierung entweder in die narzisstische Größenfantasie einer „reinen Selbstständigkeit" oder aber umgekehrt, nach einem plötzlichen Umkippen, in die Verschmelzung der „reinen Symbiose".[5] Da haben wir sie wieder, die Zerrissenheit, wie ich sie im 3. Kapitel beschrieben habe und um die es mir in diesem Buch auch immer wieder gehen wird.

Wir haben es hier mit einer Art Urpolarität des menschlichen Erlebens zu tun, die wir allgemein als Konflikt zwischen Autonomie und Abhängigkeit bezeichnen können, oder auch in der Sprache des Bewusstseinstheoretikers Ken Wilber die Polarität zwischen Selbsterhaltung und Selbstanpassung. Er sieht alles, was existiert, also auch den Menschen und damit jedes individuelle Selbst, als ein Holon.[6] Was aber ist ein Holon? Ein Holon ist ein Teil, ist ein Ganzes, ist ein Teil, ist ein Ganzes, ist ein Teil und immer so weiter bis ins Unendliche. Wenn wir kurz innehalten und uns klar machen, dass jeder von uns immer und zur gleichen Zeit ein Teil und ein Ganzes ist, so können wir vielleicht schon erahnen, dass dies ein Schritt der Befreiung oder Erlösung darstellt. Wir sind also immer unabhängige Wesen oder Persönlichkeiten, die gleichzeitig abhängig davon sind, diese Unabhängigkeit bestätigt zu bekommen. Also jeder Mensch ist in seiner Autonomie ein Ganzes und in seiner gleichzeitigen Abhängigkeit von anderen – genauer gesagt in der Abhängigkeit von der Anerkennung durch den Anderen – ein Teil.

Diese Gleichzeitigkeit von Autonomie oder dem Bestreben nach Selbsterhaltung und der Abhängigkeit oder dem Bestreben nach Selbstanpassung bedeutet zumindest eine deutliche Linderung oder Schwächung aller menschlichen und zwischenmenschlichen Schwierigkeiten.

Wilber beschreibt nicht nur diese zwei Kräfte, sondern vier Tendenzen oder Vermögen, wie er es nennt, die jedes Holon grundsätzlich in sich trägt. Da ist eben erst mal das Bestreben, so möchte ich es nennen, nach Selbsterhaltung, auch Agenz genannt. Dann gibt es als Gegensatz dazu, das Bestreben jedes Holons nach Selbstanpassung, von Wilber auch Kommunion genannt. In einer Kreuzanordnung sind diese beiden Kräfte horizontale Gegenüber. Als vertikale Gegenüber können wir die beiden Bestrebungen nach unten und nach oben bezeichnen. Die Tendenz nach unten ist sozusagen eine Kraft, die zurück zum Ursprung will, zur Selbstauflösung. Die Tendenz nach oben wird als Selbsttranszendenz bezeichnet. In dieser Kreuzanordnung haben wir also Selbstauflösung nach unten, Selbsterhaltung nach links, Selbstanpassung nach rechts und Selbsttranszendenz nach oben.

In Abb.6 habe ich dies kurz dargestellt.

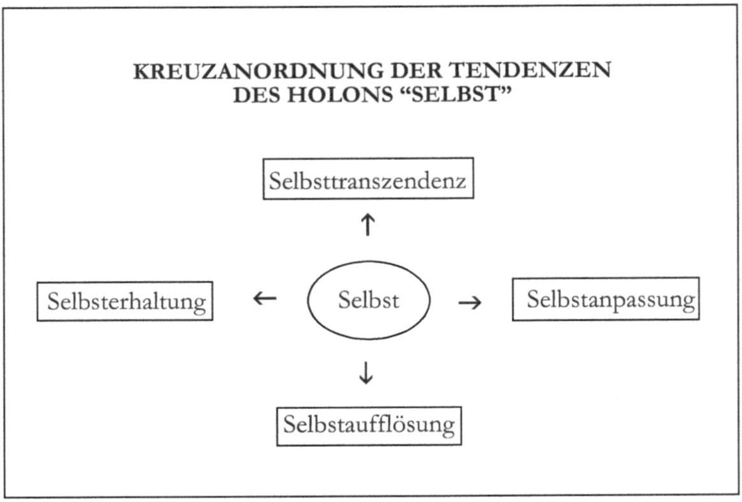

(Abb. 6)

Diese Kreuzanordnung der vier Grundvermögen des menschlichen Holons, wie Wilber sie darstellt, können wir nun durch die Erkenntnisse der modernen Theorie des Narzissmus und der Scham ergänzen bzw. wir können sie im Begriffssystem der Theorie der Psychoanalyse beschreiben. Die horizontalen Gegenüber Selbsterhaltung und Selbstanpassung stellen ja die narzisstische Zerrissenheit dar, wie ich sie hier beschrieben und mit den Begriffen „Falsches Selbst" und „Symptomatisches Selbst" bezeichnet habe. Die vertikalen Gegenüber sind als Selbstauflösung, im Sinne einer Regression – also eines Rückschritts auf eine frühere Entwicklungsstufe – zu sehen und die Selbsttranszendenz wird als mystisches Erleben, religiöse Erfahrung oder ozeanisches Gefühl betrachtet.

Bevor wir uns die vier genannten Bestrebungen des Menschen nun etwas genauer anschauen, will ich noch mal deutlich machen, dass die Bestrebungen selbst erstmal als wertfrei zu betrachten sind. Sie sind immer da, sie gehören zur Existenz jedes Menschen und wir müssen sie wahrnehmen, akzeptieren und achten. Im Gegenteil wenn wir die vier Bestrebungen nicht als gleichermaßen wichtig betrachten, beginnt unser Leiden. Wenn ich jetzt die vier Bestrebungen im Einzelnen vorstelle, geht es mir aber um die extremen Entwicklungen, unter denen wir dann oft leiden und die uns das Leben schwer machen.

Selbsterhaltung

Die Tendenz oder das Grundvermögen der Selbsterhaltung, auch manchmal Selbstbehauptung genannt, ist für jeden Menschen lebensnotwendig und muss sich unbedingt positiv entwickeln. In der Psychologie oder auch in der Alltagssprache kennen wir ganz unterschiedliche Begriffe, mit denen sich dieses Bestreben beschreiben oder bezeichnen lässt. So will ich hier nur Durchsetzungsfähigkeit, Selbststärke, Selbstbewusstsein, Selbstsicherheit oder gesunde Aggressivität und angemessenen Umgang mit Macht erwähnen. Es geht also immer darum, dass menschliche Eigenschaften, die der Selbsterhaltung dienen einerseits gut entwickelt sind, dass sie sich aber andererseits nicht zu Extremen herausbilden.

Bei einer solchen extremen Entwicklung in Richtung Selbsterhaltung – also einer unbewussten Neigung nur Ganzes zu sein – haben wir es mit einer ausgeprägten inneren Zerrissenheit und narzisstischen Haltung zu tun, die sich durch besonders starke Merkmale des „Falschen Selbst“ auszeichnet, wie ich es im 3. Kapitel genauer beschrieben habe. Dies wird dann in der Psychologie allgemein als Narzissmus bezeichnet, wobei wir auch sagen können, dass dies eben nur die eine Seite des Narzissmus ist, nämlich die expansive. Die betreffenden Menschen können zu Selbstüberschätzung sowie zu Arroganz und Überheblichkeit neigen. Oft glauben sie alles alleine zu schaffen oder sie sind vielleicht extrem leistungsorientiert, übermäßig funktionstüchtig und möglicherweise auch arbeitssüchtig. Immer Recht haben müssen, alles besser zu wissen und andere zu entwerten gehört genauso zu diesen Mustern wie dominantes Verhalten, Manipulation und im Extremfall sogar Gewalt. Auch extreme Intellektualisierungen, die nach meiner Einschätzung in unserer heutigen Wissensgesellschaft immer häufiger zu beobachten sind, sollten wir in diesem Zusammenhang nicht vergessen. Grundsätzlich ist ja die Selbsterhaltung ein menschliches Bestreben oder, um es wieder mit Ken Wilber zu sagen, es handelt sich dabei um eines von vier Vermögen eines Holons. Worum es mir hier aber geht, sind natürlich nur die extremen Übersteigerungen dieser Tendenzen, die weit über ein normales Maß hinausgehen. Manchmal beobachte ich auch, dass bestimmte Menschen ihre Ansichten, Meinungen oder inneren Haltungen als absolut betrachten und sie dann auch als unveränderliche Wahrheiten präsentieren. Diese Muster, die ich Absolutsetzungen nenne, sind zwar als solche nicht so leicht zu erkennen, gehören aber auch zu diesen narzisstischen Haltungen der übertriebenen Selbsterhaltung.

Wie ich schon dargestellt habe, verbergen sich unter diesen extremen Verhaltensmustern immer die früheren heftigen Erschütterungen des Selbst, die dann zur Scham geführt haben. Je stärker die Muster sind, die ja die Funktion einer Maske der Scham haben, desto stärker sind immer auch die aus dem Bewusstsein abgespaltenen Schamgefühle und verborgene Schamkonflikte. Eine relativ starke Schamneigung oder Schamangst wirkt dann auch eher im Unbewussten und kommt nur selten ins Bewusstsein.

Menschen die nun sogenannte spirituelle Erfahrungen suchen oder sich auf einem entsprechenden Entwicklungsweg befinden, können nun manchmal in extremen Mustern der Selbsterhaltung stecken bleiben oder diese können sich sogar noch verstärken. Menschen können beispielsweise gerade auf einem spirituellen Weg besonders leistungsorientiert sein oder nach dem Erleben veränderter Bewusstseinszustände noch arroganter, überheblicher und selbstzufriedener auftreten. Ihre Besserwisserei kann sich verstärken und die Entwertung anderer könnte noch heftiger werden. Der Zwang nach Haben-Wollen, also Gier, kann sich verstärken und regelrecht zur Sucht werden. Hohe Ansprüche und Perfektionismus können sich noch verstärken und ein allgemeiner Freiheits- und Unabhängigkeitsdrang wird sich möglicherweise noch weiter ausweiten in Richtung eines absoluten Autonomiestrebens.

All diese Entwicklungen führen dann auch dazu, dass reale und wirklich menschliche Kontakte immer mehr eingeschränkt werden, oder sich in ihrer Qualität verändern, hin zu mehr Oberflächlichkeit, Sachlichkeit oder Intellektualität, denn die Bezogenheit und Verbundenheit und damit die Einfühlung, die ja eher zur Selbstanpassung gehören, gehen immer mehr verloren.

Selbstanpassung

Menschen, die besonders stark zur Selbstanpassung neigen, haben im Extremfall die unbewusste Tendenz, nur Teil sein zu wollen. Sie haben keine gute Balance zwischen Selbsterhaltung und Selbstanpassung erreicht und ihnen mangelt es an der Fähigkeit, Spannungen auszuhalten, sie haben eine geringe Spannungstoleranz. Natürlich gilt der Mangel an Spannungstoleranz genauso für Menschen, deren inneres Pendel immer wieder zu sehr in Richtung Selbsterhaltung ausschlägt. Zu einer angemessenen Selbstanpassung können bei genügender Balance zur Selbsterhaltung dann beispielsweise Partnerschaftlichkeit oder Kompromissfähigkeit sowie die Fähigkeit zum Dialog oder zum Nachgeben und Ausgleichen gehören.

Zu starke Selbstanpassung ist also wieder in der Sprache der Psychologie ein ausgeprägtes symptomatisches Selbst, wie ich es im 3. Kapitel beschrieben habe. Es kann bedeuten, sich zu sehr unterzuordnen, sich besonders abhängig zu verhalten oder sich immer wieder als Opfer zu erleben, bis hin zur völligen Unterwerfung. Die Neigung zur Verschmelzung kann bis zur absoluten Symbiose reichen und darf dann nicht verwechselt werden mit Liebe oder einem spirituellen Mitgefühl. Im Gegenteil, die Fähigkeit Grenzen zwischen Ich und Du wahrzunehmen und auch zu setzen ist oft unterentwickelt und die betreffenden Menschen verlieren sich im Anderen. Diese Art von Verlieren des Selbst darf wieder nicht verwechselt werden mit einem grundsätzlichen Wir-Gefühl, einer sogenannten spirituellen Verbundenheit oder eine „All-umfassenden Liebe“ wie man es in Transzendenzerfahrungen erleben kann. Oft ist es stattdessen eine sehr problematische Helferhaltung oder eine Co-Abhängigkeit. Manchmal kann diese „Helferhaltung“ ganz plötzlich umschlagen in ein Muster der extremen Selbstbehauptung oder Selbsterhaltung oder sich mit einem solchen Verhaltensmuster vermischen wenn sie mit Macht, Starrheit oder gar fanatisch durchgesetzt wird. Für andere da sein oder die Hilfsangebote werden dann zu einer Art innerem Zwang oder sie werden manipulativ manchmal vielleicht sogar mit einer gewissen mentalen Gewalt durchgesetzt. Gerade wenn dies mit einem spirituellen oder christlichen Mitgefühl verwechselt wird, können die entsprechenden Einstellungen sehr rigide und resistent gegenüber Wandlung oder Loslassen sein.

Selbstauflösung

Die dritte Tendenz des Holons ist ein Bestreben zurück zum Ursprung. Diese Tendenz des Holons Mensch ist wie alle anderen drei Tendenzen erst einmal weder gut noch schlecht, sondern einfach normal, oder wir können vielleicht sagen natürlich oder noch zutreffender: neutral. Beim Holon Mensch könnte man in der Sprache der Psychologie auch von Regression sprechen, also einem Rückschreiten in einen früheren Zustand der Entwicklung. Auch dieses zurück in einen früheren Entwicklungszustand können wir als menschlich normal betrachten, erst einmal wieder jenseits von gesund und krank. So wird in der Psychoanalyse manchmal von Paradiesvorstellung gesprochen, wenn von einer menschlichen Sehnsucht zurück in den Mutterleib die Rede ist. Menschen, die hier eine besonders starke Neigung haben, sind vielleicht in ihrem täglichen Leben besonders passiv aber mit gleichzeitigen hohen Erwartungen an die Erfüllung von Wünschen und Bedürfnissen. Sie müssen in solchen Zuständen nicht unbedingt leiden, denn es kommt natürlich sehr darauf an, wie sie im zwischenmenschlichen Bereich damit umgehen. Oft kann es natürlich doch zu starken sozialen Krisen kommen, vor allem wenn es um die so entstehenden Konflikte mit anderen Menschen geht.

Auch die mit einer solchen Paradiesvorstellung verbundene Erlösungsfantasie ist erst einmal sehr menschlich und führt nicht automatisch zu Leidenszuständen. Manchmal sind Menschen mit solchen inneren Haltungen sehr religiös und haben auch einen schnelleren Zugang zu allem Spirituellen. Nur Vorsicht, gerade die Zustände der Selbstauflösung sind in keinem Fall schon automatisch spirituell und können sehr leicht damit verwechselt werden. Das ist manchmal sogar sehr gefährlich, wenn aus einer Strukturlosigkeit des Ich heraus mystische Vorstellungen der verschiedensten Art entstehen oder beides miteinander verwechselt wird.

Als menschlich ist eben auch eine vorübergehende Regression zu sehen, die jeder Mensch manchmal im Leben hat. In einer belastenden oder auch kritischen Lebenssituation z. B. fühlt man sich nicht so gut, legt sich schon mal auf die Couch oder sogar ins Bett und die Partnerin. Oder der Partner kocht einen wohlschmeckenden Tee, bringt eine Wärmflasche und kümmert sich auch sonst sehr liebevoll um das Wohlbefinden. Soweit der betreffende Mensch nach einiger Zeit wieder ganz selbstverständlich und allein aus diesen regressiven Zuständen herauskommt, ist dies wieder als ganz normal und menschlich einzuordnen und jeder Mensch wird es hin und wieder erleben. Im Gegenteil, ich halte es für durchaus wichtig, das Menschen solche Zustände auch bewusst genießen können, solange sie nicht zu einer charakterlichen Einstellung werden, sie zu einer schwierigen Paardynamik gehören und es nicht allzu häufig und unbewusst oder sogar zwanghaft zu solchen Zuständen kommt. Grundsätzlich sind bestimmte positive regressive Zustände natürlich auch häufiger möglich und sogar anzustreben wie Erlebnisse in der Natur, beispielsweise das Liegen in einer grünen und bunten Blumenwiese oder der körperliche Genuss im warmen Whirlpool oder das sinnliche Erleben an einem wunderschönen Strand.

Wenn Menschen jedoch eine extrem starke Neigung zur Selbstauflösung entwickelt haben, ist dies in der Regel mit schmerzlichen Gefühlen und grundsätzlichem Leiden verbunden. Besonders schwere Traumatisierungen und andere seelische Verletzungen in der Kindheit, die ja immer massiv Scham auslösen, können dazu führen, dass sich das Ich oder das Selbst nur schwach entwickelt oder immer wieder mal fragil also brüchig wird. Man spricht auch von Ich-Schwäche, von ich-strukturellen Störungen oder eben von einem fragilen Selbst. Im 3. Kapitel habe ich diese sogenannten fragilen Selbstprozesse ausführlich besprochen.

In der Sprache einer transpersonalen Psychologie oder einer spirituellen Entwicklung wird in diesem Zusammenhang auch vom empirischen oder vom freudschen Ich gesprochen, und es wird deutlich darauf hingewiesen, dass ein solches Ich erst einmal vorhanden sein, muss bevor es zu einer Transzendenz dieses Ich kommen kann. Diese Feststellung halte ich für besonders wichtig und ich werde sie deshalb im weiteren Verlauf immer wieder hervorheben.

Nun aber wieder zu den Folgen oder Merkmalen einer extrem verstärkten Neigung zur Selbstauflösung. Die schweren Beschämungen im Leben werden im Rahmen der Sozialisation scheinbar verarbeitet und es entwickeln sich Verhaltensmuster oder Gefühlszustände, die als Masken der Scham angesehen werden können und unter denen sich die Wunde der Scham verbirgt. Im Bereich der Selbstauflösung sind dies vor allem Dissoziationen, Vernichtungs- und Auflösungsgefühle mit Panikzuständen, Leeregefühle in Verbindung mit Verzweiflung und plötzlichen Schamattacken. All diese Zustände sind meist verbunden mit starken Schmerzgefühlen.

Auch hier wieder eine Querverbindung zu den spirituellen und bewusstseinsverändernden Prozessen, in denen solche Zustände auch immer wieder auftreten können. Ich denke da besonders an holotropes Atmen, wie es Stan Grof entwickelt hat und wie ich es selber bei ihm und anderen Trainern erleben durfte, und besonders auch an die Beschreibungen von Jack Kornfield, die er als spirituelle Achterbahn bezeichnet hat.[7]

Vergleichen wir die Zustände einer extremen Selbstauflösung mal kurz mit dem „Wahren Selbst“, wie ich es weiter oben beschrieben habe. Die extrem schmerzlichen Zustände sind in der Regel die gleichen, die wir als wahres Selbst bezeichnet haben. Wir können wieder festhalten, je stärker die Beschämungen im Leben waren, desto schmerzlicher sind die Gefühlszustände im wahren Selbst und gleichermaßen auch die negativen oder schmerzhaften Zustände der Selbstauflösung. Wir können also feststellen, dass sich die Muster der Selbsterhaltung besonders massiv ausgeprägt haben, um die Wunde der Selbstauflösung zuzudecken. Das kann wiederum bedeuten, dass Menschen mit extrem ausgeprägten Selbsterhaltungsmustern, weniger bewusst, auch besonders schmerzliche Gefühle in sich tragen, die dann eher zur Selbstauflösungstendenz gehören. Ihr Schatten ist also besonders groß. Obwohl die Tendenz zur Selbstauflösung grundsätzlich nichts Negatives für den Menschen ist, kommt es also zu starken Leidenszuständen, wenn sie extrem ausgeprägt ist. Also das wahre Selbst ist tiefer aus dem bewussten Erleben abgespalten und der betreffende Mensch lebt bewusst stärker seine Anteile zur Selbsterhaltung, womit wir wieder bei der typischen Zerrissenheit sind.

Selbsttranszendenz

Wir könnten die gerade begonnene Besprechung der Spannungszustände und Spannungsfelder zwischen den schon besprochenen Grundvermögen des Holons Mensch zwar jetzt weiterführen, jedoch ist es ratsam, erst das vierte Bestreben vorzustellen, damit die Gesamtzusammenhänge deutlich werden können.

Jedes Holon hat also eine Tendenz der evolutionären Entwicklung über sich hinaus zu einer neuen Qualität.[8] Die Richtung dieses Bestrebens ist also hin zu einer neuen Bewusstseinsstufe. Dieser qualitative Wandel wird als Selbsttranszendenz bezeichnet und damit ist aber in der Regel erst mal nur eine kurzzeitige Erfahrung des Menschen gemeint, eben die sogenannte spirituelle Erfahrung, die Menschen individuell machen können. Es geht also dabei um Bewusstseinsveränderung, jedoch noch nicht gleich zu einer neuen Stufe des Bewusstseins, sondern um flüchtige Augenblickserfahrungen, die über das übliche Ich-Bewusstsein hinausgehen.

Diese Erfahrungen werden sehr verschieden bezeichnet und auch immer wieder teilweise zwar genau gleich aber eben auch sehr unterschiedlich beschrieben. Sie werden beispielsweise als Gipfelerfahrung bezeichnet, wir finden den Begriff der mystischen Erfahrung oder die Erfahrung der Transzendenz, und es gibt auch die sogenannte transpersonale Erfahrung oder die Erfahrung der Nondualität. Letztlich können solche Erfahrungen auch einfach als religiöses Erleben betrachtet werden. Die tatsächlich vorhandenen feinen Unterschiede sind hier für unser Thema nicht so sehr von Bedeutung und deshalb gehe ich nicht weiter auf sie ein. Das Vermögen oder das Bestreben zur Selbsttranszendenz ist auch identisch mit dem, was wir oft spirituelle Sehnsucht, spirituelle Suche oder religiöses Bedürfnis nennen.

Man kann also grundsätzlich verschiedene Stadien dieser Zustände beschreiben und eine erste einfache Einteilung wie solche Zustände z.

B. bei der meditativen Praxis bald mal auftreten können will ich hier kurz erwähnen. Da wird von Stadien der Freude oder Heiterkeit gesprochen, die auch heitere Gelassenheit genannt wird. In einem ersten Stadium kann es zu Erregungszuständen mit Gänsehaut kommen. Im weiteren Verlauf werden dann gelegentlich blitzartige Erfahrungen im Körper gemacht die dann in einer nächsten Phase zu Wellen werden, die den Leib immer wieder zu durchfluten scheinen.

Als letztes folgen dann tragende Zustände von Gleichmut die von kraftvollen Zuständen, wie Luftsprünge, bis zu einer Art Schwebezustand reichen können.

In der sehr umfangreichen Literatur zu diesem Thema taucht immer wieder der Begriff Gipfelerfahrung auf und es gibt auch diverse Einteilungen oder Kataloge solcher Erfahrungen. Da eine genauere Beschäftigung mit solchen Differenzierungen den Rahmen dieses Themas deutlich sprengen würde, will ich hier nur eine kleine Zusammenfassung bringen.[9]

Da gibt es erstmal die Erfahrung von Licht und subtile Erlebnisse von enormer Leuchtkraft. Dann kann es zu Erfahrungen der Einheit oder des Eins-Seins kommen, die immer wieder als „alles ist Eins“ bezeichnet werden. Grundsätzlich werden tief empfundene positive Stimmungsveränderungen erlebt, bei denen sich sehr starke positive Emotionen einstellen können. Hier ist auch oft von tiefer und vor allem von „allumfassender Liebe“ die Rede. Zusätzlich wird auch immer wieder von dem Gefühl der „Heiligkeit“ berichtet, man erlebt das Numinose. Der Verlust des Gefühls von Zeit und Raum kann sich einstellen und stattdessen kommt es zur Erfahrung von „Ewigkeit“ und „Unendlichkeit“. Als Letztes möchte ich die Erfahrung der Nondualität also der Aufhebung der Dualität nennen. Dieser Durchbruch zur Verwirklichung der „Nichtdualität“ wird auch als Paradoxie bezeichnet. Da wird z. B. Leere erlebt, die gleichzeitig Fülle ist und die Gegensätze von Ich und Du, also von Subjekt und Objekt lösen sich auf. Grundsätzlich wird dann von einem „Jenseits der Gegensätze“ ausgegangen oder von einer Postrationalität, in der der Mensch nicht mehr in der Welt der Widersprüche lebt. Anzumerken ist noch, dass Menschen, die all diese Erlebnisse hatten, oft nicht gut darüber sprechen können, sich also eine Erfahrung der Unbeschreibbarkeit einstellt. Dazu gehört auch ein

Erleben von Objektivität und Wirklichkeit aller Einsichten. Wir können das dann wohl auch „absolute Wahrheit“ nennen. Also die Zustände sind nicht einfach zu beschreiben sie sind aber letzte Wirklichkeit. Diese letzteren hier beschriebenen Zustände des Durchbruchs zur „Nondualität“ werden dann auch manchmal als Zustände des „Erwachens“ oder der „Erleuchtung“ angesehen.

Mir geht es hier nun keineswegs um Spiritualität allgemein oder um eine Bewusstseinstheorie oder um die Integrale Theorie, sondern nur um die Darstellung und die Beschreibung der möglichen Erfahrungen von Transzendenz des Holons Mensch im Zusammenhang mit den anderen drei Bestrebungen des Holons, damit dann die Bedeutung des Schamgefühls für den Menschen untersucht werden kann. Wer darüber hinaus mehr über eine Theorie des Bewusstseins oder über Integrale Spiritualität wissen möchte, den möchte ich vor allem auf die Schriften von Stanislav Grof und Ken Wilber hinweisen, die für mich wegweisend waren.[11]

Wichtig ist noch festzuhalten, dass es mir bei den beschriebenen Erfahrungen von Transzendenz üblicherweise um die flüchtigen Zustände geht, die als Augenblickserfahrungen anzusehen sind. Länger anhaltende Zustände werden als Plateaus betrachtet, und so gibt es manche Menschen, die davon ausgehen, ein solches Plateau erreicht zu haben. Sie sprechen dann davon, erwacht zu sein, Nondualität erreicht zu haben oder erleuchtet zu sein. Manchmal wird es auch einfach „im Jetzt sein“ oder „es ist geschehen“ genannt. Aus der Sicht der Theorie des Holons können wir sagen, das Bestreben nach Transzendenz führt irgendwann zu etwas Neuem, einem neuen Holon, in welchem das bisherige enthalten ist und gleichzeitig ein neues Ganzes entstanden ist. Wilber nennt die vier Zugkräfte des Holons erhalten, anpassen, transzendieren und auflösen.[11] Mir geht es hier aber nicht darum, wie einzelne Personen möglicherweise solche Plateauzustände erreichen können, sondern mich interessiert ja gerade wie durch Beschämungen Bewusstseinsveränderungen grundsätzlich blockiert werden. Solche frühen Schädigungen des Selbst und die dazugehörige Scham können dann allerdings auch zu den unterschiedlichsten Missverständnissen und Irrtümern im Zusammenhang mit den Einschätzungen von Bewusstseinsentwicklungen führen. Man spricht bei einer qualitativen Veränderung des Bewusstseins auch von neuen Stufen oder Ebenen des Bewusstseins. Um diese Stufen des Bewusstseins geht es mir dann im folgenden Kapitel. Bevor ich aber dazu komme, noch ein paar zusammenfassende Worte zu den vier Grundvermögen des menschlichen Holons.

Betrachten wir nun zum Abschluss des Kapitels die Zusammenhänge und vor allem auch die Spannungsfelder der vier Grundbestrebungen des Holons Selbst. Aufgrund biografischer Ereignisse in der Entwicklung eines Menschen im Rahmen seiner Sozialisation, also letztlich durch soziales Lernen, kommt es nun dazu, dass bestimmte Bestrebungen besonders deutlich ausgeprägt sein können. Ist nun ein Bestreben, z. B. die Tendenz zur Selbsterhaltung, extrem oder eben übermäßig stark entwickelt, so ist die gegenüberliegende Tendenz in der Regel zu schwach ausgebildet. Also wenn jemand seine Selbstbehauptung mit Machtverhalten, Dominanz und Rechthaberei besonders ausgeprägt hat, ist seine Fähigkeit, andere zu verstehen, Kompromisse zu finden oder partnerschaftlich und sozial-kompetent also auch emotional bezogen mit anderen zu kommunizieren, weniger gut ausgebildet. Manchmal kommt es aber auch zum plötzlichen Wechsel, zum Switch ins Gegenteil, wie ich es schon beschrieben habe. Das Muster der Selbstanpassung wirkt nach einem solchen Wechsel dann oft besonders depressiv. Umgekehrt ist das Bestreben nach Selbstanpassung, also möglicherweise das symptomatische Selbst mit einer Opferhaltung, Unterordnung, Anpassung und einer extremen Helferhaltung besonders ausgeprägt, dann ist die Seite der Selbstbehauptung und die Fähigkeit sich selbst wichtig zu nehmen, auf sich zu achten und sich auch mal durchzusetzen weniger gut entwickelt. Auch hier kann es ja zum spontanen Umschlagen von der Selbstanpassung ins Gegenteil, also zur Selbsterhaltung oder Selbstbehauptung kommen, was dann aber meist eher besonders aggressiv wirkt. Nun kann aber noch hinzukommen, dass sich durch schwere Verletzungen oder Traumatisierungen in der Kindheit eine starke Neigung zur Selbstauflösung, also eine Ichschwäche, ein fragiles Selbst oder eine Neigung zu Schamattacken entwickelt haben. Die Erfahrungen der Selbsttranszendenz können sich also weniger gut einstellen denn „um ein Ich transzendieren zu können muss erst mal ein Ich da sein“.

Leider suchen Menschen mit extremen Entwicklungen der Verhaltensweisen einer oder auch mehrerer der genannten drei Bestrebungen gerade gerne die Transzendenzerfahrung, um mit inneren Spaltungen und Zerrissenheiten besser umgehen zu können oder, anders ausgedrückt, um der Welt der Widersprüche und der Dualität zu entkommen, also die Zerrissenheiten nicht mehr zu erleben. Mir ist am Anfang meiner beruflichen Tätigkeit ein junger Mann begegnet, der nach langen Jahren der Meditation und der buddhistischen Praxis wegen seiner vorhandenen Ich-Schwäche Suizid begangen hat. Auch Christina und Stan Grof haben sich in einem Buch sehr ausführlich mit der zu schnellen Suche nach Transzendenz und den damit verbundenen spirituellen Krisen auseinandergesetzt.[12]

Es kann im Zusammenhang mit den vier Bestrebungen auch besonders leicht dazu kommen, dass Verwechslungen entstehen z. B. wenn eine Erfahrung aus dem Bereich der Selbstauflösung für eine Erfahrung der Selbsttranszendenz gehalten wird.

Das Gefühl der Leere kann ein gutes Beispiel dafür sein. Leere im Bereich der Selbstauflösung wird eher erlebt in direkter Verbindung mit Verzweiflung, Panik, Scham und Angstzuständen oder Ohnmachtsgefühlen. Allerdings werden diese unangenehmen Gefühle oft leider auch nicht bewusst wahrgenommen. Hier wäre dringend eine ichstärkende oder selbststabilisierende Arbeit notwendig, bevor Transzendenzerfahrungen wirklich sinnvoll sind. Ein Erleben von Leere im Rahmen der Transzendenz ist immer verbunden oder führt zum Erleben von Fülle und Weite also Erfahrungen wie sie aus mystischem oder spirituellem Erleben vielfach beschrieben worden sind.[13]

In der Integralen Theorie von Ken Wilber wird bei dieser Art von falschem Verstehen von der Prä-Transverwechslung gesprochen. „Prä" bedeutet hier ein Erleben aus einer Zeit, bevor sich ein Ich entwickelt hat, also eine Vor-Icherfahrung, und „Trans" bedeutet eine tatsächliche Erfahrung der Transzendenz des Ichs, also eine über das Ich hinausgehende Bewusstseinserfahrung.

Wir können nun unschwer erkennen, dass es mehrere Spannungsfelder und eine Vielzahl von Spannungen zwischen unterschiedlichen Bestrebungen geben kann, an denen auch manchmal mehr als zwei dieser menschlichen Tendenzen beteiligt sein können. Beispielsweise ein co-abhängiger Mensch, der sich selbst kaum achtet und für andere überfürsorglich ist (Selbstanpassung) setzt sein Für-den-Anderen-Sorgen mit Machtverhalten und Arroganz durch (Selbsterhaltung) und hat jedoch selber viel schmerzliche Gefühle und hin und wieder Dissoziationen sowie Schamattacken (Selbstauflösung). Ich will es hier bei diesem einen Beispiel belassen denn ich komme auf diese unterschiedlichsten Spannungen, die ja das Leiden der Menschen bilden, zurück, wenn ich im Teil 3 ausführlich über die Entwicklungsschritte berichte.

In Abbildung 7 habe ich die vier Grundvermögen des Menschen noch einmal etwas genauer dargestellt und die Schamentwicklung hinzugefügt.

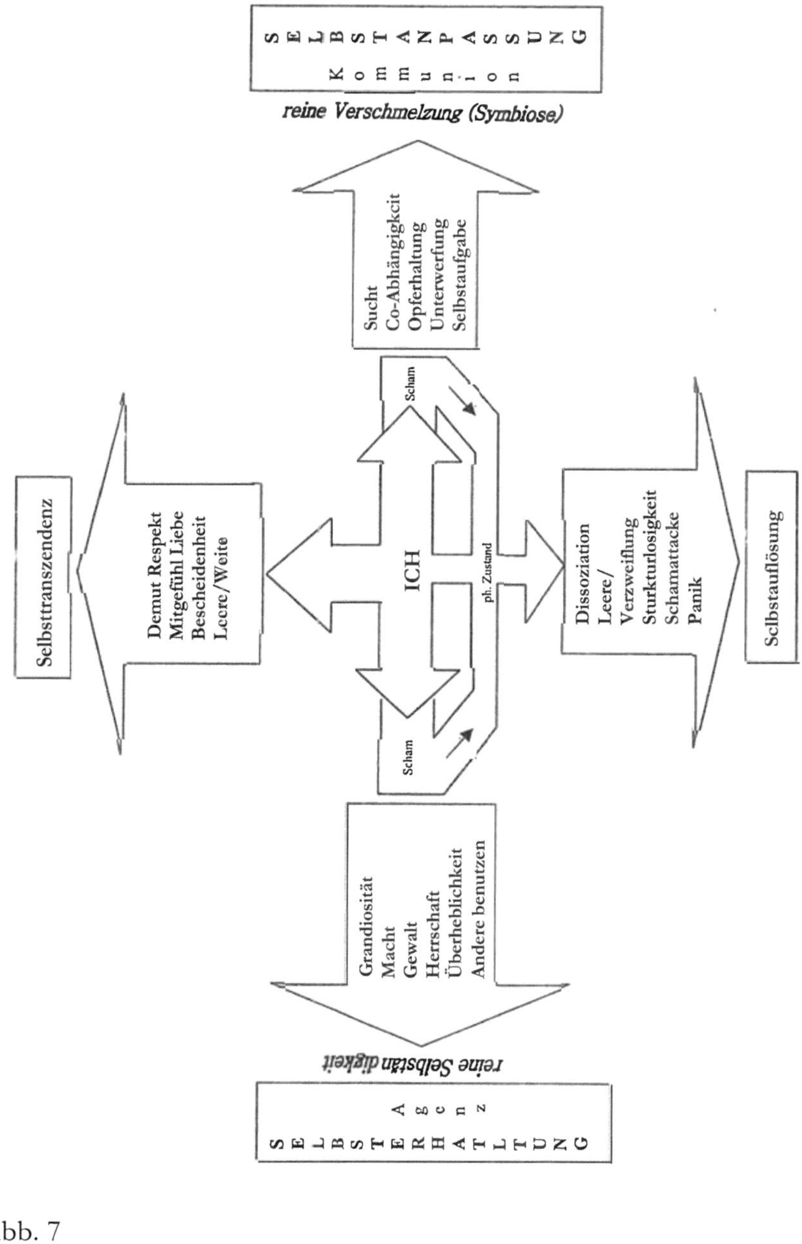
SELBSTANPASSUNG
Kommunion
reine Verschmelzung (Symbiose)
Sucht
Co-Abhängigkeit
Opferhaltung
Unterwerfung
Selbstaufgabe
Scham
Selbsttranszendenz
Demut Respekt
Mitgefühl Liebe
Bescheidenheit
Leere/Weite
ICH
ph. Zustand
Dissoziation
Leere/
Verzweiflung
Sturkturlosigkeit
Schamattacke
Panik
Selbstauflösung
Scham
Grandiosität
Macht
Gewalt
Herrschaft
Überheblichkeit
Andere benutzen
reine Selbständigkeit
SELBSTERHALTUNG
Agenz

Abb. 7

9. Stufen des Bewusstseins

„Kurz gesagt, ich schlage vor, dass die Psychologie der menschlichen Natur ein sich entfaltender, nach und nach herausbildender, schillernder spiralförmiger Prozess ist, in dem mit dem Wandel der existenziellen Probleme des Menschen schrittweise ältere Verhaltenssysteme niederer Ordnung neueren Systemen höherer Ordnung untergeordnet werden"
(Clare Graves)[1]

Bisher habe ich sehr viel von Zuständen geschrieben und habe damit vor allem emotionale Zustände, seelische Zustände und Zustände einer inneren Zerrissenheit gemeint, immer im Zusammenhang mit Schamgefühlen. Die verschiedenen Arten der Zerrissenheit der Seele des Menschen, wie sie durch starke Erschütterungen des Selbst, also durch schamauslösende Erfahrungen entstehen, waren also das Thema. Im letzten Kapitel ging es mir dann um die Zustände der vier Grundvermögen des Holons Mensch und wie diese mit diesen möglichen Zuständen innerer Zerrissenheit zusammenhängen. Wichtig sind mir eben auch die spirituellen Zustände oder Zustände der Transzendenz, denn ich will hier auch auf die Bedeutung von Schamgefühlen für die spirituelle Entwicklung des Menschen etwas näher eingehen.

Im nun folgenden Kapitel werde ich mich mit den Stufen oder auch Ebenen des Bewusstseins beschäftigen, wie sie sich im Laufe der Evolution entwickelt haben und auch damit, wie sich solche Stufen immer wieder wandeln und verändern sowie weiterentwickeln können. Es hat sich gezeigt, dass sich ein solches Modell der menschlichen Entwicklung besonders gut in Form einer Spirale darstellen lässt. Die Spirale wird deshalb benutzt, weil sie einerseits gleiche Inhalte immer wieder berührt aber andererseits immer wieder ein höheres Niveau oder eine höhere Ebene erreicht. Alles Neue kann als eine Weiterentwicklung des schon Existierenden, als eine Art von „Erwachen" betrachtet werden und ein Ende ist immer offen, denn die Windungen der Spirale führen zu neuen Stufen, die der Mensch vorher nicht einsehen kann. Diese Bewusstseinsspirale führt also zu immer neuen Wertesystemen, Weltsichten und Denkweisen der Menschen auf höherem Niveau oder höheren Ebenen.[2] Bei den Ebenen der Spirale handelt es sich immer abwechselnd um eine Innensteuerung, bei der die Selbsterhaltung (also das Ich) im Mittelpunkt steht, oder um eine Außensteuerung, bei der eher die Selbstanpassung (also das Wir) eine zentrale Bedeutung hat.

Obwohl wir eher von den verschiedenen Ebenen sprechen könnten – denn es handelt sich in einer Spirale ja nicht wirklich um Stufen – benutze ich dennoch den Begriff Stufen, da dieser inzwischen in der Integralen Theorie üblich ist. Diese Stufen, wie sie sich seit Beginn der Menschheit entwickelt haben, lassen sich durch Farben kennzeichnen, und so werde ich eine Einteilung in sieben Stufen mit den Farben beige, purpur, rot, blau, orange, grün und gelb vorstellen. In der Bewusstseinstheorie werden zwar noch einige weitere Stufen beschrieben, da wir es ja mit einer unendlichen Entwicklungsspirale zu tun haben, auf die ich hier aber nicht näher eingehen werde, da dies den Rahmen unseres Themas deutlich sprengen würde. Die Stufen, die ich hier nun kurz darstellen werde, sind nun aber nicht nur für die Spirale einer kollektiven Bewusstseinsentwicklung in der Evolution der Menschheit gültig, sondern wir finden die gleichen Stufen in der individuellen Entwicklung eines jeden Menschen, zu jeder Zeit. So können wir auch im Hier und Jetzt die Entwicklung jedes einzelnen Menschen als eine spiralförmige Entwicklung sehen, wie sie beispielsweise in der Entwicklungspsychologie beschrieben wird.

In meiner weiteren Darstellung beziehe ich mich vor allem auf die Theorie von Beck und Cowan, die sie Spiral Dynamics nennen, werde aber auch berücksichtigen, dass es in der Integralen Theorie einige andere Modelle der spiralförmigen Entwicklung des Bewusstseins gibt. Ken Wilber hat die verschiedensten Entwicklungslinien und damit auch unterschiedliche Spiralen und Stufen oder Ebenen auf diesen Spiralen aufgelistet, und auch Laloux hat sehr schön auf die unterschiedlichen Farbcodes der verschiedenen Spiralen hingewiesen.[3] Auf die Zusammenhänge mit diesen anderen Entwicklungslinien, Spiralen und Stufen der Entwicklung gehe ich dann später noch einmal etwas näher ein.

Ein deutsches Autorenteam hat das Konzept Spiral Dynamics als Grundlage genommen und ein Buch über die Entwicklungsspirale des

Glaubens und der Gottesbilder geschrieben. Sie benutzen eine Einteilung aus der Computersprache und nennen also die ersten neun Stufen Gott 1.0 bis Gott 9.0. und beschreiben so die Ebenen oder Stufen einer christlich-spirituellen Entwicklung.[4]

Ich werde aber die Stufen der evolutionären Entwicklung des menschlichen Bewusstseins, die bei Beck und Cowan auch Werte-Meme (W-Meme) genannt werden, nur sehr kurz beschreiben und dann gleich zeigen, wie sich die individuelle Entwicklung jedes einzelnen Menschen beschreiben lässt. W-Meme können grundsätzlich als biopsychosoziale Systeme verstanden werden, also anders ausgedrückt, als Ebenen einer psychologischen Existenz. Es geht dabei also um ein Organisationsprinzip um Wertesysteme.[5]

Mich interessiert nun besonders, wie sich in der individuellen Entwicklung jedes Menschen durch Erschütterungen, Verletzungen und Verwundungen der Narzissmus entwickelt. Jedes W-Mem kann also durch diese schamauslösenden Erfahrungen beeinträchtigt werden, so dass sich eine Pathologie entwickelt. Man spricht dann von Hindernissen, von blockierten oder geschlossenen W-Memen. Solche Blockaden, denn darum handelt es sich ja bei diesen Hindernissen in den W-Memen, zeigen sich dann als psychische Zerrissenheiten oder auch Spaltungen, als Verhaltensmuster oder innere Einstellungen, die die Funktion einer Maske der Scham haben.

Mein Bemühen gilt also dem Zusammenführen einer Stufentheorie des Bewusstseins und der tiefenpsychologischen Sichtweise von schamauslösenden Erschütterungen und Narzissmus. Dies halte ich deshalb für notwendig, weil der individuelle Narzissmus und damit auch der kollektive Narzissmus der wichtigste Stolperstein jeder menschlichen Entwicklung und natürlich auch einer spirituellen Entwicklung sein kann, denn er ist in jeder Stufe wirksam und je stärker eine Beschämung in vorherigen Stufen war, desto intensiver seine Bedeutung in den nachfolgenden Stufen.

Ich spreche in diesem Zusammenhang auch von Schamprägungen, die dann in jeder Stufe ihre Auswirkungen haben können und dann auch in jeder Stufe zu speziellen Masken der Scham führen. Bei der Frage inwieweit solche Masken der Scham als pathologisch angesehen werden, müssen wir uns natürlich immer daran erinnern, dass wir es dabei mit einem Kontinuum zu tun haben, welches von natürlich, menschlich und angemessen bis gestört oder gar schwer pathologisch reichen kann. Das bedeutet, dass wir Verhaltensmuster der W-Meme je nach Grad der Ausprägung des Verhaltens, der Intensität des individuellen Erlebens und Leidens darunter und der aktuell geltenden gesellschaftlichen Bewertungen als gesund oder krank ansehen und sich aus dieser Sicht dann eine mögliche Notwendigkeit der Veränderung ergeben. Dennoch werde ich mich bei der Beschreibung der Stufen mehr auf die Hindernisse und Blockaden konzentrieren, weil diese sogenannten Schatten eher zum Thema dieses Buches gehören.

Mit den ganz konkreten Leidenszuständen des einzelnen Menschen und seinen Entwicklungsblockierungen, setze ich mich dann aber noch im dritten Teil des Buches auseinander, wenn es um Entwicklungsschritte, Veränderung und Wandlung geht. Dort will ich versuchen aufzuzeigen, wie aus der Entwicklungsspirale eine Spirale der Genesung werden könnte.

Beige oder die Wurzeln des Selbst.

Das Bewusstsein dieser ersten Stufe, die etwa vor 100.000 Jahren ihren Anfang hatte, war eine Ich-Stufe, die ganz allgemein auf die Suche nach Nahrungsmitteln und auf das Überleben gerichtet war. Obwohl es noch kein Selbst gab, war doch die Innenausrichtung maßgebend. Diese Stufe wurde u.a. auch reaktiv genannt, da nur das Reagieren dieses Bewusstsein bestimmte. Weitere Bezeichnungen sind archaisch, prä-sozial und symbiotisch. Es war ein natürlicher, instinktiver Zustand. Bei heftigsten, schockartigen Schreckens-Erlebnissen ist hier wohl nur eine extreme Eskalation des typischen Verhaltens die Folge, denn ein klares getrenntes Selbst ist noch kaum entwickelt und es ging vor allem darum kein Tier zu sein. Die Bedürfnisse nach Nahrung, Wasser, Wärme, Sex und Sicherheit, also auch nach Schutz hatten allergrößte Bedeutung und die Befriedigung dieser Bedürfnisse bestimmte das ganze Handeln des Menschen. Anzutreffen bei den ersten Menschen und z.B. bei allen Neugeborenen, bei senilen Menschen, in geistig verwirrten Zuständen und bei Alzheimerkranken im letzten Stadium.

Beim Neugeborenen kann man selbstverständlich noch nicht von einem entwickelten Ich oder einem Selbst sprechen, obwohl wir heute wissen, dass erste Ansätze einer Persönlichkeits-Entwicklung bereits vor der Geburt, während der Geburt und dann in den ersten Lebenstagen und Wochen vorhanden sind. Ich benutze neuerdings gerne ein Konzept von Ich-Selbst, wie es Gernot Böhme definiert und wie es Zwiebel und Weischede benutzen.[6] Das Selbst sind die Quellen der Subjektivität also auch das Gegebene eines Menschen und das Ich ist die bewusste Person. Das Leben wird als ein ständiges Zusammenspiel beider Pole verstanden, als Balance.

Wenn ein solches Zusammenspiel von Geburt an noch kaum möglich ist, da sich das Ich noch nicht entwickelt hat, haben wir es in dieser frühesten Zeit der Kindheit auch noch nicht mit den verschiedensten Mischungen von Gefühlen zu tun. Der neugeborene Mensch kennt eigentlich nur sehr archaische Gefühle, die nicht miteinander verbunden sind. Angst, Schmerz, Wut, Freude oder Liebe gelten als solche Grundgefühle oder Basisgefühle, zu der allerdings auch die Scham gehört. Da es nur in sehr geringer Ausprägung ein Ich gibt kann es auch noch keine Trennung, Abspaltung oder Zerrissenheit geben und die Gefühle sind rein und pur, nicht vermischt und natürlich auch weit entfernt jeder Vernunft und deshalb auch jenseits von Moral oder Ethik. In der Theorie der Psychoanalyse wird hier auch von primären Narzissmus gesprochen oder auch von primärer Liebe. In der Integralen Theorie nennt man diese Zustände auch prärational, also vor irgendeiner Rationalität und Vernunft. Heftige schmerzliche Erfahrungen, traumatische Erlebnisse besonders vor, während und kurz nach der Geburt des Kindes, die als erste starke Erschütterungen des gerade entstehenden Ichs verstanden werden müssen, sind auch als früheste Erfahrungen oder Vorerfahrungen von Beschämung zu verstehen. Sie stören oder zerstören gewissermaßen den primären Narzissmus, oder anders ausgedrückt, sie erschüttern die harmonische Ruhe vor jeder Dualität und führen dadurch zu physiologischem Erschrecken oder zu physiologischen Schockzuständen. In der Fachliteratur wird hier auch von Protoscham gesprochen.[7] Besonders hervorheben möchte ich hier die Verletzung oder totale Missachtung des Grundbedürfnisses nach Schutz.

Die Pathologien, die hier bei einem Scheitern oder Nichtgelingen der Entwicklung entstehen können, werden in ihrer Extremform als Psychosen oder oft auch als psychosenahe Persönlichkeitsstruktur bezeichnet. Die Tendenz der Selbstauflösung des Holons Selbst hat hier wohl ihre besondere Bedeutung und könnte extrem eskalieren, sodass sie zu schwerem Leiden des Betroffenen führt. Auch Traumafolgen, die nichts mit Psychosen zu tun haben, können schon in dieser frühen Zeit ihren Ursprung haben und dazugehörige Dissoziationen, also Abspaltungen aus dem bewussten Erleben, stellen sich dann oft ein. Ganz allgemein handelt es sich bei den Erschütterungen des Selbst in dieser Zeit um die ersten Vorerfahrungen von Beschämung und so kann hier meiner Auffassung nach schon eine sogenannte Schamprägung ihren Anfang haben und später im Leben können starke, sehr existenzielle Ängste, Schrecken, Verzweiflung oder ein Grundmisstrauen die typischen Gefühle des betroffenen Menschen sein, die sich jedoch unter massiven und oft sehr starren Masken der Scham verbergen können. Diese frühesten Masken der Scham zeigen sich jedoch noch nicht in spezifischen und differenzierten Verhaltensmustern, vielmehr ist die ganze frühe, sich gerade entwickelnde Ich-Struktur gewissermaßen sehr leicht zu erschüttern und deshalb sehr empfindsam, sensibel und fragil. Die ganze frühe Ich-Struktur bekommt gewissermaßen die Funktion einer Maske der Protoscham. Alle Ich-Fähigkeiten, Kompetenzen und Strukturanteile können sozusagen die Funktion der Abwehr des Schreckens der existenziellen Scham einnehmen und sind deshalb oft sehr starr, da sie zum Schutz und zum Überleben absolut notwendig waren und im Leben auch weiterhin sind. Eine Zerrissenheit können wir hier erkennen als Aufspaltung zwischen den heftigsten Gefühlen der frühesten Erschütterungen und der ganzen sich gerade entwickelnden Ich-Struktur. Aus Sicht der psychoanalytischen Theorie kann man hier auch von einer schizoiden Zerrissenheit ausgehen, besonders der zwischen heftigster Wut und Verzweiflung auf der einen Seite und einer intellektuellen, extrem vernunftorientierten Haltung andererseits.

Purpur oder die Entwicklung der Zerrissenheit.

Diese zweite Stufe, eher eine Wir-Stufe, die etwa vor 50.000 Jahren begann sich zu entwickeln, kann auch als magische, mystische oder animistische Stufe betrachtet werden, und das Bewusstsein ist eine Art Stammesbewusstsein. In anderen Entwicklungsmodellen wird diese Stufe auch impulsiv, symbiotisch oder naiv genannt.

Selbstanpassung steht bei dieser Außensteuerung im Vordergrund. Zwei Themen sind auf dieser Ebene des Bewusstseins bestimmend: erstens die Ahnengeister und Geistwesen, die zufriedengestellt werden müssen und zweitens die Erhaltung und Sicherung des Stammes. Also lässt sich auch diese Stufe durch die herausragenden Werte Sicherheit und Geborgenheit kennzeichnen, ganz besonders in der Qualität der Zugehörigkeit. Daraus entwickelt sich eine Form von Ergebenheit und Gehorsam gegenüber den Geistern, den Ahnen, den Häuptlingen und Alten. Anzutreffen im magischen Denken, in Ritualen und im Aberglauben des Menschen.

Die extremen Zustände, die durch schwere Erschütterungen, also durch Beschämungen entstehen, sind die Eskalation des magischen Denkens und die Heftigkeit mit der die Geister zufriedengestellt werden müssen. Gut und Böse eskalieren in Extremzustände, obwohl diese Eskalationen in dieser frühen Zeit der Menschheit wohl kaum besonders auffällig gewesen sein dürften. Wir können auch sagen hier beginnt der Kampf der Gegensätze, der Kampf der guten Geister gegen die bösen Geister.

Beim Kleinkind, etwa um den neunten Lebensmonat herum erkennt man nun die Ich-Selbst Entwicklung, die hier einen deutlichen Schritt macht, denn das Kleinkind lernt die Differenzierung zwischen sich selbst, der Mutter und anderen Personen. Schwere Traumatisierungen und besonders Verletzungen sowie Missachtung des Bedürfnisses nach Zugehörigkeit und andere sehr schmerzliche negative Erfahrungen können hier zu einer ersten starken Zerrissenheit des sich gerade entwickelnden Ich-Selbst mit dem typischen Erleben der extremen Zustände von Gut und Böse führen. Dies bedeutet die Grenzen des Ich-Selbst wahrzunehmen, zu erleben oder auch nach außen zu setzen und auch Begrenzungen auszuhalten wird nicht oder nur unzureichend gelernt. Es kann eine deutliche Absolutheit, entweder der Bestrebungen nach Verschmelzung oder der nach Distanzierung, bestehen bleiben. Im Zusammenhang damit steht auch oft die Unmöglichkeit, sich Scham überhaupt anzueignen. Die im ersten Teil des Buches beschriebene Zerrissenheit des Selbst, die ich narzisstisch genannt habe, und die Zerrissenheit zwischen Verschmelzung und Distanz, die borderline-typisch genannt wird, haben in dieser Phase der Entwicklung ihren Ursprung. Der betreffende Mensch neigt zu Extremzuständen der Selbstbehauptung bzw. Selbsterhaltung und/oder der Selbstanpassung. Dies kann als Dauerzustand einer dieser beiden Tendenzen auftreten, oder die damit verbundenen inneren Zustände wechseln sich ab, meist durch einen plötzlichen Switch oder beide Tendenzen vermischen sich und sind gleichzeitig vorhanden.

Die Begriffe für die Pathologien, die hier auftreten können, sind Borderline-Persönlichkeit und auch schon Narzisstische Persönlichkeit, wobei ich davon ausgehe, dass die entsprechenden Muster ein Kontinuum des Selbst-Erlebens darstellen, von Zuständen wie jeder Mensch sie kennt auf der einen Seite und einem schweren Leiden, welches dann in der Gesellschaft als krank angesehen und als Persönlichkeitsstörung bezeichnet wird, auf der anderen Seite. Die typischen Masken der Scham dieses W-Mems sind eben die Heftigkeit der Zerrissenheit und dadurch die Absolutheit des jeweiligen inneren Erlebens, Massivität und Impulsivität der Gefühle wie besonders Wut, Panik oder Angst, Schmerz und Verzweiflung sowie auch die besondere Intensität und Absolutheit der gegenteiligen Gefühle wie Liebe, Glück und rauschartige Zufriedenheit.

Rot oder Macht und Ohnmacht

Etwa vor 10.000 Jahren begann diese Ich-Stufe des Bewusstseins mit der Innensteuerung, also mit dem Schwerpunkt auf der Selbsterhaltung. Diese Stufe des Bewusstseins wird auch egozentrisch oder selbstschützend genannt und sie lässt sich durch Kampf, Machtausübung und Eroberung kennzeichnen. Es geht um das Überleben des Stärkeren, darum machtvoll und ausbeuterisch zu handeln und ohne Reue Schuld- und Schamgefühlen seinen emotionalen Impulsen zu folgen. Erobern,

Beherrschen und Erniedrigen sind die herausragenden Verhaltensmuster in diesem W-Mem, und Gewalt, Hass oder auch rasende Wut sind in dieser Stufe oft anzutreffen. Grandiosität und Impulsivität können ebenso zum Bewusstsein dieser Stufe gehören wie die schon erwähnte absolute Schamlosigkeit.

Die Beschreibung der Merkmale dieser Stufe des Bewusstseins entsprechen sehr genau des eines aggressiven und ausgeprägten Narzissmus, wie er sich tiefenpsychologisch beschreiben lässt. Es ist etwa so, als hätte der Narzissmus hier seinen Höhepunkt und seine absolute Schärfe und kriegerische Kraft entwickelt. Der Kampf um Macht und Machterhalt kann aber durch die innere Zerrissenheit auch plötzlich ins Gegenteil rutschen und durch einen Switch zu absoluter Ohnmacht werden. Der Kampf und das ganze machtvolle Bestreben des Menschen, also das Erobern, dient somit in erster Linie auch der Vermeidung von Ohnmacht. Die Extremzustände in dieser Stufe müssen wohl nicht extra beschrieben werden.

In der Entwicklung des Kleinkindes, es geht hier anfangs um die Zeit etwa zwischen dem ersten und dritten Lebensjahr und dann auch bis zum fünften Lebensjahr, zeigt sich zuerst die Omnipotenz und die Egozentrik in ihrer stärksten Ausprägung. In der Spirale gilt es also, diese Stufe gut zu bewältigen und somit die absolute Egozentrik zu überwinden. Was also etwa ab dem neunten Lebensmonat beginnt, in Purpur seinen Anfang hat, kommt hier erst mal zum Höhepunkt, bevor es überwunden werden kann. Das Ich-Selbst lässt sich anfangs nicht oder nur unter extremen Widerstand begrenzen; im Gegenteil dehnt es sich in seiner vermeintlichen Grandiosität ständig aus und die Welt und andere werden als Erweiterungen des Selbst erlebt, oder die Welt und andere dringen sozusagen in das Selbst ein, da noch keine genügend stabilen Grenzen des Selbst vorhanden sind.

Die Begrenzung dieser egozentrischen Selbst- und Weltsicht und auch das Grenzen setzen gegenüber der äußeren Welt und den anderen Menschen muss in kleinen Schritten gelernt werden, damit dieses W-Mem irgendwann positiv integriert werden kann. Gelingt dies nicht oder nur in Ansätzen, so wird die bleibende Ausdehnung des Selbst als Narzissmus bezeichnet, und das als sehr schmerzhaft erlebte Eindringen anderer in das Selbst wird als Borderline Problematik betrachtet. Heftige

Erschütterungen in dieser Zeit aber auch Verwöhnung und Grenzenlosigkeit führen also zu extremen Schamreaktionen oder verhindern manchmal sogar die Aneignung der Scham. Beide Arten der Zerrissenheit, narzisstisch oder borderline-typisch, werden dadurch möglich, weil das Selbst und die Welt nicht genügend differenziert sind.[8] Diese Beschreibungen gelten immer dann, wenn die Entwicklung in diese Phase nicht gut gelingt. In dieser frühen Entwicklung des Kindes können wir oft die sogenannte Trotzphase erkennen und bei einem Scheitern der Entwicklung haben die Menschen in ihrem Leben meist mit starker Wut und den beschriebenen Merkmalen dieser Stufe zu kämpfen. Eine Erkenntnis von Graves war: „Statt unerträgliche Schande zu leiden, weil du dein Gesicht verloren hast, sollst du unter allen Umständen dein Selbst zum Ausdruck bringen, um gepriesen zu werden".[9] Übersetzen wir das mal in eine Sprache, die unserem Thema entspricht, so können wir sagen: Um Scham oder Beschämung nicht zu erleben werden Kampf, Eroberung und Machtverhalten zu den üblichen Verhaltensmustern. Die Störungen, Beeinträchtigungen oder Hindernisse in der Entwicklung haben ihre Wurzeln, wie bei allen Stufen in den Erschütterungen des Ich-Selbst, also in den schweren Beschämungen. Die Scham kann jedoch oft von dem Betreffenden nicht angenommen bzw. gelernt werden, da der normale und angemessene, also vor allem schrittweise Umgang mit Begrenzungen und Grenzen gerade durch die Heftigkeit und Impulsivität der Erschütterung des Selbst oder einem grenzenlosen, verwöhnenden und absolut überfürsorglichen Umgang mit dem Selbst nicht gelernt wird. Die besonders starken Verhaltensmuster dieses W-Mems sind also als Masken der frühen Beschämungen zu verstehen und je stärker die Schamprägungen bereits in der vorhergehenden beigen und purpurnen Stufe waren, desto intensiver können bei entsprechenden Erschütterungen auch die Ausprägung der Muster in dieser roten Stufe sein und wir haben es dann mit heftigem kämpferischen und machtzentrierten Narzissmus zu tun. Die spezifischen Masken der Scham in diesem W-Mem sind etwa die gleichen wie im purpurnen W-Mem, nur noch deutlicher und heftiger. In der Sprache der Integralen Theorie können wir sagen, dass der Drang nach Selbsterhaltung extrem eskaliert und manchmal ins Gegenteil kippen kann, also in extreme Selbstanpassung.

Blau oder das Schuld-Scham-Dilemma

Die nächste Stufe des Bewusstseins, sie ist wieder eine Wir-Stufe mit überwiegender Außensteuerung, begann vor etwa 5000 Jahren und wird auch als zielgerichtet, konformistisch oder interpersonell bezeichnet. In dieser Stufe will der Mensch Sinn und Zweck in seinem Leben finden und es geht ihm dabei auch um die absolute Wahrheit. In einer autoritären Struktur werden Ordnung und Stabilität besonders wichtig und der Mensch wird von einer absoluten Macht kontrolliert, der er unbedingt gehorchen muss. Die Einteilung von Gut und Böse ist sehr starr, und Richtig und Falsch bekommen immer stärkere Bedeutung für den Menschen. Strenge und absolute Gebote und Verbote werden immer wichtiger um Ordnung, Disziplin sowie Sinn und Zweck im menschlichen Dasein zu festigen. Unterordnung und Gehorsam des Menschen wird zur absoluten Pflicht und die Entstehung seiner Schuldgefühle erreicht hier seinen Höhepunkt. Das Bewusstsein auf dieser blauen Ebene wirkt oft streng, dogmatisch oder fundamentalistisch und besonders in Religionen wird dann Ungehorsam gegenüber den Regeln, den Gesetzen sowie den Autoritäten und letztlich gegenüber Gott schwer bestraft.

Wir sprechen jetzt von der Entwicklung des Kindes etwa zwischen dem sechsten und zwölften Lebensjahr, in dem es vor allem um das Lernen von Regeln, Verhaltensnormen und Werten geht. Tiefenpsychologisch ausgedrückt ist es die Zeit, in der sich das Über-Ich, das sich vorher schon entwickelt hat, nun besonders stabilisiert und erweitert. Alles, was mit dem Gewissen zu tun hat, rückt jetzt immer mehr ins Zentrum des menschlichen Daseins.

Eine angemessene Integration dieses W-Mems kann bedeuten, dass das Kind jetzt Selbstkontrolle und Selbstdisziplin entwickelt hat, und Verlässlichkeit und Verantwortung sind sehr wichtig geworden. Egozentrisches und impulsives Bewusstsein haben sich gewandelt, und eine ethnozentrische Haltung, in der ein Wir gegenüber dem Ich mehr Bedeutung bekommt, ist entstanden. Im ethnozentrischen Bewusstsein ist die Familie, die Gruppe, der Stamm oder die Nation richtungweisend. Am Ende dieser Entwicklung kommt es dann aber auch zu einer soziozentrischen Haltung, in der das Wir der Menschheit immer mehr

Bedeutung bekommt. In dieser blauen Stufe sind es jetzt auch immer mehr einfache moralische Regeln und ein akzeptierter Verhaltenskodex die das Leben des Kindes mehr oder weniger bestimmen.

Nun aber auch zu möglichen pathologischen Entwicklungen auf dieser Stufe. Wieder ist es wichtig festzuhalten, dass die schamauslösenden Erlebnisse, also alle schmerzlichen Erfahrungen oder Erschütterungen des Selbst der vorherigen Stufen, die schon eine deutliche Schamprägung bewirkt haben, weiter die Basis bilden, auf die nun erneute Beschämungen folgen können, die eben für diese blaue Stufe typisch sind. Strenge Reglementierungen, harte Disziplinierungen und Bestrafungen oder grundsätzlich alle autoritären, nur auf Gehorsam ausgerichteten Erziehungsmethoden führen meist zu schweren Gewissenskonflikten und möglicherweise zu einem strengen, manchmal sadistischen Über-Ich. Was die Scham betrifft, bildet sie oft die Grundlage für ein übermäßiges Bestreben nach Aufmerksamkeit und Anerkennung, da sich die Betroffenen als klein, ungenügend und nicht liebenswert erleben. Egozentrik, Unechtheit und häufige Stimmungsschwankungen mit Impulsivität bilden dann oft den Charakter, der oft auch histrionisch genannt wird und heute manchmal als aktueller Sozialcharakter betrachtet wird. Häufig haben wir es hier auch mit einem Wechsel oder dem gleichzeitigen Auftreten von Schuld- und Schamgefühlen zu tun, also mit der Schamschuld. In seiner stärksten Ausprägung wird dies dann zu einem Dilemma von Schuld und Scham, in dem der Mensch gefangen ist. Bleibt das Kind und später dann auch der erwachsene Mensch im Verhalten von Gehorsam, Anpassung oder Unterordnung gefangen, so wirkt die Scham darüber, die dann Abhängigkeitsscham genannt wird, und das bedeutet, dass die Muster des Selbstanpassungsbestrebens extrem stark bleiben. Schritte des Verhaltens, die in eine Richtung gehen, die zu mehr Selbstständigkeit, Autonomie oder Unabhängigkeit führen könnten, lösen starke Schuldgefühle aus, die als Trennungsschuld bezeichnet wird und meist eskalieren dann die Verhaltensweisen der Selbsterhaltung in einer negativen und destruktiven Art. Da Schuld und vor allem Scham tendenziell eher unbewusst sind, also aus dem bewussten Erleben abgespalten werden müssen, können sich stattdessen häufig Aggressionen oder depressives Verhalten entwickeln. Bei der Aggression spricht man manchmal auch von narzisstischer Schuldabwehr. Es sind dann sozusagen Deckgefühle, unter denen sich Schuld und Scham verbergen können. Aggressionen, die dann als Abwehr von Schuldgefühlen zu betrachten sind, führen dazu, dass die Verhaltensmuster der Selbsterhaltung besonders gegen andere streng, reglementierend sowie disziplinierend oder bestrafend und manchmal sogar sadistisch werden, und die Verhaltensmuster der Selbstanpassung, die ja die Scham maskieren, deutlich eher brav, angepasst oder auch unterwürfig, devot und depressiv wirken. Die typischen Masken der Scham sind hier also Machtverhalten in der Qualität der strengen Regelorientierung bzw. des zwanghaften oder fanatischen Ordnungsverhaltens oder das Gegenteil, eine Opferhaltung im Sinne einer abhängigen Regelorientierung oder zwanghafter und absoluter Gesetzestreue. Beides kann als äußeres Zeichen der schambedingten Zerrissenheit betrachtet werden.

Grundsätzlich können sich durch Blockaden in der Stufe weitere negative Muster oder Masken der Scham entwickeln wie z. B.: Intoleranz, Zwang, Dogmatismus und Fundamentalismus sowie Fanatismus.[10]

Orange oder Erfolg und Versagen

Diese Ich-Stufe des Bewusstseins begann vor etwa 650 Jahren und gilt als rationale Stufe, die wieder innengesteuert ist und in der Vernunft, Leistungsstreben und Erfolg sowie Autonomie und Unabhängigkeit im Vordergrund stehen. Andere Bezeichnungen für diese Stufe sind leistungsorientiert, selbst-bewusst oder gewissenhaft, man spricht auch von der Moderne.[11] Weitere Kennzeichen dieser Stufe können Wachstums- und Marktorientierung, Materialismus oder beispielsweise ein „unternehmerisches Selbst" bzw. ein starkes Selbstmarketing sein. Ein Vorwärtsstreben mittels Wissenschaft und Technik wird hier wichtig, sowie eine deutliche Lösungsorientierung. Hoffnung auf persönlichen Erfolg und ein Gefühl der persönlichen Stärke können in diesem Bewusstsein genauso als sehr bedeutend auftauchen, wie erstmalig die Opposition gegenüber Autoritäten. Wenn dieses orangene W-Mem auf dem Höhepunkt ist, wird die Opposition nicht mehr nötig sein, denn mit Geschick oder Ignoranz kann man den Autoritäten besser oder auch erfolgreicher begegnen. Persönlichkeiten, die ihren Schwerpunkt in diesem Bewusstseinszustand haben, kalkulieren gerne, übernehmen Verantwortung und wollen immer gerne dominieren. Argumentation und Debatte genießen sie, dabei wollen sie aber immer gerne kleine Siege erringen.[12] Die Welt wird immer berechenbarer erlebt und die Veränderungen in der Welt erscheinen mehr und mehr vorhersehbar zu sein.

In der kindlichen Entwicklung geht es bei diesem Bewusstsein anfangs um die Zeit etwa achtes bis zehntes Lebensjahr und dann aber um auch weiter um die ganze Zeit der Pubertät. Wichtig ist für das heranwachsende Kind zunächst, etwa so wie in der blauen Stufe, das Erlernen von Regeln und Rollen und die tatsächliche Veränderung der Egozentrik des Kleinkindes sowie die Entfaltung einer soziozentrischen Orientierung, also das Erlernen eines sozialen Verhaltens. Ken Wilber spricht hier zunächst von konventionell/konformistisch und daran anschließend von einer Verschiebung zu einer sogenannten postkonventionellen/individualistischen Orientierung eines nun selbstreflexiven Ichs.[13] Hier spielt anfangs besonders das Modelllernen sowie das soziale Lernen eine große Rolle. Später, wenn die Auflehnung gegen Autoritäten stärker wird, fällt dem Lernen in der Peergroup eine besondere Bedeutung zu. Wenn sich diese Stufe deutlicher entwickelt, ist die Rebellion gegenüber den Autoritäten sehr wichtig, denn die Autonomie wird zum großen Ziel. Mit scharfem Intellekt und einer oft extremen Betonung rationaler Argumente wird der Weg in die Eigenständigkeit gesucht. Oft kommt es bei diesen Schritten der Abgrenzung auch zu heftigen Machtspielen mit bösen Kommentaren oder bissigen Bemerkungen.[14] Obwohl sich hier die soziozentrische Orientierung entwickelt, müssen wir auch feststellen, dass die Egozentrik, also der Narzissmus, im Bereich Leistung und Erfolg hier seinen Höhepunkt hat. Dies ist nicht als Widerspruch zum roten W-Mem zu sehen, sondern ich erkenne darin eher so etwas wie ein letztes Aufbäumen der Egozentrik, speziell in diesem Bereich von Leistung und Erfolg.

Hat Orange seinen Höhepunkt erreicht, nimmt auch die Auflehnung und Rebellion wieder ab, denn die jetzt entwickelte Eigenständigkeit und das Selbstbewusstsein sind stark genug, und benötigen keine oder kaum noch Ablehnung der Autoritäten.

Die Schwierigkeiten die auf dieser Stufe entstehen können haben mit der sich entwickelnden Identität und Individualität zu tun. So können sich Verwechslungen von Identität und Rolle einstellen, man spricht vielleicht von Rollenkonfusion oder von Identitätskonflikten und manchmal gar von Identitätsdiffusion. Schuld und Angst aber auch die Zerrissenheit zwischen Tüchtigkeit und Unterlegenheit oder Erfolg und Versagen können eine große Bedeutung bekommen.

Je nachdem wie stark schamauslösende Erlebnisse in den vorherigen Stufen waren, lösen die Erschütterungen in dieser Stufe die extremen Entwicklungen der Muster des orangenen W-Mems deutlich aus. Wir haben es dann beim orangenen Narzissmus beispielsweise mit Gier zu tun, mit Skrupellosigkeit oder auch mit einer völlig überhöhten Leistungsorientierung bzw. einem zwanghaften Wissensdrang, sowie mit Formen von Überfunktionstüchtigkeit. Eine ausgesprochene und massive Selbstbezogenheit mit Konkurrenzdrang und ständigem Vergleichen, kann ebenso dazugehören wie Besserwisserei und zwanghaftes Belehren anderer Menschen. Gerade in unserer modernen Dienstleistungs- und Wissensgesellschaft sind für mich Intellektualisierung und eine Überbetonung der Vernunft oft auch als narzisstische Verhaltensmuster dieses W-Mems einzuordnen. Alle diese Verhaltensmuster können nun sehr stark die Funktion einer Maske der Scham haben.

Grün oder Harmonie und Beliebigkeit

Dieses W-Mem entwickelt sich seit etwa 150 Jahren und ist wieder eine außengesteuerte Stufe, in der das Wir erneut und jetzt besonders stark die Orientierung bestimmt. Diese Stufe wird auch pluralistisch oder verbindend genannt, und allgemein spricht man auch von der Postmoderne. Hier werden Verbundenheit, Gemeinschaft, Harmonie und Gleichheit groß geschrieben und Gefühle, Dialog und Anteilnahme gewinnen an Bedeutung. Kooperation, Konsens- und Integrationsfähigkeit sowie Teamwork und Gemeinsamkeit werden wichtiger als Wettbewerb, und auf dem Höhepunkt dieser Stufe wird sogar von Herzenswärme und besonderer Empathie gesprochen.[15] Beziehungen werden wichtiger als Ergebnisse und Erfolge. Menschenrechte, Rechte der Frauen sowie Freiheitsbestrebungen und Kollektivismus sind genauso typische Merkmale dieser Bewusstseinsstufe wie multikulturelle Bestrebungen und die unterschiedlichsten Befreiungsbewegungen. Immer stehen Liebe und Mitgefühl sowie Friedfertigkeit und Nächstenliebe im Zentrum der Werte und sie werden zu den herausragenden Grundlagen der Verhaltensmuster dieser Bewusstseinsstufe.[16]

Ein Beispiel in unserer Gesellschaft ist die sogenannte Willkommenskultur bzgl. der Flüchtlinge, die als Grün eingestuft werden kann. Der Ruf nach „Grenzen dichtmachen" ist hingegen eine Reaktion aus dem blauen W-Mem. Manchmal müssen wir auch sagen, dass solche Äußerungen aus Blau oder aus Rot kommen können, je nachdem ob die Regulierung, Organisation und Strukturierung das Motiv solcher Meinungen ist oder eine Machtausübung die dahinterstehende Haltung ist. Natürlich kann nun eine solche Äußerung auch noch völlig angemessen sein, also nach der Theorie von SD eine wertfreie Reaktion aus einer bestimmten Stufe heraus, oder es kann sich um eine unangemessene Reaktion handeln, die möglicherweise sogar als pathologisch einzuordnen wäre. Dazu aber mehr, wenn es mir um die Wandlung des Leidens geht.

Im Rahmen der Entwicklungspsychologie können wir ab der Entwicklung des grünen W-Mems nicht mehr so klar festlegen, in welcher Lebenszeit eines Menschen die Stufe zur Entfaltung kommt. Erstens entwickeln sich die kollektiven Bewusstseinsstufen, von denen hier die Rede ist, sehr unterschiedlich in den Kulturen der Welt und dann kommt es natürlich auch individuell zu äußerst unterschiedlichen Entwicklungen. So ist das grüne W-Mem beispielsweise in der Weltbevölkerung geschätzt maximal bei etwa 15% der Menschen entwickelt und in den hoch industrialisierten Ländern etwa bei 20% bis 25% der Menschen. Da ja jeder Mensch die verschiedenen W-Meme in sich trägt, ist natürlich bei den gerade angesprochenen Menschen Grün auch nur ein Teil ihres Bewusstseins. Dieses grüne W-Mem kann also bei sehr unterschiedlichen Persönlichkeiten und sehr verschiedenem beruflichen und sozialen Hintergründen auch in ganz unterschiedlicher Intensität mobilisiert werden.

Bei den betroffenen Menschen, die also schon einen deutlichen Anteil ihres Bewusstseins im grünen W-Mem erleben, entsteht dieses Bewusstsein in der Adoleszenz und in der Zeit des Erwachsenwerdens also einer

Zeit, in der es einfach weiter um das Erlernen und Einüben selbstbewussten Handelns geht. Da wir in der Entwicklungspsychologie von einer lebenslangen Entwicklung ausgehen, kann sich auch diese Bewusstseinsstufe im ganzen Erwachsenenalter entfalten. Manchmal wird darüber gesprochen, dass schon Kinder dieses Bewusstsein in sich tragen. Ich möchte aber daran erinnern, dass alle Stufen nacheinander integriert werden müssen. Bevor sich also Grün voll entwickeln kann, müssen alle vorherigen W-Meme integriert sein, so besonders natürlich auch die vorherige orangene Stufe.

Allerdings möchte ich noch einmal festhalten, dass dieses grüne W-Mem als Stufe des Bewusstseins der Menschheit, ja erst wie oben dargestellt, bei einem kleinen Teil der Bevölkerung anzutreffen ist. Im Rahmen der Entstehung dieses grünen Bewusstseins gehört anfangs Zielhaftigkeit und auch Gewissenhaftigkeit deutlicher dazu, bevor die Entfaltung des Individualismus und der Autonomie ihren Höhepunkt erreicht. Nachdem sich das Rollenselbst entfalten konnte, also das Einnehmen sozialer Rollen genügend eingeübt wurde geht es nun mehr und mehr um rational-reflexives Handeln und um die Relativität des Ich-Selbst. Das Ich-Selbst scheint mir gerade jetzt in dieser Zeit genau diesem Zusammenspiel zu entsprechen, wie ich es nach Böhme beschreiben habe. Ein souveränes Menschsein spielt sich genau in der Balance zwischen Ich und Selbst ab.[17] Der Mensch erlebt sich zwar einerseits individualistisch und autonom, erkennt aber andererseits auch die grundsätzliche Relativität. Also alles ist relativ und Integration wird zum neuen Inhalt des Daseins. In einer natürlichen Ausprägung dieses W-Mems können wir also auch von einer gesunden Balance zwischen den menschlichen Bestrebungen nach Selbsterhaltung und Selbstanpassung ausgehen.

Kommt es nun im Laufe dieser Entwicklung wieder zu Störungen auch im Sinne von Erlebnissen, die das Selbst erschüttern und in der Regel immer Scham auslösen, so geht auch diese Ausgeglichenheit wieder verloren und es kann zu extremen Entwicklungen kommen. Die Erscheinungen, mit denen wir es dann zu tun haben, können als ungesundes Grün bezeichnet werden. Die vorher beschriebenen Verhaltensmuster wie beispielsweise Gleichheit, Bezogenheit und Harmonie oder Kooperation und Eintritt für Menschrechte werden dann sehr extrem und massiv, sodass sie zur Intoleranz gegenüber allen anderen, davon abweichenden Ansichten führen. Wegen des ausgesprochen starken Individualismus in diesem Mem kann es auch zu einer Relativierung aller Werte kommen. Also wer überhaupt noch Werte vertritt, wie beispielsweise Menschen, die sich gerade im orangenen oder blauen W-Mem befinden, werden ausgeschlossen und damit auch entwertet und beschämt. Es gibt dann keine Toleranz mehr gegenüber den Intoleranten. Wegen der allgemeinen Werte von Gemeinsamkeit, Liebe und Empathie kann es dann oft zu endlosen Diskussionen also zu unendlichem Durcharbeiten und zur Unfähigkeit bzw. zur Vermeidung von Verantwortung und Entscheidungen kommen. Jede Art von Leitung oder Führung wird dann manchmal vermieden und Hierarchien werden verleugnet. Alles soll immer nur gemeinsam entschieden werden und so kommt es häufig auch dazu, dass Entscheidungsprozesse grundsätzlich oft sehr lange dauern oder gar ganz ins Stocken kommen. Blockaden oder Lähmungen von Veränderungsprozessen und Wandel in Teams und Organisationen sind dann keine Seltenheit. Hier zeigt sich oft ein absolutes Erleben also häufige Absolutsetzungen und allgemeine Absolutheit bei der dann Gegenteiliges keinen Platz mehr hat. So zeigt sich narzisstisches Verhalten gewissermaßen in der Maske von Liebe und Gemeinsamkeit.

Zusätzlich kann die egozentrische also schambedingte Reaktion auf dieser Stufe zu einem kollektiven Hochmut führen, der etwa besagt: „Jeder von uns kann alles sein, was er will. Wir verfügen über ein grenzenloses Potenzial. WIR sind die Nummer eins!“[18] Grenzenlosigkeit, Perfektionismus und Größenvorstellungen sowie Entwertungen anderer Menschen, die eben noch nicht Grün genug sind, wirken wieder als Masken der Scham und somit haben wir es mit grünem Narzissmus zu tun.

Gelb oder jenseits der Gegensätze

Die nun folgende Entwicklung des menschlichen Bewusstseins zu einem neuen W-Mem wird als bedeutsamer Sprung angesehen, denn es handelt sich um einen Übergang zu völlig neuen Ebenen, die nicht mehr den Handlungsmenschen betreffen, wie die ersten sechs Stufen, sondern eine völlig neue Seins-Ebene der menschlichen Existenz. Bei dieser Stufe wird auch von Selbstverwirklichung gesprochen oder sie wird inter-individuell, authentisch, evolutionär oder einfach integral genannt.[19] Es ist dies auch letztlich ein spiritueller Bereich des menschlichen Daseins, der in diesen Ebenen ab dem gelben W-Mem erlebt werden kann. Bei den bisherigen sechs W-Memen wird von der ersten Ordnung gesprochen und ab der gelben Stufe geht es um die sogenannte zweite Ordnung. In dieser zweiten Ordnung, also ab dem gelben W-Mem kann der Mensch erstmals alle vorhergehenden Stufen übersehen und kann sie auch annehmen, ohne sie zu bewerten, zu entwerten oder gar sie zu bekämpfen. Alle Stufen der ersten Ordnung haben ja die Überzeugung, nur ihre Werte und Überzeugungen sind allein richtig und alle anderen W-Meme sind falsch, müssen entwertet und bekämpft werden. Der menschliche Narzissmus, also jede egozentrische Orientierung, die in allen Stufen der ersten Ordnung durchaus noch ihre Bedeutung hat, könnte hier also transformiert sein, d. h. die negativen Ausprägungen verloren haben, denn in dieser Bewusstseinsstufe ist gerade die Annahme und Akzeptanz aller anderen W-Meme ein deutliches Kennzeichen. Anders ausgedrückt können wir wohl sagen, dass der Mensch in dieser Bewusstseinsstufe wirklich erwachsen, reif und nicht mehr ständig von seinen Gefühlen und Stimmungen beeinflusst ist. Besonders die emotionalen Reaktionen, die mit Angst, Wut sowie Schuld oder Scham zu tun haben, sind nun transzendiert und verlieren ihre große Bedeutung für den Menschen. Emotionen sind eher integriert und die Entscheidungen und das Verhalten des Menschen werden eher intuitiv richtig und von einer übergeordneten Einsicht aus bestimmt sein. Vielleicht kann man hier erstmals vom weisen Menschen sprechen.

Vor etwa 60 Jahren war der Beginn der Entwicklung dieses ich-orientierten Mems und erst etwa 1% der Weltbevölkerung soll diese Stufe des Bewusstseins als Schwerpunkt erleben. Dieses W-Mem zeichnet sich besonders dadurch aus, dass es Dualitäten überwindet oder anders ausgedrückt alle Gegensätze gleichzeitig annehmen kann. Entweder-Oder-Haltungen verlieren ihre Bedeutung und weichen einem allgemeinem Sowohl-als-auch. In allen bisherigen Stufen gab es Entwertungen der vorangegangenen Stufen und eine grundsätzliche Abwehrhaltung gegenüber einer Weiterentwicklung und jede Stufe hatte ihre eigenen Polaritäten und inneren Gegensätze oder wie ich es beim Individuum als Zerrissenheit beschrieben habe. Ein weiteres Merkmal dieses W-Mems ist ein tendenzielles Verschwinden der Angst und Anwachsen der Neugier auf das Leben. Beck und Cowan schreiben, dass Sicherheit, Gewalt, Erlösung bis in alle Ewigkeit, persönlicher Erfolg und das Bedürfnis, akzeptiert zu werden, an Bedeutung verlieren und das Erforschen und Kennenlernen von Neuem stattdessen immer wichtiger wird.[20] Das Suchen nach integrativen, offenen Systemen und die Orientierung an Funktionalität, Kompetenz, Flexibilität und Spontanität werden nun immer bedeutender. In diesem Bewusstsein spürt der Mensch, dass alle erfolgreichen Lebensweisen der ersten Ordnung, also alle bisherigen W-Meme von Beige bis Grün, letztlich eine Gefahr für das Leben darstellen. Allerdings werden diese nicht mehr bekämpft, sondern ein flexibles Strömen oder Fließen des Bewusstseins in allen W-Memen die Spirale hinauf und hinunter wird immer mehr ermöglicht.[21]

Die individuelle Entwicklung dieser Stufe ist nun nicht mehr an ein bestimmtes Alter des Menschen gebunden, sondern wie wir es auch schon bei der grünen Stufe festgestellt haben, kann sich auch gerade dieses gelbe W-Mem zu jeder Zeit im Leben, also vor allem auch im Erwachsenenalter eines Menschen entwickeln. Vielleicht ist dies vergleichbar mit der Entwicklung des Selbst in seiner spirituellen Bedeutung, wie C.G. Jung es vor allem für das mittlere Lebensalter als bedeutend ansah. Voraussetzung dafür ist ja eine gewisse Offenheit vorhergehender Stufen und dementsprechend eine gute Integration, was eben dafür spricht, dass in der Regel erst im Erwachsenenalter eine solche Reifung stattfinden kann. Dies bedeutet wieder, dass sich die beschämenden Erschütterungen des Holons Selbst nicht allzu massiv ausgewirkt haben dürfen, also eine egozentrische Selbst-und Weltsicht weitestgehend überwunden ist.

Die Auswirkungen der schamauslösenden Erschütterungen, die wir Narzissmus nennen, sind also verarbeitet oder transformiert, und ein tendenzielles Wir-Erleben wurde somit ermöglicht.

Da dieses W-Mem tatsächlich noch bei wenigen Menschen überhaupt entwickelt ist, hat es für unser Thema hier nur eine etwas geringere Bedeutung und eine weitere Beschäftigung damit würde auch den

Rahmen dieser Arbeit sprengen. Natürlich ist grundsätzlich jeder Mensch in der Lage diese Stufe des Bewusstseins zu erreichen, dennoch möchte ich anmerken, dass es von großem Vorteil wäre, wenn Menschen, die professionell andere Menschen in ihren Veränderungen begleiten einen Zugang zu diesem W-Mem finden. Vielleicht ist der eine oder andere von uns manchmal auf dieser Stufe, ohne dass es ihm bewusst wird, besonders wenn gar keine Absicht da ist etwas zu erreichen. Auf eventuell doch noch mögliche pathologisch Entwicklungen gehe ich etwas später noch ein.

Türkis oder das globale Bewusstsein

Das nun folgende W-Mem ist wieder wir-orientiert, wird Türkis genannt und hat für das Thema dieses Buches noch weniger Bedeutung als Gelb. Die Annahme ist, dass erst 0,1 % der Bevölkerung der Welt möglicherweise einen Schwerpunkt in dieser Stufe erleben kann. Als dominanten Wert dieses Mems wird holistisches Denken und globales Bewusstsein angesehen. Eine kosmische Allverbundenheit mit einem Wir-Bewusstsein voller Harmonie stellt sich immer mehr ein und auf dem Höhepunkt dieser Stufe sind alle lebendigen Systeme immer im Fluss. Ein globaler Gemeinschaftssinn wird für den Menschen immer bedeutender obwohl die Individualität jedes Menschen weiter geachtet wird. Für diesen Menschen in Türkis wird Verwunderung, Ehrfurcht, Demut und eine große Wertschätzung der Einfachheit immer selbstverständlicher.

Für das grundsätzliche Thema dieses Buches, welche Auswirkungen die Erschütterungen des Selbst, also die Entstehung von Scham für das Leiden der Menschen auf den verschiedenen Stufen der Entwicklung hat und wie wir damit konstruktiver umgehen können, ist die Bedeutung dieser türkisen Stufe nicht mehr so groß, sodass ich hier auf weitere Ausführungen verzichte.

10. Hindernisse und Blockaden

„Jedes der zentralen W-Meme entlang der Spirale besitzt Charakteristiken, welche die notwendigen Strategien diktieren, um es zu unterwerfen, oder abzuschwächen, es zu überprüfen, neu auszurichten oder sein Denken und seine Inhalte zu verändern"
(Beck/Cowan)[1]

Ich betrachte jetzt wieder nur die individuelle Entwicklung des Menschen und kann dann feststellen, dass jeder Mensch die verschiedensten W-Meme in sich trägt und dass meist eines dieser W-Meme dominant ist oder einige wenige einen Schwerpunkt des individuellen Bewusstseins bilden. Das heißt, jeder Mensch ist in einem oder auch mehreren Stufen des Bewusstseins etwas häufiger als in den anderen Stufen. In einem kleinen Test, den die Autoren von Gott 9.0 als spielerische Einstiegsübung in ihrem Buch vorschlagen, kann man ganz schnell mal sein persönliches Bewusstseinsprofil herausfinden.[2]

Vielleicht ist es an dieser Stelle angebracht, etwas Grundsätzliches zur spirituellen Entwicklung zu sagen. Etwas erreichen zu wollen, das Ziel zu haben, ein höheres Bewusstsein zu erlangen oder gar einen Zustand der Transzendenz oder des Erwachsens zu schaffen, ist niemals ein richtiger spiritueller Weg. Es geht eher darum gerade, alles Sein zu lassen, gelten lassen, achten und annehmen. Gelten lassen ist für mich ein wichtiges Wort geworden, bedeutet es doch Zweierlei, annehmen, achten und akzeptieren einerseits, ohne etwas haben zu wollen, und loslassen und nicht anhaften andererseits. Haben wollen, schaffen, erreichen oder eher weiter oder höher kommen, ist eher Ausdruck der Egozentrik.

Das Ergebnis des Tests zeigt meiner Ansicht nach relativ gut die Verteilung der W-Meme, mit denen man es aufgrund seiner Persönlichkeit im Wesentlichen zu tun hat. Es gibt natürlich persönliche Werteprofile, die z. B. einen höchsten Wert haben wie etwa orange oder blau und zwei mittlere Werte beispielsweise rot, orange oder grün und die restlichen Werte sind dann eher gering. Es wäre nun aber ein Fehler aufgrund solcher Profile Menschen wieder nach den Farbkategorien einzuteilen, zu bewerten oder gar sie so zu diagnostizieren, denn der Farbcode wurde ja gerade vorgeschlagen um Bewertungen möglichst zu vermeiden, da die Farben ja grundsätzlich gleichwertig sind. Also rot ist nicht besser als blau oder grün ist nicht besser als orange. Wenn jemand beispielsweise ein dominantes blaues W-Mem in sich trägt oder orange als Schwerpunkt hat, so sollten wir dies grundsätzlich als wertfrei oder eben gleichwertig betrachten, ohne es gleich wieder einzuordnen oder gar eine Diagnose zu stellen. Auch die Sprache ist sehr wichtig. So ist es sicher günstiger davon zu sprechen jemand handelt in der oder der Situation aus dem oder dem W-Mem heraus anstatt zu sagen, dieser oder jener Mensch ist orange oder ist schon gelb.

Wenn Menschen allerdings leiden und Hilfe und Unterstützung suchen, um an ihrer Persönlichkeit zu arbeiten und etwas in ihrem Leben verändern wollen, geht es auch darum genau festzustellen, worunter sie leiden und wie sie dann Veränderungen einleiten und fördern können. Analysieren und möglichst genaues Erkennen von Hindernissen und Blockaden in jedem W-Mem ist also unbedingt erforderlich.

Es geht mir ja in diesem Buch besonders um die Folgen der starken schamauslösenden Erschütterungen, die der Mensch im Laufe seines Lebens erfahren hat und so will ich auch untersuchen, welchen Einfluss diese Verletzungen des Ich-Selbst auf die W-Meme und letztlich auf die Spirale der Entwicklung haben können. Es geht also erst einmal darum, die negativen Auswirkungen der Beschämungen in jeder Stufe der Entwicklung also in jedem W-Mem zu erkennen, um zu verstehen, wie die entsprechenden Leidenszustände und Schwierigkeiten im Leben aussehen können. Wichtiges Ziel sollte eben sein, dass die W-Meme möglichst offen sind und dadurch ein Fließen auf der Spirale hoch und runter möglich wird. Jedes W-Mem hat also positive Anteile und auch negative. Ken Wilber beschreibt das folgendermaßen:

> *„Jede Ebene/Stufe hat gesunde und ungesunde Manifestationen, gemessen am Grad der Integration, die strukturell auf dieser Ebene erreicht werden kann. Es gibt relativ gesundes und ungesundes Rot, Blau, Orange, Grün, Gelb usw. Und daher gibt es zusätzlich zu den gesunden Manifestationen, auch das miese rote, blaue, orange Mem"*[3]

Wir haben es hier also mit einer Haltung zu tun, die meiner Auffassung nach die Grundlage jeder psychotherapeutischen und jeder allgemeinen Veränderung des Menschen bildet. Einerseits die wertfreie Annahme und Akzeptanz dessen, was ist, also ein Geltenlassen allen Seins, und andererseits die Unterstützung und Förderung des Wandels und des Loslassens also auch der Veränderung dort wo Offenheit, Fließen und Bewegung notwendig ist. In den Selbsthilfegruppen des 12 Schritte Programms gibt es den sogenannten Gelassenheitsspruch. Der lautet etwa so: „Gott gebe mir die Gelassenheit. Dinge anzunehmen, die ich nicht ändern kann, den Mut Dinge zu ändern die ich ändern kann und die Weisheit, das eine vom anderen zu unterscheiden".

Es geht für den Menschen also darum, die verschiedenen Stufen des Bewusstseins in der Spirale zuzulassen d. h. erleben zu können, so wie sie in bestimmten Lebensbereichen zu einer bestimmten Zeit notwendig erscheinen. Die äußere Situation, in der man sich gerade befindet, also die Rahmenbedingungen, bestimmen gewissermaßen, welches W-Mem erforderlich ist, um sich angemessen zu verhalten. Dies kann durch bewusstes Entscheiden und Handeln geschehen, also beispielsweise versuche ich, durch Regeln oder einer gewissen Disziplinierung Ordnung in aggressives und chaotisches Verhalten einer Gruppe Jugendlicher zu bringen. Hier interveniere ich aus dem blauen W-Mem heraus in einer Situation, in der die Betroffenen aus dem roten W-Mem heraus agieren. Eine andere Szene wäre die, in der ich in einem Fußballspiel all meine Kraft einsetze, um den Ball zu erobern oder um ein Tor zu schießen. Dieses Handeln aus dem roten W-Mem heraus würde natürlich ohne Überlegungen ganz spontan geschehen. Grundsätzlich ist also diese Bewegung auf der Spirale, dieses Fließen des Bewusstseins oder diese Flexibilität aber nur möglich, wenn die W-Meme relativ offen sind.

Die Autoren von Spiral Dynamics unterscheiden drei unterschiedliche Zustände des Veränderungspotenzials von W-Memen, die sich auf einer kontinuierlichen Skala von offen über blockiert bis hin zu geschlossen darstellen lassen.[4]

Bei Offenheit eines W-Mem-Systems, als der gesündesten Form mit den größten Anpassungsmöglichkeiten, wird von einer freien Bewegungsmöglichkeit in jede Richtung ausgegangen, je nachdem, wie sich verändernde Lebensbedingungen dies erforderlich machen. Offenheit bedeutet konstruktiver Umgang mit Hindernissen, ohne starre Gewohnheiten und festgefahrene Ansichten. Eine angemessene Flexibilität gehört dazu, ohne allzu schnell und sprunghaft verschiedene Verhaltensmuster einzugehen. Menschen in offenen Zuständen streben danach Zwänge aufzuheben, Negatives zu verändern und Fragen immer wieder neu zu stellen. Die Fähigkeit, zuhören zu können gehört genauso zur Offenheit, wie eine nicht wertende Haltung dem Leben gegenüber und eine deutliche Toleranz gegenüber Unterschieden. Menschen können sich also auf den verschiedenen Stufen der Spirale frei bewegen, wenn sie beispielsweise im purpurnen Mem auf einem traditionellen Dorffest tanzen und dann türkis an einem internationalen Tag der Erde teilnehmen. Offene Zustände können sich auch als Achtung vor einem Thema zeigen und nicht nur als umfassende Lebensart. So kann bei einem Menschen das Verhalten aus den verschiedenen W-Memen heraus, in seinem Geschäftsleben offen sein, in der Partnerschaft und in engen Beziehungen blockiert oder im religiösen Denken geschlossen.

Der blockierte Zustand eines W-Mems zeigt sich durch eine Art Festhalten am Bestehenden und dem Wunsch alles so zu lassen wie es ist. Veränderungen werden grundsätzlich eher vermieden, man will einfach das Beste aus dem machen, was schon besteht. Also man versucht, innerhalb der bestehenden Lebensbedingungen das Altbewährte immer wieder neu herzustellen. Blockierte W-Meme sind bei den meisten Menschen sehr üblich und gelten grundsätzlich als normal. Man richtet sich ein in dem Gewohnten und wenn überhaupt Veränderungen, dann bedeuten diese oft nur mehr desselben oder leichte Verbesserungen und Modifizierungen, die dann meist auch mit noch mehr Arbeit verbunden sein können. Aus diesem W-Mem heraus gibt es zwar Zugang zu den früheren Memen aber Bewegungen die Spirale hinauf gibt es nur sehr wenig. Obwohl die Aktivierung früherer Stufen in der Theorie von Spiral Dynamics zwar normalerweise als wertfrei zu sehen ist, da alle Ebenen des Bewusstseins in der Wertespirale eben gleichwertig sind, kommen aus psychologischer Sicht auch Regressionen häufiger vor. Das kann dann bedeuten, dass man beispielsweise in einer Prüfungssituation im Rahmen einer Ausbildung, in der es um Vernunft, Leistung und Anerkennung geht, ganz plötzlich und impulsiv aggressiv trotzig reagiert. Also in einer Szene, in der das orangene W-Mem gefragt ist, rutscht man aus Gründen der Abwehr und Vermeidung zurück ins rote W-Mem.

Wenn sich neue Herausforderungen durch veränderte Lebensbedingungen einstellen, also ein höheres W-Mem in der Spirale gefragt wäre, reagiert der Mensch in blockierten Zuständen eher mit Angst, Unsicherheiten und körperlichem Stress. Auch ein etwas starres, fixiertes oder tendenziell sogar zwanghaftes Festhalten am Muster eines bestimmten W-Mems, kann sich bei blockierten Zuständen einstellen und damit möglicherweise ein pathologisches Ausmaß erreichen. Ein flexibles Fließen auf der Spirale ist dann auch nicht mehr möglich.

Der schwierigste Zustand eines W-Mems wird als geschlossen bezeichnet. Im Zustand der Geschlossenheit ist das Denken deutlich eingeschränkt und eine Bewegung innerhalb der Spirale ist kaum oder nur sehr schwer möglich, da ja jede Flexibilität fehlt. Man reagiert überall gleich und es kommt kaum zu Anpassungsfähigkeiten bei der Entwicklung neuer Lebenssituationen. Ist ein Mensch in einem geschlossenen Zustand, ist sein innerer Drang extrem stark und es kommt nie zu einer Zufriedenheit denn die Forderungen und Erwartungen steigen ständig. Andere Positionen des Denkens oder neue Sichtweisen werden immer sofort abgelehnt. Absolutsetzungen des Eigenen und damit der Ausschluss von anderen, den Fremden, werden zur Regel. Bei Frustrationen oder auch in Situationen zu stark erlebter Bedrängung reagieren Menschen im geschlossenen Zustand mit Panik, Wut oder gar Gewalt. Hindernisse und Blockaden in den Stresssituationen können sehr schnell zu total unangemessenen Reaktionen führen wie Reizbarkeit und extreme Ausbrüche oder psychische Zusammenbrüche mit Körperreaktionen, Depressivität oder Suizidalität.

Traumatische Zustände, Zwanghaftigkeit und Perfektionismus können ebenso zum geschlossenen W-Mem gehören wie der Rückzug in die sichere Innerlichkeit des eigenen Schneckenhauses.

Wir können hier nun deutlich erkennen, dass Erschütterungen des Selbst, also starke schamauslösende Erfahrungen zum Verschließen des jeweiligen W-Mems des Bewusstseins führen können, oder sich bei weniger starken Erschütterungen Zustände von Blockaden ergeben. Die Zustände von Geschlossenheit der W-Meme zeigen nun eine sehr deutliche Übereinstimmung mit den psychologischen Beschreibungen des menschlichen Narzissmus, wie wir ihn als Zerrissenheit besonders im dritten Kapitel kennengelernt haben und im Extremfall als pathologisch ansehen müssen. Daraus folgt nun, dass wir einerseits die schweren Beschämungen in der roten Stufe des Bewusstseins als Basis des Narzissmus sehen müssen, da die Entwicklung des roten W-Mems genau in der Zeit der frühkindlichen Entwicklung liegt, in der die Entstehung der Schwierigkeiten mit dem Narzissmus angesiedelt werden. Eine besondere Intensität des roten W-Mems oder ein starker Schwerpunkt dieser Stufe des Bewusstseins bedeutet also eine Ausprägung des Narzissmus. Aber auch die starken Erschütterungen des Selbst, also Beschämungen in allen anderen W-Memen, die ja zu starken Geschlossenheiten führen, fördern ebenfalls die Entwicklung eines negativen Narzissmus. Anders ausgedrückt, ein Schwerpunkt im roten W-Mem und dieses W-Mem zusätzlich auch noch relativ geschlossen bedeutet „mieses rotes Mem", also negativer pathologischer Narzissmus.

Denken wir kurz an die vier Bestrebungen des Holons Selbst wie Wilber sie beschreibt, so können wir eine ausgeprägte Egozentrik also den pathologischen Narzissmus vor allem dann erkennen, wenn die Ausprägung des Selbsterhaltungsbestrebens besonders stark ist und es dann auch zu plötzlichem Wechseln von extremer Selbsterhaltung zu extremer Selbstanpassung kommt. Auch besonders starke Spannungen zwischen allen vier extremen Bestrebungen können Hinweise auf pathologischen Narzissmus sein. In jedem Fall fehlt also eine innere Balance, eine relative Ausgeglichenheit oder eine grundsätzliche Spannungstoleranz.

Wenn wir uns jetzt wieder ein durchschnittliches Werteprofil eines Menschen anschauen, dann können wir in Bezug auf das Thema Beschämung zu folgender Einschätzung kommen. Nehmen wir an jemand lebt besonders häufig in seinem orangenen W-Mem und dann folgen Blau und als drittstärkstes Rot. Das orangene W-Mem ist also am häufigsten und stärksten geschlossen und somit kam es in der Phase der Entwicklung dieser Stufe des Bewusstseins, also etwa vom 8. Lebensjahr an und dann in der ganzen Pubertät, zu den häufigsten oder stärksten Beschämungen. Der Narzissmus zeigt sich hier in häufigen Geschlossenheiten dieses W-Mems, also in den übertriebenen Erfolgs- und Leistungsorientierungen, einer besonders vernunftorientierten, überfunktionstüchtigen Haltung oder auch einer übertriebenen Neigung zur Intellektualisierung und im Perfektionismus also allgemein beispielsweise in einer Art Anerkennungssucht. Die Grenze, wo ein solches orangenes W-Mem beginnt, ein mieses Mem zu werden, ist nicht leicht zu ziehen, da dies etwas damit zu tun hat, ab wann das entsprechende Verhalten des betroffenen Menschen von ihm selbst oder/und seiner Umwelt als hinderlich, störend oder gar krank definiert wird. In diesem Beispiel könnte vielleicht als zweitstärkstes die Muster des blauen zielgerichteten W-Mems und dann die Muster des roten macht- oder eroberungsorientierten W-Mems zu erkennen sein.

In einem anderen Beispiel hat jemand das stärkste W-Mem in Rot und dann folgen Blau und Orange. Hier können Macht und Beherrschen, Aggressivität und trotzige Wut also Erobern die vorrangigen Verhaltensmuster sein. Es handelt sich dabei dann um einen klassischen Narzissten, der in der roten Entwicklungsphase wohl die stärksten schamauslösenden Erschütterungen des Holons Selbst erlebt hat. Durch diese extrem starken Beschämungen kam es also zu einer Überbetonung des Bestrebens nach Selbsterhaltung in der Qualität von Macht und Erobern. Auch hier kann es natürlich zum plötzlichen Wechsel in das Bestreben zur extremen Selbstanpassung kommen oder durch die allgemeine Brüchigkeit, also Fragilität des Holons Selbst auch in plötzlich auftretende Zustände von Selbstauflösung. Auch hier sprechen wir nur von einem miesen W-Mem, wenn die Muster der Wut und Macht oder des Beherrschens für den Betroffenen selbst oder anderen in seiner Umgebung als destruktiv, störend und belastend erlebt werden.

Fassen wir zusammen. Die natürlichen und normalen Bewegungen auf der Spirale nach unten und nach oben sind besonders gut möglich, wenn die W-Meme grundsätzlich eher offen sind. Wenn W-Meme häufiger blockiert sind, wie es ja bei den meisten Menschen in der Regel der Fall ist, gibt es natürlich Beeinträchtigungen des freien Flusses auf der Spirale. Für die offenen Zustände müssen Menschen bewusst etwas tun, sie arbeiten dann daran eine gewisse Offenheit im Denken und Fühlen zu entwickeln oder zu erhalten. Menschen mit eher blockierten Zuständen oder W-Memen und das sind die meisten von uns, richten sich eher in ihren Lebenssituationen ein und geben sich dem Gegebenen hin, ohne sich gerne auf neue Entwicklungen einzulassen.

Sind jedoch immer wieder W-Meme in einem geschlossenen Zustand, so werden die fließenden Bewegungen des Bewusstseins entsprechend dieser Häufigkeit von geschlossenen Zuständen und des jeweiligen Grads der Geschlossenheit immer schwieriger und seltener. In drastischen Situationen dieser Art gibt es keine Bewegung mehr und der Mensch erstarrt in dem entsprechenden Verhalten und den dazugehörigen Gedanken und Gefühlen. Sein Denken und auch sein Verhalten wirken dann nicht mehr beweglich, flexibel oder relativ und immer veränderbar, sondern bekommt den Charakter von absolut, starr oder gar fanatisch.

Wenn ein Mensch in seinem persönlichen Werteprofil nun ein herausragendes W-Mem aufweist, so kann auch eine Bewegung, also ein natürliches Fließen auf der Spirale beeinträchtigt sein, da dieses besonders ausgeprägte W-Mem ja möglicherweise auch häufig geschlossen ist. Allerdings ist hier Vorsicht geboten, denn Schwerpunkte von zwei oder drei besonderes häufig auftretenden W-Memen im individuellen Profil zu haben, oder gar ein herausragendes W-Mem, bedeutet noch nicht, dass diese negativ zu werten sind. Denn die Farben sind ja grundsätzlich gleichwertig. Die Häufigkeit oder Intensität der W-Meme bei einem Menschen sind ja nur ein klarer Hinweis auf einen entsprechenden Persönlichkeitstyp oder auf einen spezifischen Charakter und sagt noch nichts über schwierig, negativ oder gar krank aus. Es wäre in diesen Fällen also immer sehr sorgfältig zu prüfen sein, inwieweit diese häufig erlebten W-Meme wirklich geschlossen sind und wie stark diese Muster eines geschlossenen und im Profil herausragenden Mems von dem betreffenden Menschen selbst oder seiner Umwelt als völlig unangemessen und störend angesehen werden.

Beispielsweise kann jemand einen auffallend deutlichen orangenen W-Mem in sich tragen und er ist dann einfach sehr erfolgsorientiert, intellektuell, optimistisch und risikofreudig.

Erst wenn solche Verhaltensmuster ihn selbst und andere schwer beeinträchtigen und zu Leidenszuständen führen, können wir von einem miesen orangenen Mem sprechen. Die miesen Mems sind es ja letztendlich, unter denen Menschen leiden und die oft auch eine Bewusstseinsveränderung und eine positive Entwicklung in der Gesellschaft negativ beeinflussen.

Im nun folgenden letzten Teil dieser Arbeit geht es mir um die menschliche Entwicklung allgemein und natürlich um die Genesung vom Leiden der Menschen.

TEIL III

SPIRALE DER WANDLUNG

11. Der Fluss der Entwicklung

„Jede durch einen Entwicklungsfortschritt bedingte Verlagerung des Schwerpunktes bedeutet, dass das Selbst sich nicht mehr mit der Grundstruktur dieser Stufe identifiziert (dass es letztlich für diese Ebene gestorben ist, sich von dieser Ebene ent-identifiziert, diese Ebene transzendiert hat) und in der neuen tieferen und weiteren Bewusstseinssphäre der nächsten Stufe wiedergeboren wird"
(Ken Wilber)[1]

Die verschiedenen Leidenszustände, wie ich sie im ersten Teil des Buches dargestellt habe, können also immer als Folge der Erschütterungen des Selbst betrachtet werden, und diese haben grundsätzlich auch Scham ausgelöst, weil Scham eben der Zustand ist, den Menschen erleben, wenn sie in ihrem Selbst-Sein absolut verunsichert, verwirrt oder irritiert sind, das Selbst sich also auflöst, zerfließt oder zusammenbricht. Das menschliche Einheitserleben von dem reinen Körpersein, das nicht veränderbar ist und dem Geistsein, das immer etwas verändern kann, geht in dem Zustand der Desorganisation verloren.[2] Das ist die Scham, der plötzliche Verlust dieses Einsseins. Es ist ein unerwartetes und schockartiges Erleben des Verlusts einer inneren Kohärenz. Ich bleibe bei der Bezeichnung Erschütterung, da mir dieser Begriff besonders geeignet scheint, das Erleben von außen, also die erlebte Verletzung und das innere Erleben bzw. die innerpsychischen Folgen zu beschreiben.

Bevor sich das menschliche Bewusstsein beim Kleinstkind entwickelt hat, gibt es auch entsprechende Erfahrungen, die als Schockzustände, physiologisches Erschrecken oder als andere Schreckenszustände prägend sind für die psychische Entwicklung des Menschen. Hierbei handelt es sich um vorgeburtliches Erleben oder auch um Erfahrungen während oder direkt nach der Geburt. Wenn wir die Erlebnisse und die Erkenntnisse verschiedenster sehr aufdeckender Therapieverfahren berücksichtigen, dann wird sehr deutlich, dass solche Erschütterungen, die ich als physiologische Schreckenszustände sehe, erste Prägungen sind, die als

Grunderfahrungen dienen und die dann später im Leben zu konkreten Schamzuständen werden können. Das bedeutet, dass es sich um Vorerfahrungen handelt, die entweder durch positive Erfahrungen kompensiert, also ausgeglichen werden können oder durch weitere verletzende Erfahrungen, die als Erschütterungen des sich gerade entwickelnden Ichs gesehen werden müssen dann zu Protoscham oder noch später zu Scham führen. Sehr oft sind immer wieder sehr ähnliche Erfahrungen von Schmerz und Schrecken die Regel, sodass die Beschämungen weiter prägend für den betreffenden Menschen werden. Es handelt sich dabei also um einen Prozess der Schamentwicklung oder auch um die Schamgeschichte eines Menschen. Diese Erschütterungen kann es dann natürlich in der ganzen Kindheit geben, und da sich die Entwicklung des Menschen im ganzen Leben fortsetzt, können sie auch später im erwachsenen Leben auftreten. In der Spirale des Bewusstseins habe ich die verschiedensten Auswirkungen, unter denen Menschen dann leiden können, entsprechend des Farbcodes nach Spiral Dynamics genauer dargestellt. Aus der Sicht einer Integralen Theorie wird die Spirale allerdings nur als eine Linie der Entwicklung gesehen, und zwar als Linie der menschlichen Werte, bei der man sich die Frage stellt: „Was ist wichtig für mich“. Ken Wilber und andere Forscher benutzen auch jeweils einen Farbcode für die Entwicklungsspirale, die sich allerdings nur zum Teil mit dem Code von Spiral Dynamics decken und teilweise auch um einige Farben erweitert werden.[3]

Besonders Ken Wilber stellt ja in der Integralen Theorie die Erkenntnisse und Ergebnisse aus den verschiedenen Forschungen und Theorien der unterschiedlichsten Wissenschaftsbereiche zusammen. In seiner sehr ausführlichen Arbeit benennt er also neben der Linie der Werte, die nach seiner Auffassung Spiral Dynamics behandelt, noch andere Entwicklungslinien von denen ich hier nur einige kurz erwähnen möchte.[4]

- *Die kognitive Linie (Wahrnehmung dessen was ist)*
- *Die emotionale Linie (Das Spektrum der Emotionen)*
- *Die zwischenmenschliche Linie (Wie begegnen wir uns)*
- *Die moralisch oder ethische Linie (Wahrnehmung dessen was sein sollte)*
- *Die ästhetische Linie (Selbstausdruck, Schönheit, Kunst und gefühlter Sinn)*
- *Die spirituelle Linie („Geist“ als eigene Entwicklungslinie)*

Wenn wir Wilber folgen, könnten wir also für jede Entwicklungslinie eine eigene Spirale darstellen und dies wäre eine genaue Differenzierung. Ich benutze allerdings die Spirale des Bewusstseins nicht nur als Wertespirale, wie sie etwas eingeschränkt Wilber im Rahmen einer Integralen Psychologie sieht, sondern wohl eher so wie die Begründer von Spiral Dynamics, als grundsätzliche Beschreibung eines „spiralförmigen Prozesses der Psychologie der menschlichen Natur".[5] Also in meiner Darstellung der Spirale geht es um eine allgemeine psychische Entwicklung, in der sich die verschiedenen Entwicklungslinien auch zusammenfassen lassen. Diese deutlich weniger differenzierte Nutzung des Modells Spirale halte ich für unseren Zweck in diesem Buch für sehr sinnvoll und auch für ausreichend.

Wir können die durch die Erschütterungen entstandenen Leiden aber auch als bestimmte Zustände des Holons Selbst oder als Spannungen zwischen den vier Bestrebungen des Holons entsprechend beschreiben, und ich werde dies in den folgenden Kapiteln, in denen es um persönliches Wachstum und individuelle Veränderungen geht, auch immer wieder mal tun.

Ken Wilber spricht besonders in seinem Buch über die Integrale Psychologie von den Drehpunkten in der Entwicklung des Selbst und meint damit so etwas wie Höhepunkte oder Meilensteine einer Entwicklung, die darin besteht, sich mit einer Ebene zu identifizieren, sich dann von dieser Identifizierung loszulösen, um sie zu transzendieren. Dann wird diese Ebene eingeschlossen und von einer nächsthöheren Ebene integriert.[6] Dieser Prozess ist vergleichbar mit der Entwicklungsspirale der W-Meme, die ich schon vorgestellt habe.

Ich werde deshalb die ersten sechs Drehpunkte (D0 –D5) in Verbindung setzen mit den ersten sieben W-Memen der Spirale der Entwicklung und das Lebensalter des Kindes hinzufügen, in denen die entsprechenden Erschütterungen des Selbst erlebt werden können.

- *D0, instinktiv, reaktiv/ beige, Erschütterungen vor, während und kurz nach der Geburt*
- *D1, magisch, animistisch/ purpur, im ersten Lebensjahr*
- *D2, noch magisch, animistisch/ purpur , etwa ab neunten Lebensmonat bis ins dritte Lebensjahr*
- *D3, egozentrisch/ rot und auch zielgerichtet/ blau, etwa ab drittes*

Lebensjahr bis zum sechsten Lebensjahr, blaues W-Meme auch in der Zeit bis Pubertät

- *D4, leistungsorientiert/orange, achtes bis zehntes Lebensjahr und auch bis in die Pubertät*
- *D5, relativistisch, pluralistisch/grün und integral/gelb, nicht mehr genau zeitlich festzulegen aber im Prozess des Erwachsenwerdens und im Erwachsenenalter.*

Es wird hier deutlich, dass es keine genauen Übereinstimmungen der Drehpunkte von Wilber und der Entwicklungsspirale gibt, dennoch ist entscheidend, dass es sich um vergleichbare Prozesse der Entwicklung handelt.

Zwei weitere sehr interessante Konzepte der Entwicklung psychischer Leidenszustände stammen von Stanislav Grof, bei dem ich einige Fortbildungsseminare besucht habe und den ich auch in einer persönlichen Begegnung kennengelernt habe. Seine Konzepte erscheinen mir besonders hilfreich, um meine Auffassungen und meinen Ansatz noch ausführlicher zu erklären und zu beschreiben. Grof ist ein wichtiger Vertreter der Transpersonalen Psychologie und Psychotherapie, der außerordentlich viele Erfahrungen aus der Psychotherapie mit LSD und später dann mit einer Atemarbeit gemacht hat, die er holotropes Atmen nennt. Die immer wieder beobachteten Erlebnisse die Menschen hatten, die in dieser sehr intensiven und karthatischen Therapie ihre eigene Geburt wiedererlebten, brachten ihn dazu, das Konzept der Perinatalen Grundmatrizen (PGM) zu entwickeln und für die Erlebnisse aus dem biografischen Bereich prägte er den Begriff der COEX-Systeme.[7]

Die vier perinatalen Grundmatrizen, die Grof beschreibt, betreffen vier Stadien der tatsächlichen, biologischen Geburt, die Menschen in der Therapie immer wieder erlebt haben. In diesen vier Phasen des Erlebens der eigenen Geburt werden jeweils ganz spezifische Emotionen, Körperempfindungen und Bilder erlebt, die Grof dann zusammenfasst und als Grundmatrizen bezeichnet. Diese Erlebnisse vor, während und kurz nach der Geburt können gewissermaßen als sogenanntes Geburtstrauma früheste Prägungen bilden und dadurch großen Einfluss auf das spätere Leben des Individuums haben. Natürlich sind solche Erlebnisse der Geburt nicht alleine verantwortlich für die Entwicklung der Persönlichkeit und sie können sehr oft durch andere Erfahrungen in der ganzen Kindheit kompensiert also ausgeglichen werden. Dennoch können diese Geburtserfahrungen gewissermaßen den Grundstein legen und sie bilden dann im Fall von starken Erschütterungen ein erstes Hindernis des frühesten W-Mems und so können sich schon in der beigen Bewusstseinsstufe Blockaden und geschlossene Zustände ergeben. Sehr verkürzt will ich hier die emotionale Bedeutung der Matrizen die er später auch Basic Perinatal Matrices (BPM) nennt, wenigstens erwähnen, da sie auch eine Bedeutung haben für die Erschütterungen die später zu Schamgefühlen führen können.

Matrix I (Urverbindung mit der Mutter)

Bei ungestörter intrauteriner Existenz sind ozeanische, ekstatische Gefühle, also reine Glücksgefühle, nur positive Verschmelzungsgefühle, Gefühle des Einsseins, also kosmische Verbundenheitsgefühle, mit dieser Matrix verbunden. Bei gestörter embryonaler Existenz und Störungen kurz vor der Geburt, also einem „schlechten Mutterschoß", gehören unbestimmte Gefühle von dunklen Gefahren und schrecklichen Bedrohungen oder Schreckenszuständen mit Verzweiflung dazu. Es sind dies existenzielle Erschütterungen, die gewissermaßen Vorzustände sind, die die Bereitschaft später Scham zu erleben deutlich erhöhen.

Matrix II (Kosmisches Verschlungenwerden und Ausweglosigkeit)

In dieser ersten Phase der klinischen Geburt sind Druckgefühle, Sog, Engegefühle sowie panische oder paranoide Ängste die Gefühle die bei einer Fixierung an diese Matrix typisch sind. Es können auch klaustrophobische Ängste, Einsamkeit, Schuld oder existenzielle Verzweiflung als Prägung bestehen bleiben. Derartige Erschütterungen die als Körpererinnerungen gespeichert werden, erhöhen natürlich die Möglichkeit späterer Schamentwicklung deutlich.

Matrix III (Der Kampf um Tod und Wiedergeburt)

In diesem Geburtsstadium bewegt sich das Baby im Geburtskanal und es kann zu extremen Druck und Schmerzen kommen, dazu gehören überwältigende, unkontrollierbare Ängste z. B. Erstickungsängste. Aggressionen, Wut, Kampf und extremste kriegerische Gewalt können hier ihren Ursprung haben. Auch dies sind natürlich früheste Erschütterungen die die Wahrscheinlichkeit späterer Schamentwicklung verstärken.

Matrix IV (Die Erfahrung von Tod und Wiedergeburt)

Hierbei geht es um die dritte Phase der klinischen Geburt, dem eigentlichen Austritt aus dem Geburtskanal. Nach meiner Erfahrung handelt es sich dabei um ein spirituelles Erleben von Befreiung und ans Licht kommen wenn man diesen Prozess durchlebt. Grof schreibt: „Da der Fötus während des Geburtsvorgangs komplett eingezwängt wird und keine Möglichkeit hat, seine extremen Emotionen auszudrücken und auf die intensiven physischen Empfindungen zu reagieren, bleibt die Erinnerung psychologisch unverdaut und kann nicht assimiliert werden“.[8] Dies sind dann die Körpererinnerungen der existenziellen Erschütterung, die dann später wieder verstärkt zur Schamentwicklung führen können. Beim Wiedererleben und vor allem vollständigem Durchleben der Gefühle aller Matrizen und im Rahmen dieser Matrix IV vor allem von Schmerz und Wut kommt es zu einer Art Ich-Tod. Das kann bedeuten, dass es nach dem Durchleben und einem vollständigen Geltenlassen von einer möglicherweise schrecklichen Art von Sterben – und endgültigem Loslassen – zu tiefen Erlebnissen von archetypischem, göttlichem Licht, ekstatischer Verzückung, kosmischen Alles-ist-Eins oder absolutem Glück und Lebensfreude kommt und das ist dann wie eine absolute Erlösung und Wiedergeburt.

Neben den Geburtserfahrungen und den vielen biografischen Erlebnissen beschreibt Grof auch die unterschiedlichsten transpersonalen Erlebnisse und Erfahrungen von Transzendenz, die er seit Jahrzehnten bei vielen tausend Menschen in seiner Arbeit beobachten konnte. Auch das gerade beschriebene Erleben von Tod und Wiedergeburt können wir so verstehen. Festzuhalten ist aber, dass es sich bei solchen Erfahrungen, die auch mystische Erfahrungen genannt werden, immer nur um Augenblickserfahrungen von Zuständen handelt, wie ich sie in Kapitel 8 für das Holon Selbst beschrieben habe, niemals um neue Stufen oder Ebenen des Bewusstseins.

Fassen wir zusammen, in welcher Art Grofs Darstellungen der perinatalen Grundmatrizen mit unserem Thema zu tun haben. Schwierigkeiten, Störungen oder Komplikationen bei der Geburt können bei jedem Menschen zu mehr oder weniger starken emotionalen Prägungen führen, die selbstverständlich als sehr frühe Erschütterungen Auswirkungen haben auf die Bereitschaft später Schamgefühle und spezifische Schamkonflikte zu entwickeln. Ja, wir können sogar sagen, dass die Scham auch hier ihren Ursprung hat. Wir haben schon gesehen, dass ein Zurückgeworfen-werden des Menschen auf sein reines Körper-Sein zur Scham führt. Ein Zusammenbruch seines geistigen Seins, seines Vernunft-Selbst und damit der Verlust dieser Kohärenz seiner Identität, macht die Scham aus. Eine andere Auffassung ist die von Imre Herman, die Serge Tisseron ausführlich dargestellt hat.[9] Sie besagt, dass der Mensch, wie alle Primaten, über den Instinkt des Sich-Anklammerns verfügt und diesen jedoch nicht befriedigen kann. Ein vorzeitiges Verlassen des Mutterschoßes bedeutet für den Menschen die Notwendigkeit, andere Bindungen zu entwickeln, und es ist der Beginn aller menschlichen Gesellschaft. Der Mensch wird sozusagen grundsätzlich zu früh geboren, und damit auch unvollendet, und dies macht wieder deutlich, wie wichtig jede Art und jede Qualität von Bindung, Verbundenheit und auch Bezogenheit für den Menschen ganz allgemein ist, und welche große Bedeutung sie direkt bei und nach der Geburt hat. Scham wird so auch verstanden als Angst vor dem „Fallengelassen-Werden“ und jede Störung, Beeinträchtigung während des Geburtsprozesses verstärkt die menschliche Neigung zu Schamgefühlen.

Oft sind solche Geburtskomplikationen allerdings nicht so extrem stark, dass sie als wichtige Ursachen psychischen Leids angesehen werden müssen oder sie werden durch später folgende positive Erlebnisse von Liebe und Fürsorge und von Akzeptanz, Achtung und Anerkennung relativ gut kompensiert. Ich habe in diesem Zusammenhang schon von „überwiegend gutem Blick" und vom „Glanz im Auge der Mutter und des Vaters" gesprochen. Dennoch müssen wir wohl sehen, dass eine Neigung zu Schamgefühlen mehr als normalerweise angenommen wird mit den sehr frühen Störungen der Bindung und Verbundenheit im Zusammenhang mit der Geburt zu tun haben.

In Anlehnung an Grof bin ich also auch der Überzeugung, dass verletzende, schmerzliche oder gar traumatisierende Erfahrungen aus der Zeit vor der Geburt, während der Geburt sowie nach der Geburt und in der ganzen Kindheit als Ursachen für menschliches Leid angesehen werden können. Die Folgen dieser fortlaufenden Verletzungen und Erschütterungen werden in der Spirale der Entwicklung und in den Drehpunkten von Ken Wilber als miese oder auch als geschlossenen W-Meme und als Störungen in den Drehpunkten beschrieben. Wilber sieht die verschiedensten Pathologien als Störungen der spezifischen Drehpunkte.

Grof spricht nun von COEX-Systemen und meint damit Systeme verdichteter Erfahrungen, die er auch als emotional stark befrachtete Erinnerungen aus verschiedenen Lebensabschnitten mit den dazugehörigen Fantasien sieht. Es geht also darum, dass die verletzenden oder erschütternden Erfahrungen aus der Zeit vor der Geburt bis ins Erwachsenenalter zu einem Themenkomplex gehören oder zusammengefasst werden können und so möglicherweise immer wieder mit gleichen oder ähnlichen Gefühlen, psychischen Inhalten und speziellen Themen zu tun haben. Stellen wir uns beispielsweise heftigste, lautstarke und erschütternde Erlebnisse eines Fötus im Mutterleib vor und dann folgt eine starke Prägung in der Phase der Geburt der Matrix III, so könnte Wut und eine Neigung zu Kampfverhalten mit der dazugehörigen Tendenz zur Schamentwicklung bei diesem Kind schon von der Geburt her gewissermaßen angelegt sein. Danach kämen bei diesem Kind vielleicht besonders starke Erschütterungen in den W-Memen purpur und rot hinzu oder nach Wilber Störungen in den Drehpunkten D2 und D3, und so können wir davon ausgehen, dass narzisstische oder Borderline Zustände und Zerrissenheiten die Folge sind. Natürlich mit den für diese Mechanismen typischen Schamkonflikten. Weitere Erschütterungen in vergleichbarer Art, die im Laufe des Lebens hinzukommen, bilden dann gemeinsam mit den gerade beschriebenen schmerzlichen Erfahrungen ein typisches COEX-System.

Die schmerzlichen Erfahrungen und Erschütterungen des Selbst sind also nicht starr und isoliert oder als einzelne zeitlich genau festzulegende Erlebnisse und Traumatisierungen zu Ursachen des menschlichen Leids geworden, sondern es handelt sich dabei immer um einen Fluss um eine fortlaufende Bewegung von Erfahrungen, die als Entwicklung gesehen wird. Egal ob wir von Spirale oder COEX-System sprechen, entscheidend ist immer das fortlaufende Fließen der Selbst-Entwicklung. So ist es nun auch mit der Schamentwicklung. Diese hat immer zu tun mit den immer wiederkehrenden Erschütterungen des Selbst und je früher im Leben, je häufiger und stärker diese Irritationen und Desorganisationen auftreten, desto stärker hat der Mensch in seinem Leben mit Schamkonflikten zu tun.

12. Die Arbeit mit inneren Einstellungen

„Ein glücklicher Mensch ist autonom, erfolgreich, fehlbar, fähig Dinge aus der richtigen Perspektive zu sehen, fähig, Liebe zu geben und anzunehmen, Bedürfnisse auszudrücken und diese Bedürfnisse in einer verantwortungsvollen Art und Weise zu befriedigen."
(Daniel Harold Casriel)[1]

Im Folgenden werde ich mich mit den Möglichkeiten menschlicher Veränderung und Endwicklung des Menschen oder mit Schritten der Genesung von psychischem Leiden beschäftigen. Ich stelle hier ein Konzept vor, das ich als Gruppentherapie etwa siebzehn Jahre im stationären Rahmen angewendet habe und in Seminaren ambulant immer noch anbiete. Im Rahmen meiner Tätigkeit als leitender Psychologe und Psychotherapeut in einer Psychosomatischen Klinik habe ich diese Gruppentherapie anfangs unter dem Namen Einstellungsgruppe aus dem Konzept der Bonding-Psychotherapie übernommen, wie sie im Bad Herrenalber Modell angewendet wurde. Im Rahmen dieser Arbeit die lange Zeit auch New Identity Prozess (NIP) genannt wurde, gibt es sogenannte „heilsame Einstellungssätze", die unter folgenden Überschriften aufgelistet wurden: „Ich bin berechtigt", „ich brauche", „ich bin ich", „ich lebe" oder „ich bin da".[2]

Die Arbeit mit inneren Einstellungen ist jedoch aus verschiedenen therapeutischen Methoden und Verfahren bekannt, auch wenn die Bezeichnungen solcher Techniken und Interventionen oft sehr unterschiedlich sind. Es geht eigentlich immer darum, gelernte Verhaltensmuster, Lebenseinstellungen oder Schemata, die krankmachend sind, und die durch die seelischen Erschütterungen entstanden sind, zu erkennen und dann zu verändern.

Manchmal sind es unbewusst gelernte innere Antreiber, Lebensskripte oder eben innere Einstellungen, die sich oft durch spezifische Sätze, auch Glaubenssätze genannt, kennzeichnen lassen. Ich werde solche Sätze jetzt Einstellungssätze nennen, wie ich es aus dem NIP übernommen habe, denn um den Wandel dieser innerer Einstellungen geht es ja dann in meiner Arbeit. Einige solcher Konzepte und therapeutische Verfahren, in denen es um diese krankmachenden Einstellungen und um ihre Veränderung geht, werde ich kurz vorstellen. Vor allem solche, die ich durch eigenes intensives Theoriestudium oder durch Selbsterfahrung und durch Fort- und Weiterbildungen persönlich kennengelernt und erfahren habe. Letztlich geht es in jeder Therapiemethode um die Wandlung solcher inneren Einstellungen, auch wenn die Art und Weise des Umgangs damit äußerst unterschiedlich sein kann und es auch nicht immer gleich erkennbar sein muss, dass es letztlich um eine solche Veränderung innerer Haltungen und Verhaltensweisen geht.

Ich beginne mal bei der Primärtherapie, die auch Urschreitherapie genannt wird und dem holotropen Atmen. In beiden Therapieformen werden unter anderem häufig Erfahrungen gemacht, die mit dem Wiedererleben der eigenen Geburt zu tun haben. Diese ersten Erschütterungen schon vor der Geburt und natürlich während der Geburt können zu ganz bestimmten körperlichen Erlebnissen führen, die später im Leben in begriffliche Vorstellungen übersetzt werden. Die Konzepte der perinatalen Grundmatrizen und des COEX-Systems von Stanislav Grof habe ich im vorherigen Kapitel bereits ausführlich dargestellt.

Die heftigen meist sehr intensiven und schmerzlichen Erfahrungen, die in diesen Therapien wieder durchlebt werden – und das können Erlebnisse aus der ganzen Kindheit oder Jugend sein –, sind natürlich verbunden mit sehr unterschiedlichen starken Gefühlen, und sie geben sehr klare und eindeutige Hinweise auf entsprechende Sätze, die die Funktion von Einstellungssätzen haben. Begriffliche Vorstellungen sind dann also innere Einstellungen und Haltungen gegenüber dem Leben.

Einige dieser Sätze die aus Janovs Primärtherapie stammen will ich hier kurz anführen: „Ich komme nicht weiter“, „Ich habe keinen Raum“, „Ich stehe unter Druck“, „Alles dringt auf mich ein“, „Ich werde vor Schmerz (Angst) gepackt“, „Ich ersticke“, „Ich fühle mich hin- und hergerissen“, „Mich hungert nach Liebe“, „ Ich fühle mich so leer“.[3]

Dies sind Sätze, die so oder ähnlich in der regressiven oder kathartischen Therapie erlebt wurden und aus denen dann später Sätze werden, die als innere Handlungsanweisungen oder eben Einstellungssätze bezeichnet werden können. Ich selbst hatte die Gelegenheit an solchen Therapien teilzunehmen und werde im folgenden Kapitel auf meine Erfahrungen kurz eingehen.

Aus der Transaktionsanalyse und vor allem auch aus der Skriptanalyse kennen wir die Begriffe: Anweisungen, Antreiber oder Einschärfungen und Grundgebote. Auch hier einige Beispiele dieser Art von Sätzen: „Sei stark", „Sei perfekt", „Tu`s (dem Anderen) recht", oder „Versuchs noch mal". Als Grundgebote gelten z. B. „Sei nicht", „Lass dich nicht ein", „Schaffs nicht", „Gehöre nicht dazu" oder „werde nicht erwachsen". Hier wird dann meist mit sogenannten Erlaubnissen gearbeitet um solche Antreiber und Einschärfungen zu verändern oder deren Wirkung zu verringern oder außer Kraft zu setzen. Letztlich geht es auch hier darum, durch neue Einstellungen das sogenannte Lebensskript zu verändern.[4]

Von den etwas neueren Therapiemethoden will ich das EMDR erwähnen. Dieses Verfahren mit dem Namen: Eye Movement Desenzitisation and Reprocessing (EMDR) dient der direkten therapeutischen Bearbeitung von traumatischen Erfahrungen. Bei dieser Technik geht es auch um negative Selbsteinschätzungen und um Kognitionen, die durch das traumatische Erleben entstanden sind. Diese negativen Kognitionen, die ich für meine Arbeit als negative Einstellungen bezeichne, werden in der Arbeit durch positive Kognitionen ersetzt. Einige Beispiele dieser Kognitionen wie sie im EMDR beschrieben sind, will ich hier kurz vorstellen.

Negative Kognitionen	**Positive Kognitionen**
· *Ich bin hilflos*	*Ich habe jetzt Wahlmöglichkeiten*
· *Ich habe die Kontrolle verloren*	*Ich habe jetzt die Kontrolle*
· *Ich kann es nicht aushalten*	*Ich kann damit umgehen*
· *Ich kann mich nicht schützen*	*Ich kann (lernen) mich (zu) schützen*
· *Ich bin schuld (hätte etwas tun müssen)*	*Ich habe getan was ich konnte*
· *Ich bin schwach*	*Ich bin stark*
· *Ich bin nicht gut genug*	*Ich bin gut genug, verdiene es*
· *Ich muss perfekt sein (allen gefallen)*	*Ich kann ich selber sein (Fehler machen)*

Im Prozess der therapeutischen Sitzungen mit EMDR werden neben der Bearbeitung der Gefühle aus der traumatischen Situation Schritt für Schritt die negativen Kognitionen in positive Kognitionen d. h. in neue Einstellungen umgewandelt.[5]

Als letzte Methode, die ganz offensichtlich mit inneren Einstellungen arbeitet und eine ausführliche Theorie dazu entwickelt hat, will ich auf die Schematherapie hinweisen. In dieser sehr komplexen Methode ist auch von Kognitionen die Rede, aber auch besonders von Schemata und von Modi. Modi stehen für „aktuell aktivierte Erlebenszustände" und Schemata eher für „vorsprachliche Erinnerungen" – oder wie es bei Roediger auch heißt für: „kognitiv-sprachliche Essenz – früherer Erlebensweisen". Was in der Schematherapie Kognitionen genannt wird, sind am ehesten das, was ich hier in meiner Arbeit innere Einstellungen nenne.[6] Im Verfahren der Schematherapie geht es u.a. natürlich um die differenzierte Herausarbeitung und anschließende Bearbeitung der verschiedensten Schemata, Kognitionen und Modi.

Ich habe hier nur einige Therapieverfahren angesprochen, in denen explizit mit inneren Einstellungen gearbeitet wird, um deutlich zu machen, dass die Veränderung innerer Einstellungen immer in der Therapie eine wichtige Rolle spielt.

Nun also zurück zu der Gruppenarbeit über die ich hier berichte, die Einstellungsgruppe in einer Psychosomatischen Klinik. Da ich allerdings auch immer viele Menschen in dieser Gruppe begleitet habe, die unter sogenannten Ich-Strukturellen-Störungen, unter Posttraumatischen Belastungsstörungen oder schweren Persönlichkeitsstörungen litten, habe ich die Gruppe als Strukturgruppe bezeichnet.

Dieses methodische Vorgehen ist natürlich im Rahmen einer stationären Therapie, oder auch in mehrtägigen Gruppen, besonderes sinnvoll, denn eine gewisse emotionale Offenheit oder die Bereitschaft und Fähigkeit, emotional aufdeckend zu arbeiten, ist eine Voraussetzung für die besondere Wirkung dieses Vorgehens. Im stationären Setting wird natürlich oft erst an der Bereitschaft zur emotionalen Offenheit und an den strukturellen Fähigkeiten gearbeitet. Das kann bedeuten, dass beispielsweise die Fähigkeiten zur Affektdifferenzierung und der Affekttoleranz oder der Ausdruck von Gefühlen in der Arbeit mit inneren Einstellungen gerade erst erarbeitet werden muss. Genauso ist es auch mit den Fähigkeiten den eigenen Selbstwert emotional zu regulieren, mit den eigenen Gefühlen angemessen umzugehen und mit der Fähigkeit die Gefühle anderer differenziert wahrzunehmen.[7] Dementsprechend achtsam und verantwortungsbewusst, also in kleinsten und vor allem angemessenen Schritten ist dann im ambulanten Setting vorzugehen.

Meine Beobachtungen und auch immer wieder sehr eindeutige und klare Rückmeldungen von Teilnehmern dieser Gruppen, gerade noch nach vielen Jahren zeigen, dass die Arbeit mit den inneren Einstellungen auch dann hilfreich sein kann, wenn sich Menschen nicht oder nicht mehr im therapeutischen Setting befinden.

Ich werde in meinen Darstellungen immer wieder darauf hinweisen, in welcher Art Menschen an ihren Einstellungen arbeiten können, die selber an ihrer persönlichen Veränderung und Wandlung oder ihrer Selbsterforschung und ihrem persönlichen oder auch spirituellen Wachstum interessiert sind.

Wenn ich nun die praktische Arbeit in der Gruppe etwas genauer beschreibe, werde ich jede theoretische oder gar wissenschaftliche Diskussion vermeiden, und immer nur kurze Hinweise auf Konzepte und Theorien geben, denn das Buch ist ja nicht als ein Lehrbuch für Fachleute zu verstehen, sondern eher als ein Buch für alle Menschen, die sich für diese Art der persönlichen Veränderung interessieren.

Da es mir natürlich immer um psychologische/psychotherapeutische Inhalte geht, und ich als Psychotherapeut natürlich einen Wissens- und Erfahrungshintergrund mitbringe, werde ich die jeweiligen Hinweise auf Theorien, therapeutische Methoden und Konzepte in den Anmerkungen kenntlich machen. So bleibt dem fachlich interessierten Leser immer die Möglichkeit entsprechende Inhalte ausführlicher nachzulesen.

Grundsätzlich soll dieses Buch ja die Bedeutung von Scham und Schamkonflikten und die dazugehörigen seelischen Zerrissenheiten des Menschen zeigen, und dann eine mögliche Vorgehensweise beschreiben, mit diesen sehr unterschiedlichen Schwierigkeiten und Leidenszuständen konstruktiv und verändernd umzugehen. Ich werde auch in kurzen Beiträgen oder Hinweisen aus meiner eigenen Lebensgeschichte, meiner Selbsterforschung und letztlich meiner eigenen Persönlichkeitsentwicklung berichten, denn dann sind auch meine

Beschreibungen und Konzepte nicht nur theoretisch zu verstehen, sondern sie können vielleicht helfen die Spaltung zwischen Theorie und Praxis etwas zu verringern. Es geht mir ja auch darum, die Aufteilung zwischen gesund und krank etwas aufzulockern bzw. ganz aufzuheben und den Leser auch persönlich und menschlich zu berühren, was mir nun gerade bei dem Thema Scham außerordentlich wichtig wäre.

Nachdem ich nun noch kurz meine Vorgehensweise in einfachen Worten beschreiben werde, will ich daran anschließend in einigen Kapiteln die Anwendung bei den unterschiedlichen Schwierigkeiten, die ich im ersten Teil des Buches dargestellt habe beschreiben.

Die Arbeit ist zum großen Teil Einzelarbeit in der Gruppe, und eine eigentliche Gruppenarbeit kommt eher nur zu Beginn der Gruppe als Einstieg vor, oder sie wird während des Gruppenprozesses als Zwischenphase eingesetzt.

Die Gruppe beginnt mit einer gemeinsamen Imaginationsübung aller Teilnehmer, die erste diagnostische Erkenntnisse ermöglicht. Es gibt zwei Übungen, die ich in der Regel vorschlage, die beide in der Katathym Imaginativen Psychotherapie (KIP) angewendet werden. Die erste Imagination ist der sogenannte Blumentest, den ich schon im siebten Kapitel erwähnt habe und die zweite Fantasie ist die Übung Ich-Ideal.[8]

Bei dieser Imagination werden die Teilnehmer nach einer Entspannung gebeten, sich einen gleichgeschlechtlichen Vornamen einfallen zu lassen. Dann wird zu diesem Namen eine dazugehörige Person oder ein Wesen imaginiert, wobei es sich um eine dem Übenden bekannte Person, eine völlig unbekannte Person oder ein Wesen aus Märchen, Mythen oder um eine Figur aus einem Roman oder einem Film handeln kann. Die Person oder das Wesen wird dann ganz genau beschrieben, ausführlich und in allen Einzelheiten. Daran anschließend kann es in der Imagination zu einer Begegnung, zu einem Kontakt oder gar zu einem kurzen Dialog mit der Person kommen. Nach dieser möglichen Begegnung, die, wenn es bei den Teilnehmern überhaupt dazu kommen sollte, möglichst nicht zu lange dauern darf, wird die Imagination langsam beendet. In jeder Phase soll der Imaginierende auch sehr genau darauf achten, welche Gefühle bei ihm entstehen. Ich will hier keine Anleitung zur Imagination geben und meine Darstellung sollte auch in keinem Fall so verstanden werden, denn ich gehe davon aus, dass jeder erfahrene

Psychotherapeut sehr achtsam und vorsichtig, professionell-angemessen und verantwortungsbewusst mit Übungen dieser Art umgehen kann und seinen ganz eigenen Stil hat.

Für mich gab es immer mehrere Möglichkeiten, mit diesen Imaginationen in der Gruppe umzugehen. Man kann Partnerübungen vorschlagen, oder einige (oder auch alle) Teilnehmer teilen ihre Fantasie der Gruppe mit. Da die Übung einerseits als Einstieg in die Gruppenarbeit oder dem ersten Kennenlernen der Teilnehmer untereinander dienen soll und andererseits dem Gruppenleiter erste diagnostische Hinweise geben kann, ist es natürlich sehr dem Therapeuten überlassen, wie er genau vorgeht.

Bei beiden Imaginationsübungen kann es möglicherweise deutliche Hinweise auf bestimmte Persönlichkeitsanteile, auf Leidenszustände oder Störungsarten geben. Für meine spezielle Arbeit sind immer Hinweise auf Schamkonflikte, auf Instabilität des Ich-Selbst oder auf innere Zerrissenheiten sowie auch auf Borderline-Zustände oder histrionische Muster sehr bedeutend. Gerade in der Übung Ich-Ideal können sich Selbstwertthemen, Hinweise auf Anteile eines Größenselbst und auch andere Schamthemen und Schamkonflikte zeigen. Ich erinnere auch wieder an die „blaue Blume", die ja Hinweise auf mögliche romantische Ideale und damit auch auf histrionische Muster geben kann.

Nach diesen oder auch ganz anderen Übungen zum Kennenlernen oder zur Bildung einer gewissen Gruppen-Kohärenz, wird die Einzelarbeit mit den inneren Einstellungen beginnen.

Für die Einzelarbeit in der Gruppe benötigt der Gruppenleiter natürlich Informationen über den Betreffenden, aber noch viel wichtiger ist eine emotionale Begegnung zwischen beiden, denn nur dann, wenn eine gewisse emotionale Offenheit da ist, kann eine Wahrnehmung der Lebens- und Verhaltensmuster möglich werden. In einem kurzen Gespräch mit dem Patienten wird der Therapeut also die für ihn und für die Arbeit notwendigen Informationen erhalten und im Dialog kann auch so etwas wie Vertrauen und emotionale Offenheit entstehen. Grundsätzlich ist in diesem Gespräch allerdings ganz besonders darauf zu achten, dass es nicht zu weiteren Verletzungen der Würde kommt. Es sollte jedenfalls kein Zwang entstehen, persönlich zu sehr Belastendes in der Gruppe zu erzählen.[9]

Es ist immer wichtig, die schon vorhandene Scham oder die mögliche erneute Beschämung durch die Befragung und damit die Würde des Betreffenden zu berücksichtigen. Gerade hier ist darauf zu achten, dass die Fragen vorsichtig formuliert, rücksichtsvoll und einfühlsam gestellt werden und nur so gefragt wird, dass eine erneute Beschämung möglichst vermieden oder wenigstens nur in geringem Ausmaß vorkommt. Also Begriffe wie Achtsamkeit, kleine Schritte, wohldosiert und mit entsprechend viel Achtung, Wertschätzung und Mitgefühl bekommen hier natürlich ihre besondere Bedeutung.

Wenn dem Gruppenleiter der jeweils Übende aus anderen therapeutischen Settings oder Zusammenhängen gut bekannt ist und er über die notwenigen diagnostischen Informationen bereits verfügt, ist natürlich nur ein sehr kurzes Gespräch erforderlich, um negative Einstellungen und Verhaltensmuster zu erkennen. Ziel ist ja immer die möglicherweise krankmachenden Lebenspläne und Einstellungen zu erarbeiten. Durch die diagnostischen Imaginationen oder andere Übungen zu Beginn der Gruppe wird die Möglichkeit des Wahrnehmens solcher Muster weiter unterstützt und der Teilnehmer kennt natürlich seine Lebensmuster oft auch selber sehr genau. Letztlich ergeben sich aber aus dem Dialog zwischen Gruppenleiter und dem Übenden die wichtigen Erkenntnisse. Manchmal kann es sehr sinnvoll und hilfreich sein, wenn der Teilnehmer Rückmeldungen aus der Gruppe bekommt, wie er erlebt wird. Die Wahrnehmungen und auch Einschätzungen der anderen Gruppenmitglieder sind fast immer sehr passend und oft außerordentlich hilfreich. Manchmal kann es aber auch zu destruktiven Rückmeldungen kommen, die sogar wieder beschämend sein können. Ohne wiederum diese Rückmeldungen zu entwerten, kann der Gruppenleiter achtsam und einfühlsam auf beschämende und verletzende Rückmeldungen aufmerksam machen sanft korrigierend intervenieren.

Für mich als Therapeut ist natürlich umfassendes Hintergrundwissen erforderlich, um Psychodynamik und Persönlichkeitsanteile zu verstehen und einzuordnen. Neben den verschiedenen Störungsmustern, die ich im ersten Teil des Buches beschrieben habe, ist dies vor allem die Kenntnis der psychoanalytischen Theorien, besonders die Objektbeziehungstheorie und eine umfassenden Theorie des Selbst.[10] Um die Entwicklungen des Leidens der Menschen wirklich zu verstehen, ist es mir auch sehr wichtig geworden, die Spirale des Bewusstseins gut zu kennen und auch das Konzept der Drehpunkte von Ken Wilber, sowie die perinatalen Matritzen und das COEX-System von Stan Grof. All dies halte ich für sehr hilfreich bei der Erforschung von Leidenszuständen des Menschen.

Wenn nun ein Muster vom Therapeuten im Gespräch mit dem Betroffenen erkannt, d.h. im Dialog wahrgenommen, gespürt oder intuitiv erfasst und auch theoretisch verstanden wird, so ergibt sich häufig eine neue innere Einstellung in Form eines sogenannten Einstellungssatzes. Natürlich zeigt sich oft erst die alte, möglicherweise krankmachende innere Haltung. Allerdings halte ich nichts davon, nochmal mit solchen negativen Glaubenssätzen zu arbeiten, auch wenn dies in manchen Verfahren oder von einigen Therapeuten als sinnvoll betrachtet wird. Dies wird dann in irgendeiner Art und Weise auch therapeutisch begründet. Ich sehe dabei allerdings meist eine deutliche Gefahr der erneuten Schamentwicklung und diese sollte meiner Ansicht nach möglichst vermieden werden.

Manchmal wird also der Übende selbst im Gespräch auf einen neuen positiven Einstellungssatz kommen, besonders natürlich, wenn der Gruppenleiter diese Einsicht fördert. Der Betreffende wird also angehalten, einen solchen Satz zu formulieren oder der Therapeut schlägt einen entsprechenden Satz vor. Bei der Formulierung neuer Einstellungssätze ist natürlich gut darauf zu achten, dass sich oft verschiedene Abwehrmuster zeigen können und dann ein solcher Satz abgeschwächt oder nicht sinnvoll und konstruktiv wird und somit auch nicht wirklich positiv wirken kann. Manchmal schleichen sich durch die menschlich sehr natürliche Abwehr oder eine unbewusste Vermeidungshaltung auch echte Fehler beim Finden solcher Sätze ein.

Im Zweifelsfall schlage ich in meiner Praxis sehr oft einen entsprechend hilfreichen Satz vor, und der Betroffene zeigte dann nicht selten durch seine emotionale Reaktion, wie gut er passt. Deutliche emotionale Betroffenheit oder ein leichtes Erschrecken über das emotional schwierige und neue Muster kann dann signalisieren, dass der Satz hilfreich zum Üben wäre. Manchmal wird ein vorgeschlagener Satz auch einfach abgelehnt. In diesem Fall ist dies natürlich zu respektieren oder es wird dann gemeinsam, manchmal auch erst in einem kurzen Gespräch ein passender Satz gefunden, der wirklich hilfreich ist. Es ist auch gut möglich, dass ein Satz mal nicht so wirkt oder sich erst später eine Wirkung zeigt. So habe ich Menschen gehört, die mir nach Jahren die Rückmeldung gaben, wie „ihr Satz“ erst sehr langsam und relativ spät nach der Gruppe positive Veränderungen unterstützt hat. Entscheidend für die Wirkung ist, wie klar der entsprechende Satz mit bedeutenden Gefühlen des COEX-Systems oder der Entwicklungsspirale verbunden ist.

Letztlich sind diese Sätze neuer positiver innerer Einstellungen so etwas wie Vorsätze oder Affirmationen, die jedoch anders als zum Beispiel das positive Denken, welches meist die frühen Wunden und Gefühle nicht berührt, mit den tiefen inneren Erschütterungen und Verwundungen aus dem Leben verbunden sind. Erst dann sind sie ja wirklich Teil einer echten Veränderung und eines tiefen Wandels. Ohne schon ein tatsächliches praktisches Beispiel zu diskutieren, können wir uns mal kurz eine Erschütterung des Selbst aus dem ersten Lebensjahr vorstellen, die zur inneren Einstellung führte *„Ich fühle keinen Schmerz“*. Ein möglicher neuer Einstellungssatz könnte dann lauten: *„Ich spüre meinen Schmerz“* oder auch *„Ich zeige dir meinen Schmerz“*.

Erst wenn dieser Satz in der Gruppe immer wieder ausgesprochen und dabei allen Personen in der Runde im Augenkontakt direkt gesagt wird und mit schmerzlichen Gefühlen verbunden ist, die dadurch auftauchen können, zeigt diese Arbeit ihre besondere Wirkung.

Der formale Ablauf ist dann so, dass der Übende in der Mitte der Gruppe steht und nacheinander jedem, der im Kreis sitzt, den neuen Einstellungssatz sagt. Dabei kommt es nicht unbedingt auf die Lautstärke an und es muss schon gar nicht geschrien werden, wie man es aus manchen Gruppen kennt, sondern die deutliche Aussage, mit klarer Betonung der Worte und direktem Augenkontakt mit dem Gegenüber ist entscheidend.

Die Unterstützung durch den Therapeuten kann hier manchmal sanft, einfühlsam und fürsorglich ausfallen, was meistens der Fall ist, oder eher herausfordernd und stärker motivierend, wenn es notwendig erscheint. Je nach Situation und Prozess sind die begleitenden und unterstützenden Worte des Therapeuten durchaus unterschiedlich, jedoch selten oder nie bewertend oder gar entwertend, was immer erneut Scham auslösen könnte. In der Regel werde ich jede Mitarbeit in dieser Art sehr wertschätzen und höchstens mal vorsichtig korrigieren, wenn die Abwehr stärker wird, der Satz verändert oder doch deutlich zu leise und zögernd ausgesprochen wird. Natürlich hängen alle diese differenzierten Interventionen sehr stark von der augenblicklichen Befindlichkeit und der Stabilität oder Fragilität des Patienten ab.

Ziel ist immer die klare Mitteilung des Satzes und die deutliche Ansprache des Gegenübers im direkten Augenkontakt. Auf beide Aspekte achte ich immer sehr genau, auch wenn es manchmal so aussehen könnte, dass dadurch der Gefühlsausdruck etwas in den Hintergrund gerät. Nur ein Zusammenwirken genau der Worte einer neuen inneren Einstellung, das wiederholte, direkte Ansprechen einer Person und die wirkliche Akzeptanz der ausgelösten Gefühle führt zu der entsprechenden Wandlung.

Manchmal kann der Übende, der ja in der Mitte der Gruppe steht, durch leichten Körperkontakt unterstützt werden. Der Therapeut hält vielleicht seine Hand oder legt seine Hand leicht auf den Rücken des Patienten etwa zwischen die Schulterblätter. Dies geschieht allerdings immer nur in Absprache mit dem Übenden. Er wird also vorher gefragt, ob ihm eine solche Berührung recht und auch angenehm sei. Auch hier ist genau darauf zu achten, ob der körperliche Kontakt durch die Hand für den Übenden wirklich annehmbar ist.

Diese direkte körperliche Unterstützung sollte aber auch gleich wieder beendet werden, oder gar nicht erst geschehen, wenn deutlich wird, dass der Übende gerade die Erfahrung des Alleinseins, der Unabhängigkeit und Autonomie in dieser Situation braucht. Also anfangs deutliche Unterstützung, auch eher mal durch Körperkontakt mit der Hand bei stärkeren emotionalen Prozessen und dann auch der sanfte Stups in die Autonomie. In der Regel sind es jedoch nur die deutlich unterstützenden Worte des Therapeuten von seinem Platz aus, die der Übende auch braucht in dieser doch sehr herausfordernden und anspruchsvollen psychischen Arbeit.

Das typische Erleben einer solchen Übung mit einem neuen Einstellungssatz kann folgendermaßen beschrieben werden. Während der Praktizierende immer wieder den Satz sagt, werden die entsprechenden Gefühle, die in der Regel zu der früher im Leben erfahrenen Erschütterung oder einer schmerzlichen Verwundung gehören immer stärker und offener ins Bewusstsein gelangen. Das ist aber längst nicht immer der Fall, es ist eher ein ideales Erleben, welches aber doch nicht ganz so selten möglich wird. Natürlich kann es auch sein, dass der Patient entsprechende Gefühle schon erlebt hat, bevor er mit einer Einstellungsarbeit beginnt. Es kann sich bei diesen Gefühlen beispielsweise um den Schmerz handeln, der damals bei der Verletzung ausgelöst wurde. Möglich ist auch, dass plötzlich Angst auftaucht, wenn die neue Einstellung, die man ja nie haben durfte, innerlich angenommen wird. Natürlich ist es oft auch Ärger und Wut, die zu den neuen Einstellungen gehören oder die auch im Moment der Erschütterung entstanden sind und damals nicht gelebt werden konnten. Es gibt also viele verschiedene Möglichkeiten des Bewusstwerdens und Erlebens von Gefühlen in dieser Arbeit. Egal um welche Art von Gefühlen es sich handelt, in jedem Fall ist es sehr wichtig, dass dieses Erleben der Gefühle vom Therapeuten gewürdigt, geachtet und anerkannt wird. Hier gibt es kein richtig oder falsch. Im Gegenteil, jedes Gefühl ist wertzuschätzen und anzuerkennen. Es handelt sich dabei ja um die Gefühle, die zum COEX-System oder auch zu Blockaden der Entwicklungsspirale gehören und manchmal kann das Erleben dieser Gefühle teilweise die Bedeutung von Katharsis bekommen. Als Katharsis wird ein Wiederdurchleben, ein totales Wiederausleben früherer Gefühle im Sinne einer Reinigung bezeichnet. Hier muss ich allerdings auch wieder deutlich festhalten, dass es bei der Arbeit mit inneren Einstellungen in erster Linie nicht um ein völliges Wiedererleben dieser früheren Gefühle geht. Manchmal geschieht so etwas von selbst und ist dann selbstverständlich auch anzunehmen aber entscheidend ist vielmehr die wirkliche Verbundenheit einer neuen Einstellung mit alten Gefühlen aus dem COEX-System. Deshalb geht es in der Arbeit, wie ich sie hier beschreibe, ganz genau um die Akzeptanz und Annahme dessen, was ist. Nur wenn jedes Gefühl, egal welches, in dem Moment des Aussprechens der neuen Einstellung völlig akzeptiert wird, kann sich die neue Einstellung festigen. Natürlich kommt es manchmal vor, dass ein auftauchendes Gefühl als Abwehr eines authentischeren Gefühls dient. Es ist dann sozusagen ein Deckgefühl, weil es eben ein anderes Gefühl zudeckt. Sollte ein Gruppenleiter dies bemerken, wird er sehr sanft und in diesem Falle wieder besonders vorsichtig auf ein zugedecktes Gefühl hinweisen oder den

Betreffenden in kleinsten Schritten darin unterstützen, ein solches Gefühl wahrzunehmen und zu leben. Aber Vorsicht, in keinem Fall darf es darum gehen, den Übenden unter Druck zu setzen, Zwang auszuüben oder einfach Recht zu haben. Im Zweifelsfall bleibt es besonders bei der Haltung, jedes Gefühl zu akzeptieren und mit Achtsamkeit und Geduld zu warten, bis sich ein tieferes, authentisches Gefühl von selbst zeigt.

Beim Üben halte ich es grundsätzlich für sehr wichtig, dass trotz starker Gefühle der Satz der neuen inneren Einstellung weiter ausgesprochen wird. Das ist manchmal nicht ganz leicht, denn wenn die Gefühle sehr stark werden, könnte eine Aufforderung bei der Übung zu bleiben leicht als Gefühlsabwehr oder Hervorhebung der Kognition missverstanden werden. Es geht dabei aber genau um diese Verbindung, diese Synthese von Emotion und Kognition. Beides wird gleichzeitig angenommen, geachtet und auch in diesem Augenblick gefördert und unterstützt.

Nun zum Beenden der Übung. Wie lange wird die Übung in der Runde weitergeführt? Auch hier gibt es keine Regel und keine Festlegung. Sehr oft kommt es zu einem ganz natürlichen Abschluss, wenn sich eine innere Synthese zwischen Kognition, also dem neuen Einstellungssatz und den erlebten Gefühlen ergeben hat. Beim Übenden stellt sich dann oft eine ruhige Zufriedenheit ein. Meist bemerkt dies der Betreffende selber sehr genau oder beide, der Übende und der Begleiter erkennen diesen Zustand, der einen inneren Prozess auf natürliche Art beendet. Manchmal spürt auch der Gruppenleiter, dass ein Beenden der Übung sinnvoll ist, meist wenn sich eine gewisse Synthese eingestellt hat, oder wenn sich emotional eine Beruhigung oder Stabilisierung ergeben hat. Natürlich kommt es auch hin und wieder vor, dass der Übende die Arbeit beenden möchte, egal in welcher Phase eines inneren Prozesses der Synthesebildung er sich gerade befindet. In den meisten Fällen wird der Gruppenleiter dieses Beenden respektieren. Es ist jedoch in keinem Fall als Abbruch zu werten. Die Entscheidung ist vielmehr zu achten und der Gruppenleiter wird Wertschätzung zeigen und dann für einen positiven Abschluss sorgen. Selbstverständlich kann es auch eine solche Situation geben in der der Gruppenleiter versucht den Übenden zu motivieren die Einstellungsarbeit fortzusetzen. Egal in welcher Art eine solche Einstellungsübung beendet wird, der Begleiter achtet immer darauf, dass sich der Übende in einem stabilen meist ruhigen und möglichst auch zufriedenen Zustand befindet. Auch wenn das nicht immer so gut gelingt, wird dennoch ein möglichst positiver Zustand des Übenden angestrebt, in dem er sich in der Gruppe gut und sicher erlebt.

Das natürliche Ende einer solchen Übung wird meist in keiner Weise euphorisch oder intensiv-emotional erlebt, sondern eher unauffällig, gelöst und in innerer Ruhe, so wie „jetzt ist es ok".

Die ganze Übung mit den Einstellungssätzen wird immer als wertvoll und grundsätzlich positiv und hilfreich betrachtet und dies wird auch in irgendeiner angemessenen Form verbalisiert. Die Achtung und Wertschätzung dieser Arbeit ist deshalb so wichtig, weil die Gefühle die möglicherweise erlebt werden, immer im Zusammenhang stehen mit dem COEX-System und den früher erlebten Erschütterungen. Betroffene neigen deshalb sehr oft zu starken Selbstentwertungen, die wiederum mit der erlebten Scham zusammenhängen. Um diese Selbstentwertungen, die ja aus der Zeit der erlebten Erschütterungen stammen, wenigstens teilweise zu entkräften, ist jede negative also wieder entwertende Haltung des Therapeuten möglichst zu vermeiden. Zwischen den Extremen eines schnellen Beendens, aus unterschiedlichen Gründen und dem sehr natürlichen Abschluss wie ich ihn vorher gerade beschrieben habe liegen andere Möglichkeiten des Abschließens. In jedem Fall wird allein schon die Bereitschaft zu üben und die Übung selbst immer sehr positiv anerkannt und gewürdigt und diese Wertschätzung auch deutlich gezeigt, egal wie der Ablauf war und die Arbeit vom Übenden erlebt wurde. Manchmal kann es auch sinnvoll sein, dass der Übende im Anschluss an seine Arbeit Rückmeldungen von der Gruppe erhält. Auch hier gilt wieder die größte Achtsamkeit, um mögliche negative Bewertungen zu vermeiden und damit die Gefahr neuer Beschämungen gering zu halten.

Nachdem diese direkte Arbeit mit Einstellungssätzen beendet ist, muss unbedingt darüber gesprochen werden, wie sich die neuen Verhaltensmuster im Alltag festigen können. Manchmal geschieht dies direkt anschließend an die Übung, manchmal auch erst nach einer gewissen Zeit, in der die Übung emotional etwas mehr verarbeitet ist, mehr Stabilität wieder vorhanden ist und dadurch eine kognitive Umsetzung besser möglich ist.

Einerseits geht es darum, einen neuen „Einstellungssatz“ wirklich zu verinnerlichen und andererseits ist es unbedingt erforderlich, das allgemeine Verhalten entsprechend der neuen Haltung zu verändern. Die Festigung einer neuen Einstellung kann unterstützt werden, indem mit dem Satz selber in irgendeiner Art und Weise so umgegangen wird, dass er nicht nur nicht vergessen wird, sondern dass eine entsprechende innere Haltung wirklich wachsen kann. Man kann den Satz zu Hause an den Spiegel schreiben, wo er mehrmals täglich gesehen wird, sich ein kleines Schild mit dem Satz über dem Bett anbringen oder sonst irgendwie als tägliche Erinnerung einsetzen. Eine regelmäßige Erinnerung oder ein „meditatives“ Üben mit dem Satz selbst, ist also die eine Möglichkeit zur Festigung und Stabilisierung einer neuen Einstellung und eine andere ist es, kleine aktive Handlungen oder Verhaltensweisen zu besprechen, die das neue Verhalten beinhalten um dieses überhaupt in kleinen Schritten einzuüben oder um es zu festigen und zur Gewohnheit werden zu lassen. Bei beiden ist zwar die Wichtigkeit von Übungen sehr zu betonen, dennoch ist hier kein unnötiger Zwang oder Druck auszuüben. Die Bedeutung solcher Übungen im Alltag wird oft von den Betroffenen selber sehr deutlich erkannt, und dies gilt es dann hervorzuheben oder noch mal deutlich zu betonen.

13. Da-Sein

„Das Ich ist hier gleichsam materiell."
„Es ist also noch weitgehend in die Physiosphäre eingebettet. Zunächst kann der Säugling noch nicht zwischen Subjekt und Objekt oder dem Ich und der materiellen Umgebung unterscheiden, sondern lebt in einem Zustand des ‚primären Narzissmus'"
(Jean Piaget)[1]

In der ersten Zeit der menschlichen Entwicklung gibt es noch kein Ich, kein empirisches Ich, wie es als eine Struktur nach Freud entsteht, oder wir können auch sagen, dass sich das Holon Selbst, oder wie ich es hier schon genannt habe, das Ich-Selbst, noch nicht entwickelt hat. Es gibt zwar schon ein sogenanntes Kernselbst, aber ein Verstandes-Ich gibt es in dieser frühen Zeit des menschlichen Lebens noch nicht. Es geht hier also um die Erschütterungen vor, während und nach der Geburt, um die Hindernisse und Blockaden bei der Entwicklung des beigen W-Mems oder um die Störungen im Drehpunkt 0 (D0) oder auch bei Beginn von Drehpunkt 1 (D1) wie Ken Wilber dies benennt. Es ist für mich allerdings auch die Zeit, in der die ersten Erfahrungen des Menschen zum Beginn des von Grof sogenannten COEX-Systems führen. Da sich noch kein vollständiges Ich entwickelt hat, gibt es als Folge der Erschütterungen auch nicht die typischen menschlichen Schwierigkeiten mit der Dualität oder den inneren Zerrissenheiten, beziehungsweise mit den Spannungen zwischen den vier Bestrebungen des Holons „Selbst", sondern, als Pathologie wird eine schwierige Strukturbildung ganz allgemein angenommen. Es ist eine Schwierigkeit mit dem Ich-Sein. Begriffe wie schizoid, psychosenahe Struktur oder gar Psychose werden u. a. dazu benutzt, um diese Blockade der Entwicklung zu benennen. Das Thema Psychosen oder auch die Therapie von Psychosen und die möglichen Verwechslungen oder auch bestehende Zusammenhänge von Psychosen und spirituellen Krisen werde ich hier nicht behandeln, da sie ein eigenes Thema bilden.[2]

Nun führt aber längst nicht jede Beeinträchtigung um die Geburt herum oder jede schwierige Geburt zu eine Psychose, und so ist es sehr wichtig zu verstehen, dass es eine Vielzahl von Verletzungen oder Störungen in dieser Entwicklungszeit geben kann, die für die wachsende Persönlichkeit sehr bedeutend sind und als Erschütterungen und erste Prägungen gesehen werden können aber eben in keinem Fall zu Psychosen führen. Im Gegenteil, diese frühesten Prägungen können für sehr viele Menschen, wenn nicht gar für alle, den Boden oder eine Art Gerüst bilden für spätere Schamanfälligkeit. Scham entsteht ja in der Situation, wenn der Mensch plötzlich, unerwartet und unvorbereitet, sozusagen schockartig auf sein reines Körpersein zurückgeworfen wird. Da es noch kein ausgebildetes Ich, und damit noch keine zu bewältigende Dualität gibt, können Erschütterungen auch noch keine Zerrissenheiten bewirken. Vielmehr sind es körperliche Schocks, die als solche auch wie Traumata innerlich gespeichert werden. Später im Leben des erwachsenen Menschen sind es dann die Körpererinnerungen, die zu einer Art physiologisches Erschrecken führen können, was sich dann als Scham zeigen kann. Ich möchte diese Scham Basisscham nennen in Anlehnung an Basisschuldgefühl von dem Mathias Hirsch spricht.[3] Er geht bei der Ablehnung der ganzen Existenz des Kindes von diesem Schuldgefühl aus. Schon in dieser frühesten Zeit einer Selbstentwicklung kommt es also zu einem Zusammenhang von Scham und Schuld. Vereinfacht ausgedrückt bedeutet Scham den Verlust oder die Nichtexistenz eines Selbst, und jede Aktivität, die ja vom Selbst ausgehen würde oder die die Entstehung eines Selbst bedeuten würde, kann ein solches Basisschuldgefühl auslösen. Es sind also die ersten Prägungen, die zu einem bestimmten Persönlichkeitstyp, zum Charakter oder zu den ersten inneren Einstellungen führen, die wiederum nur dann von dem betreffenden Menschen selbst oder von der Gesellschaft als pathologisch bezeichnet werden, wenn das Leiden unter diesen Verhaltenseinstellungen und -mustern entsprechend groß ist.

Ein erstes Beispiel ist für mich das Wiedererleben der eigenen Geburt, wie ich es selbst in der Therapie erlebt habe. In einer etwa 1,5-2-stündigen Sitzung kam es immer wieder und fortlaufend zum heftigsten Erleben von Wut und intensivstem Schmerz, zeitweise erlebt als fürchterlicher innerer Kampf. Der Schmerz war teilweise reiner Kopfschmerz, so als würde etwas von oben mit aller Kraft und Härte gegen den Kopf drücken. Begleitet wurde dieses intensive Erleben solcher Gefühle von so etwas wie absolut tiefste Überzeugungen, die sich als Sätze ausdrücken ließen. Diese Sätze, die wiederum als absolute Einstellungen und Überzeugungen bezeichnet werden konnten, lauteten in diesem Fall: „Ich komm nicht durch", „ich schaff`s nicht", „es tut so weh", und gegen Ende kam noch ein inneres Erleben von „ich werde getrieben" hinzu.

Bis zu diesem Erleben hatte ich keinerlei Informationen über meine eigene Geburt und erst in einem späteren Gespräch mit meiner Mutter konnte ich genaue Informationen darüber bekommen.

Die Wehen meiner Mutter begannen abends etwa um 20.00 Uhr und kamen und gingen immer wieder, die ganze Nacht, ohne dass die Geburt wirklich begann. Erst nach etwa sechzehn Stunden wurde die Geburt gegen Mittag des nächsten Tages künstlich eingeleitet.

Seit dieser Zeit, als ich dieses Geburtserlebnis hatte, wurde mir deutlich, dass es schon immer eine innere Einstellung gab, die mit diesem Erleben zu tun hatte. Vor beinahe jeder neuen größeren Aktivität oder vor jeder neuen Herausforderung kam es zu einer ersten inneren Reaktion, die als Einschätzung bezeichnet werden konnte und die lautete: „Nein, es geht nicht". Nach dem Durchleben in der Primärtherapie kam es zwar immer noch hin und wieder zum inneren Erleben solcher Einstellungen wie „das geht nicht" oder „ich schaff es nicht", nur jetzt werden sie mir immer häufiger als solche Geburtsmuster bewusst und mit einem inneren Lächeln lassen sie sich meist leicht überwinden.

So oder ähnlich wirken die ersten Prägungen beim Menschen vor, während oder kurz nach der Geburt. Denken wir an Frühgeburten, an Nabelschnurumschlingungen, an Steißgeburten, an Kaiserschnittgeburten und an viele andere Komplikationen bei der Geburt. Eine extreme Erschütterung und eine Schreckenserfahrung ist auch das Erleben von „Kälte" und „Verlassenheit" durch das Liegen im sogenannten „Brutkasten" nach der Geburt. Ich habe schon erwähnt, wie wichtig die erste Bindung zwischen Mutter oder Vater und Kind ist und wie das Fehlen einer solchen körperlichen und psychischen Verbindung oder Verbundenheit zur Scham führt. Wenn wir an die Perinatalen Matrizen von Grof denken, so kann deutlich werden, dass die meisten

Menschen eine Art Geburtsprägung erleben, dadurch dass sie an eine spezifische Phase der tatsächlichen Geburt, die in irgendeiner Art schwierig erlebt wurde, fixiert bleiben und ein entsprechender Satz zur inneren Einstellung wird. Zum Beispiel „mir wird so eng". Ein Engegefühl kann von diesem Menschen sehr, sehr häufig erlebt werden und im ganzen Leben eine große Bedeutung bekommen. Auch die Sätze die nach Janov aufgrund körperlicher Erfahrungen später zu begrifflichen Vorstellungen werden und die ich schon erwähnt habe, sind ja Sätze die aus dem Geburtserleben stammen und erste Prägungen bilden. So können Sätze wie „ich fühl mich hin und her gerissen" oder „es macht mir Angst" erste Einstellungssätze werden.

In jedem Fall sind diese frühesten inneren Erschütterungen und auch schon mögliche Erschütterungen in der vorgeburtlichen Zeit, der Beginn eines COEX-Systems. Wir müssen aber auch klar feststellen, dass diese frühen Verwundungen, Erschütterungen und Schreckenserlebnisse zwar manchmal als Trauma bezeichnet werden können, dass aber meist die positiven Erfahrungen in der Sozialisation zu einem Ausgleich führen und somit nur geringe Belastungen für spätere Entwicklungen die Folge sind. Wir sprechen deshalb nicht mehr grundsätzlich von Geburtstrauma, sondern sehen die „normalen" und durchaus üblichen Erschütterungen als Anfang eines COEX-Systems wie es jeder Mensch in sich trägt. Sind nun die Erschütterungen in dieser Zeit nicht die stärksten und intensivsten in der ganzen Entwicklung des Menschen, so werden spätere, heftigere Erschütterungen für die inneren Einstellungen bedeutender und unter denen wird der Mensch dann auch eher leiden.

Die extremsten Erschütterungen, die durch besondere Umstände dann auch zur Psychose führen können, spielen für unser Thema hier keine Rolle. Es geht jetzt also um die Erschütterungen aus dieser frühen Zeit, die zwar sehr bedeutend sind jedoch nicht so intensiv und spezifisch, dass sie zur Psychose geführt haben.

Bei diesen tendenziell eher traumatischen frühen Erschütterungen haben wir es dann später mit einer Ich-Struktur zu tun, die, wie ich es als Pathologie des beigen W-Mems schon beschrieben habe, grundsätzlich als Schutz vor existenziellem Schrecken, vor existenzieller Verzweiflung und existenzieller Protoscham dient. Die ganze sich dann entwickelnde

Persönlichkeitsstruktur hat also die Funktion des Schutzes und der Abwehr von diesem schrecklichen Erleben und der damit verbundenen Scham. Für die Arbeit mit Einstellungssätzen kommt es nun aber darauf an, wie sich der Mensch im Hier und Jetzt gerade erlebt. Ist beispielsweise seine existenzielle Angst sehr stark, zeigen sich starkes Mistrauen und Unsicherheiten oder sind Neigungen zu Dissoziationen vorhanden? Kommt es häufiger zu Schamattacken oder bestimmen Orientierungslosigkeit und Verwirrung eher sein Leben. Da es sich immer um die Instabilität oder Fragilität in der Ich-Entwicklung handelt, können auch später in der Entwicklung traumatische Erfahrungen zu diesen Zuständen führen. Es handelt sich immer um eine extreme Neigung der Selbstauflösung des Holons Selbst.

Ich werde in den weiteren Darstellungen immer wieder hilfreiche Einstellungssätze vorschlagen, die ich in der Regel vielfach schon angewendet habe und die Erfahrung damit auch immer wieder mal kommentieren.

Manchmal geht es überhaupt erstmal darum einen ersten Schritt zu tun, um in Kontakt mit anderen Menschen zu kommen. Da können Sätze hilfreich sein, die als kleinste Schritte anzusehen sind aber sehr wichtig sein können.

„Ich bin da“ oder „Ich lebe“
„Ich bin da und ich zeige mich“
„ich bin da und ich bleibe da“
„ich bin im Kontakt mit dir“

Dies sind Beispielsätze, die alle einen unterschiedlichen Schwierigkeitsgrad aufweisen und bei einer verstärkten Neigung zu Dissoziationen oder schweren Kontaktproblemen sehr hilfreich sein können. Manchmal ist es für Patienten auch viel zu schwer, in die Mitte der Gruppe zu kommen, dann ist es gut solche Sätze auch vom eigenen Platz aus, also sitzend auszusprechen. Auf weitere Differenzierungen in der Anwendung, die natürlich sehr umfassend sein können gehe ich hier nicht weiter ein. Ist jedoch die Scham teilweise bewusst oder bestimmt sie doch im Augenblick mehr das Erleben, so schlage ich beispielsweise folgende Sätze vor:

„ich schäme mich“
„ich schäme mich und bin da“
„ich schäme mich und bleibe da“
„ich schäme mich und gehe in Kontakt zu dir“

Auch hier werden die Sätze je nach Schwere der Problematik unterschiedlich vorgeschlagen. Ist ein Patient mit diesen Schwierigkeiten etwas weiter fortgeschritten, so können folgende Sätze sinnvoll sein.

„ich schäme mich und zeige dir meine Gefühle“
„ich schäme mich und zeige dir meinen …“

Beim zweiten Satz werden dann Gefühle genannt um die es im Augenblick geht oder die gerade ins Bewusstsein gelangen wie z. B. Schmerz. Hier gibt es verschiedene Möglichkeiten eine solche Übung abzuwandeln, denn es geht darum den Gefühlen, die bisher unter der Scham verborgen und versteckt waren, den Weg ins Bewusstsein zu bahnen.

Bei all diesen Einstellungssätzen, die ich hier vorgestellt habe, geht es ja immer um Leidenszustände, die mit dem gerade sich entwickelnden Ich oder mit einem traumatisierten Ich zu tun haben. Das gerade zu wachsen beginnende Ich ist wie eine zarte Pflanze, das behütet, geschützt und sehr sanft und fürsorglich behandelt werden muss. Auch und gerade als Folge von Traumatisierungen entstandene innere Zustände und Einstellungen sind genauso vorsichtig und achtsam zu behandeln wie das Ich, das sich gerade zu entwickeln beginnt.

Nach einer intensiven Einstellungsarbeit werden natürlich, wie ich es im letzten Kapitel schon deutlich gemacht habe, mit dem Patienten sehr ausführlich praktische Schritte erarbeitet, durch die ein neues Verhalten eingeübt werden kann. Bei diesem Thema hier ist sehr darauf zu achten die Erinnerungsarbeit mit einem solchen Satz zwar nicht zu vernachlässigen aber bei praktischen Übungen auf kleinste Schritte zu achten, um einen möglichen kleinen Erfolg nicht durch erneute Beschämung wieder zu zerstören. So wie die Einstellungsarbeit selbst als „Feinarbeit“ zu bezeichnen ist, so feinfühlig, vorsichtig und wohldosiert sollten auch praktische Übungsschritte erarbeitet werden. Der größte Fehler, der hier passieren könnte, wäre durch überhöhte Ansprüche des Gruppenleiters oder durch zu viele oder zu schwierige also unpassende Übungen wieder Selbstentwertungen oder das Auslösen innerer Scham zu provozieren. Ich sage in diesem Zusammenhang oft „kleinste Schritte sind riesengroße Schritte"

Um es noch einmal zusammenzufassen, Menschen die Erschütterungen in dieser Zeit erfahren haben oder später im Leben traumatisiert sind, können oft sehr funktionstüchtig und sehr vernünftig oder intellektuell wirken, da ihre ganze Persönlichkeitsentwicklung der Abwehr von heftigsten existenziellen Gefühlen und der Maskierung von Schamanfälligkeit dient. Unter diesen Masken der Scham zeigen sich jedoch neben existenziellen Ängsten und Misstrauen auch höchste Sensibilität und Verletzlichkeit sowie Empfindsamkeit und meist auch Feinfühligkeit, die nicht nur beachtet werden müssen, sondern der Umgang mit diesen Menschen erfordert meiner Ansicht nach immer ein höchstes Maß an Achtsamkeit, Wohlwollen und Wertschätzung sowie eine liebevolle Haltung in der Kommunikation. In der psychoanalytischen Theorie nennt man diese Phase auch sensomotorische-symbiotische Struktur und meint, dass Halt und Beruhigung hier besonders wichtig und notwendig sind. Einige, wie ich finde auch schöne Worte die eine Beschreibung dessen sind, was Menschen hier brauchen sind Wärme, Rhythmus und Konstanz.

Wichtig ist dann zum Abschluss noch die Besprechung von praktischen Übungen, die der Festigung neuer Einstellungen dienen. Solche konkreten Schritte im Kontakt, kleine Verhaltens- oder Kommunikationsübungen müssen hier auch sehr genau überlegt sein. Entsprechend der fragilen und sensiblen Ich-Entwicklung sind kleinste Schritte zu finden, die nicht zu viel aber auch nicht zu wenig anspruchsvoll sind. Größte Feinfühligkeit und Achtsamkeit des Gruppenleiters sind erforderlich um Schritte zu finden, die als Übungen genau passen. Ich spreche dann oft von Feinarbeit und Wohldosierung, wenn es darum geht die Übungen vorzuschlagen, die in der Situation bei diesem Menschen genau passen und wirklich hilfreich sind.

14. Verlust der Einheit

„Im Atemholen sind zweierlei Gnaden,
die Luft einziehen, sich ihrer entladen,
jenes bedrängt, dieses erfrischt,
so wunderbar ist das Leben gemischt.
(J. W. v. Goethe)

Bevor wir uns weiter mit pathologischen Entwicklungen auf der Spirale beschäftigen, will ich kurz darstellen, wie das mit den pathologischen W-Memen meiner Ansicht nach zu verstehen ist. Erleidet der Mensch auf einer spezifischen Stufe der Entwicklung stärkere Erschütterungen bis hin zu traumatischen Erfahrungen, so kommt es zu einem relativ deutlichen pathologischen Anteil des entsprechenden W-Mems, denn dieses W-Mem ist dann eben häufig und sehr stark blockiert oder ganz geschlossen. Starke Verwundungen um die Geburt herum führen also zu einem deutlichen pathologischen Anteil des beigen W-Mems. So kann es dann passieren, dass ein erwachsener Mensch in einer Situation, in der es sinnvoll und passend wäre, aus dem orangenen W-Meme heraus aktiv zu werden, einen Rückfall in das pathologische beige oder purpur erlebt. Er hat also ein intellektuelles Ziel und sollte dementsprechend dann wohl auch zielgerichtet und vernunftorientiert handeln. Das könnte in einer Prüfungssituation sein, in der er eine heftige Schamattacke erleidet, in eine Dissoziation rutscht und sich die Selbstauflösungserscheinungen extrem steigern. In der Psychologie nennen wir das auch Regression, also ein Zurückfallen in eine frühere Stufe der Entwicklung. Auf weitere Möglichkeiten wie man auf der Spirale pathologisch reagieren kann werde ich immer wieder mal hinweisen.

Jetzt aber erst wieder zu der weiteren Entwicklung auf der Spirale. In der nun folgenden Zeit kommt es langsam zur Entstehung eines Ichs oder eines Ich-Selbst. In der Spirale sprechen wir von einem W-Mem, dass purpur genannt wird und bei Ken Wilber ist es der Anfang von Drehpunkt 2 (D2). Das Entscheidende in dieser Phase ist für das Kind das Erkennen der Dualität und das Lernen des Umgangs mit den zu dieser allgemeinen Dualität gehörenden inneren Gegensätzen des Erlebens. Anders ausgedrückt sind zwei Entwicklungsschritte notwendig, die mit der Dualität des Lebens zusammenhängen. Das Kind lernt einerseits die Unterscheidung von sich selbst und einer anderen Person, also eine Differenzierung zwischen Subjekt und Objekt, und andererseits kann es immer mehr erkennen, dass es gegensätzliches Erleben in sich hat und ganz langsam lernt, es dann diese gegensätzlichen inneren Zustände zu vermischen. Im besten Fall hat es dann eine innere Balance, Spannungstoleranz und Ausgeglichenheit erreicht. Das würden wir dann eine normale, gesunde oder angemessene Entwicklung nennen.

Hier kurz eine Zwischenbemerkung zur Spirale und zum COEX-System. Hat jemand schon im beigen W-Mem, also im Geburtsprozess, eine Störung erlebt, die zu einem Satz geführt hat wie: „Ich fühl mich hin- und hergerissen", und es kommt jetzt wieder zu Erschütterungen des gerade im Wachsen befindlichen Ichs, dann ist die Möglichkeit sehr groß, dass der Umgang mit den Gegensätzen gerade nicht gut gelernt werden kann und wir haben es dann im wachsenden COEX-System mit einer sehr spezifischen inneren Zerrissenheit zu tun.

Die Polarität, die in dieser Zeit besonders wichtig ist, ist die zwischen Verschmelzung und Distanz, wie ich sie im 4. Kapitel ausführlich beschrieben habe, denn es geht ja bei der Entwicklung gerade um die Loslösung oder auch den Beginn einer Entidentifizierung von der ersten Bezugsperson, die meist immer noch die Mutter ist. Es sind also die ersten Autonomieschritte um die es hier geht. Dieser Prozess, der auch Desidentifikation genannt wird, geht zwar in der Regel über eine längere Zeit und hat seinen Höhepunkt etwa im dritten Lebensjahr, doch ist dieser Entwicklungsprozess in den ersten beiden Lebensjahren besonders empfindlich.

Starke Erschütterungen des gerade wachsenden Ichs, die auch hier noch zu überwiegend physiologischem Erschrecken führen, können nun diese zwei beschriebenen Entwicklungsziele empfindlich stören oder gar sehr stark verhindern. Als Folge dieser Verwundungen kommt es zu der typischen Zerrissenheit zwischen Verschmelzung oder Distanz und anderen Arten von Zerrissenheit wie sie im 4. Kapitel vorgestellt werden. Ich erinnere auch noch mal an die Extreme des Bestrebens nach Selbsterhaltung und Selbstanpassung des Holons Selbst, denn darum handelt es sich hier ja auch. Also einerseits ein extrem egozentrisches Verhalten mit dem Ziel der Selbsterhaltung oder auch der Selbstdurchsetzung und andererseits eine extreme Anpassung im Sinne einer Unterordnung oder gar Verschmelzung mit dem Anderen. Dieses ist dann immer nur in einer Entweder-Oder-Haltung möglich. Zur besonderen Heftigkeit und Absolutheit der inneren Zerrissenheit – die Psychoanalyse spricht hier auch von Spaltung – kommt es deshalb, weil sich das Selbst ja gerade in der ersten Entwicklungsphase befindet und deshalb auch besonders empfindlich reagiert. Erwachsene Menschen, die an dieses purpurne W-Mem stark gebunden sind, können deshalb auch besonders empfindsam, verletzlich oder kränkbar sein. Ein blockierter oder geschlossener Zustand von Purpur kann sich also häufig als besonders ausgeprägte Empfindsamkeit oder als eine Art Hochsensibilität zeigen. Ich benutze hier gerne positive Begriffe um erneute Schamentwicklung zu verringern oder ganz zu vermeiden.

Als ich in der sogenannten Einstellungsarbeit zum ersten Mal mit einer Frau gearbeitet habe, die diese Schwierigkeiten hatte, kam es zu einer interessanten Erfahrung. Da ich im Umgang mit Menschen die unter einer solchen inneren Zerrissenheit litten bereits viel Erfahrung hatte und nun gemeinsam mit dieser Gruppenteilnehmerin einen Einstellungssatz finden wollte, schlug ich folgenden Satz vor:

„*Ich brauche deine Liebe und ich zeige dir meine Wut*“

Die Betreffende reagierte erst mit großem Unverständnis und Ungläubigkeit und sagte wohl so etwas wie: „das geht doch gar nicht“, „wie soll das denn gehen“, und dann gelang es in einem einfühlsamen Gespräch doch, dass sie bereit war mit diesem Satz zu üben.

Noch zwei Bemerkungen dazu, erstens reagieren sehr viele Menschen, die eine solche Problematik aufweisen häufig so, oder doch sehr ähnlich, denn die andere Seite des Erlebens ist ja durch die Absolutheit des jeweiligen Erlebens meist nicht im Bewusstsein, denn vom Absoluten gibt es ja keine Gegenteil. Wenn dann eine andere Seite wieder absolut erlebt wird, gibt es wieder kein Gegenteil. So kommt es zu der schon erwähnten Entweder-Oder-Haltung oder auch zu dem typischen Schwarz-Weiß-Denken. So gesehen ist die Zerrissenheit das Ergebnis eines absoluten Erlebens und deshalb sind viele Menschen mit diesem Leiden zumindest erstaunt wenn der andere Anteil bewusst wird. Allerdings wird heute diese innere Zerrissenheit meist so gut thematisiert, dass es nur noch selten zu einer derartigen Überraschung kommt.

Diese typische Art der inneren Zerrissenheit ist also das spezifische Leiden der Menschen, die in dieser frühen Zeit der kindlichen Entwicklung die Erschütterungen erlebt haben, die eine Basis bilden, auf der sich dann später im Leben Scham entwickeln kann. Zu Zeit des Erlebens sprechen wir in diesem Zusammenhang nur von physiologischem Erschrecken oder physiologischem Schock.

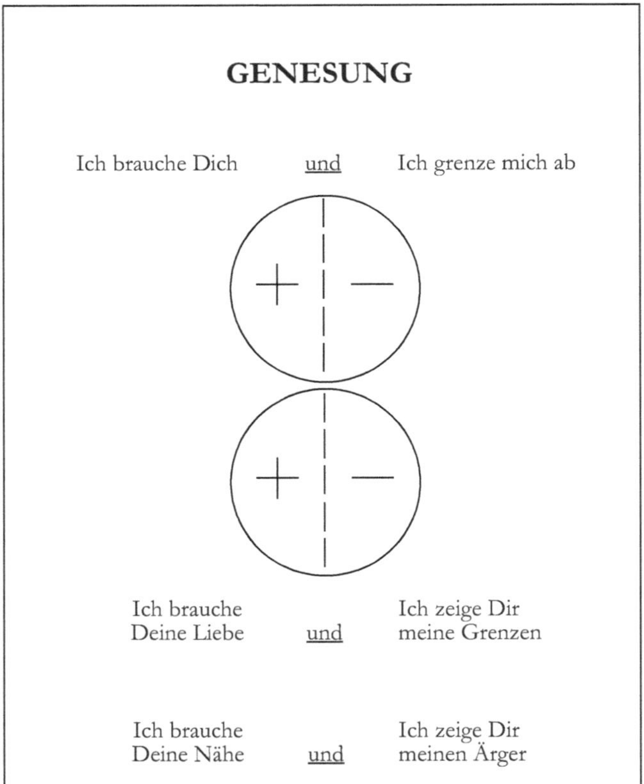

(Abb. 8)

Mein Ziel war es dann in meiner Arbeit immer wieder gemeinsam mit den Betroffenen Sätze zu finden, in denen drei Aspekte berücksichtigt werden. Erstens muss die Grundthematik der Aufspaltung zwischen Verschmelzung einerseits und Distanzierung andererseits im Satz berührt sein, d.h. der Satz muss diese Zerrissenheit beinhalten. Zweitens müssen individuelle Differenzierungen, also die feinen Unterschiede, beachtet werden und drittens muss die aktuelle Situation und Befindlichkeit des Patienten ebenfalls miteinbezogen werden.

In Abb. 8 habe ich dargestellt, wie die Grafik der Zerrissenheit (Abb.3) nach einem Prozess der Genesung aussehen könnte.

In der Grafik ist deutlich zu sehen, dass die beiden Kreise die jeweils für eine Person stehen nicht mehr verbunden sind, also Autonomie ist erreicht und die Linien in den Kreisen, die für die Zerrissenheit stehen sind gestrichelt, d.h. eine Mischung zwischen gegensätzlichen, positiven und negativen inneren Zuständen ist ebenfalls möglich.

Einige Einstellungssätze die ich bei dieser Problematik als sehr hilfreich erlebe, will ich nun wieder diskutieren. Grundsätzlich geht es ja immer um das zutiefst menschliche Bedürfnis nach Nähe und gleichzeitig um die notwendige Fähigkeit sich als eigenständige Person von anderen abzugrenzen. Da wäre beispielsweise der Satz:

„Ich brauche deine Nähe und ich kann (darf) mich abgrenzen"
„Ich brauche deine Nähe und ich zeige dir meine Grenzen"

Der erste Satz kann sehr hilfreich sein, wenn die Erlaubnis erst innerlich wachsen muss. Beim zweiten Satz liegt der Schwerpunkt mehr beim deutlichen Zeigen von Grenzen. Da die Problematik dieser Zerrissenheit auch und gerade sehr oft bei Menschen vorkommt, die Grenzüberschreitungen z. B. in Form von Gewalt oder sexuelle Grenzüberschreitungen erlebt haben, kann das Wort Nähe zu starke Gefühle auslösen, die mit traumatischen Erfahrungen zu tun haben. Dies könnte für diese Arbeit zu heftig werden oder es besteht die Möglichkeit von erneuten Traumatisierungen, sogenannten Retraumatisierungen. Auch Dissoziationen oder Schamattacken könnten so ausgelöst werden. In solchen Situationen ist es notwendig entweder so vorsichtig, achtsam und in kleinen Schritten zu arbeiten, wie im vorherigen Kapitel beschrieben, also gar nicht so wie ich es hier vorschlage oder andere Worte können sehr viel sinnvoller und positiver wirken.

„Ich brauche Kontakt zu dir und ich kann mich abgrenzen“
„Ich gehe in Kontakt zu dir und ich bleibe bei mir“

Das Wort Kontakt ist für manche Menschen, besonders für sexuell traumatisierte oft sehr viel passender und die Worte „ich bleibe bei mir“ haben viele Übende selber für sich entdeckt. Sie drücken ja auch den Autonomieschritt aus, der in dem Satz enthalten ist. Mit beiden Sätzen habe ich sehr viele gute Erfahrungen gemacht.

Hier noch einige weiter Beispielsätze mit denen ebenfalls schon sehr viele Menschen erfolgreich gearbeitet haben.

„Ich brauche deine Liebe und ich zeige dir meine Grenzen“
„Ich brauche deine Nähe und ich zeige dir meinen Ärger“
„Ich brauch deine Liebe und zeige dir meine Wut“

Bei der Einstellungsarbeit mit diesen Sätzen ist besonders auf folgenden schwierigen Verlauf zu achten. Der Teilaspekt der Wut, Ärger oder Impulsivität ausdrückt wird oft während der Übung immer lauter, heftiger oder es kann sich auch manchmal eine Art Schrei ergeben. Besonders natürlich, wenn Menschen als Vorerfahrung kathartische Therapien kennen wie zum Beispiel Primärtherapie, Bonding oder holotropes Atmen. Dies sollte rechtzeitig therapeutisch beeinflusst oder korrigiert werden, bevor es zum Ausagieren von Impulsivität und Wut kommt, denn diese Impulsivität oder die Neigung zur Wut ist ja diesen Menschen sehr vertraut und ist oft gerade das, worunter sie leiden. Der Gruppenleiter achtet also immer darauf, dass beide gegensätzlichen Gefühlszustände nicht extrem ausgedrückt werden. Manchmal sage ich dann auch schon mal: „Drück das doch mal liebevoller oder zärtlicher aus“, wenn es um einen Wunsch nach Liebe oder das Bedürfnis nach Nähe geht und die Heftigkeit wieder stärker wird. Das Ausagieren von Wut und Impulsivität wird auch schon mal gebremst oder sogar verhindert, weil es wirklich nicht hilfreich und sinnvoll ist. Das Ziel ist ja immer die beiden gegensätzlichen Anteile dieser Polarität zusammenzubringen, deshalb ist die Arbeit dann auch weniger laut, euphorisch oder spektakulär. Anfangs ist das wieder für manche Übende zu wenig emotional oder eben zu leise und zu unauffällig oder unspektakulär. Wenn die Arbeit gelingt, sagen die Betreffenden bei einer Befragung meist so etwas wie: „ich fühle mich ruhiger", „klarer in mir", „irgendwie stabiler in mir drin" oder „als wäre jetzt etwas in mir gewachsen".

Solche Rückmeldungen nach der Arbeit kann ich als kleinste Schritte des Synthetisierens also eines heilsamen Zusammenbringens der Gegensätze sehen, und dies werde ich dann den Menschen auch wieder sehr wertschätzend anerkennen.

Zum Abschluss will ich noch deutlich machen, dass es manchmal auch sinnvoll sein kann, Sätze zu entwickeln, die andere Begriffe beinhalten, auch wenn es immer um die Gegensätze geht. Dies kommt sehr auf den Prozess, die Person und die augenblickliche Situation an. Da kann es auf der einen Seite, wo das Bedürfnis nach Nähe seinen Platz hat schon mal um „Wärme" gehen, um „Geborgenheit" oder um „Halt" und „Schutz" und auf der anderen Seite, bei der es um eine notwendige Loslösung und um kleinste Schritte in die Autonomie geht, ist das Thema vielleicht sich „zu wehren", „sich nicht benutzen zu lassen" oder „es auch alleine zu schaffen".

„Ich brauche deine Geborgenheit und ich bleibe bei meiner Kraft"
„Ich brauche deine Wärme und ich lass mich nicht benutzen"
„Ich brauche deinen Halt und ich schaff's auch ohne dich"

Dies sind Einstellungssätze, die teilweise auch Aspekte beinhalten, die nicht nur die Zerrissenheit zwischen Verschmelzung und Distanz betreffen, sondern auch Themen berühren aus anderen Entwicklungsphasen oder anderen W-Memen der Spirale. Wir können hier wieder sehen, dass es bei der Arbeit mit inneren Einstellungen immer um das COEX-System geht und wir es bei der Entwicklung somit auch immer mit einer Spirale der Genesung oder noch besser, mit einer Spirale der Wandlung zu tun haben.

Diese hier vorgestellte Arbeit mit inneren Einstellungen bei „Borderline-Zuständen" ist in vielen Fällen nur als begleitende Arbeit einer intensiven und fortlaufenden Therapie zu verstehen und kann so aber auch sehr hilfreich wirken. Bei weniger starker Ausprägung dieser sogenannten „Borderline-Zerrissenheit“, kann diese Arbeit mit den neuen Einstellungssätzen auch ohne fortlaufende Therapie hilfreich sein und bei häufiger oder regelmäßiger Übung z. B. in ambulanten Gruppen auch ausreichen um neue Muster oder Einstellungen zu entwickeln.

Als eine praktische Übung um das neue Verhalten zu festigen, schlage ich den Menschen hier folgendes vor. Wenn jemand sich nach kleinen Verletzungen oder Störungen in der Beziehung total aus der Beziehung zurückzieht, den Kontakt abbricht und vielleicht auch den Betreffenden entwertet oder gar beschimpft, dann schlage ich vor, wenigstens den kleinen Finger zu reichen. Das kann bedeuten denjenigen noch zu grüßen, freundlich zu sein oder auch kleine Gesten des Kontaktes oder gar des Dialogs zu zeigen. Dies kann helfen dem Abbrechen von Kontakten und Beziehungen oder/und den Entwertungen und damit dem Schwarz-Weiß-Denken entgegenzuwirken. Umgekehrt empfehle ich dringend in Beziehungen, die nur gut erlebt, also idealisiert werden, in denen kein Ärger, keine Unzufriedenheit und keinerlei Störungen oder Belastungen wahrgenommen werden, genau darauf zu achten, wo doch diese kleinen Beeinträchtigungen oder etwas, was stört, erlebt wird, und dieses dann zu protokollieren und natürlich in den meisten Fällen den Menschen auch angemessen mitzuteilen.

Beide Teile dieser Übung können natürlich in einer Therapeutischen Gemeinschaft im Rahmen einer stationären Psychotherapie nicht nur sehr sinnvoll sein, sondern sie sind dringend erforderlich, denn sonst können sich durch die vielen Kontakte alte negative, vielleicht sogar die pathologischen Verhaltensmuster immer wieder neu festigen. Ziel dieser Auflage, so lautet in der Therapeutischen Gemeinschaft der Begriff für eine solche Übung, ist natürlich wie die Arbeit mit den neuen Einstellungssätzen eine langsam stattfindende Veränderung der inneren Zerrissenheit.[1]

Die Pathologie dieses purpurnen W-Mems ist also das jeweilige absolute Erleben und die dadurch entstandene heftige Zerrissenheit zwischen Verschmelzung und Distanz oder auch zwischen Gut und Böse. Dies kann bis zu Dogmatismus oder Fanatismus reichen in geringerer Ausprägung, die dann in keinem Fall pathologisch ist, kann so etwas von jedem Menschen erlebt werden, besonders in engen zwischenmenschlichen Beziehungen wie Liebebeziehungen und da vor allem in Krisensituationen. Da wird es manchmal auch ganz schön absolut, wenn der Hass oder in wunderschönen Momenten die ganz besondere Liebe sich zeigt. Aber auch archaische Erlebnisse der Verschmelzung, in der der Mensch sich mit der Natur absolut verbunden erlebt, eins mit dem Wasser oder mit dem Gras der Wiese auf der man gerade liegt kann als purpur oder gar beige verstanden werden. In diesem Fall wäre immer genau zu prüfen, ob eine solche Regression als pathologisch oder angemessen und gesund betrachtet werden kann.

15. Egozentrik

„Gut und Böse, die beiden haben einander nötig;
auch im Besten ist der Keim des Bösen,
und nichts ist so schlecht,
dass nicht ein Gutes daraus erfolgen könnte“
(C. G. Jung)

Jetzt sind wir in der Zeit, in der das sich langsam entfaltende Selbst seine eigenen Begrenzungen wahrnimmt und lernen muss sie anzunehmen. Das egozentrische Selbst- und Weltbild wird also transzendiert d. h. integriert und durch Eintritt in eine neue Stufe auch überschritten. Wenn dieser Prozess gut gelingt, kann das Kind sich selbst begrenzen, d.h. es nimmt die eigene Begrenzung an und kann aber auch Anderen angemessen Grenzen setzen, um die Autonomie zu wahren. Damit einhergehend lernt das Kind auch die Grenzen anderer wahrzunehmen und dann auch zu achten und bestenfalls vielleicht sogar zu würdigen. Eine Selbstannahme, Selbstakzeptanz und sogar Selbstliebe in der menschlichen Unvollkommenheit und Begrenzung, sowie Einfühlung und Mitgefühl für Andere, also auch Empathie sind hier vorrangige Ziele einer gesunden Entwicklung.

Bei heftigen Erschütterungen des Selbst die in dieser Zeit stattfinden, und besonders wenn diese Erschütterungen bereits auf ein COEX-System treffen, bei dem es um Schwierigkeiten mit der inneren Widersprüchlichkeit, dem hin- und hergerissen geht, dann verstärken diese Erschütterungen eine solche Pathologie und die Blockaden und die entsprechenden negativen Verhaltensmuster des W-Mems werden immer massiver. In der Selbstpsychologie liegen hier die Ursachen für eine sogenannte narzisstische Störung, die in der Folge der Störungen im purpurnen W-Mem jetzt als eine spezielle innere Zerrissenheit auftritt. Es ist die zwischen einem nach Verschmelzung hungernden Anteil und dem kontaktvermeidenden Anteil.[1] Beide Anteile, die sich auch auf zwei verschiedene Persönlichkeiten aufteilen können, sind dann eine Art

Zwang nach Verschmelzung oder eine absolute Vermeidung von Kontakt.

Ich gehe zwar sehr stark von einer Selbstpsychologie[2] aus, werde aber immer wieder auch den Begriff Ich-Selbst benutzen. Auch werde ich ab jetzt eher von Egozentrik oder einer egozentrischen Selbst- und Weltsicht sprechen als von Narzissmus, weil meiner Überzeugung nach der Begriff Narzissmus sehr unterschiedlich definiert wird und auch teilweise inflationär mit diesem Begriff umgegangen wird. Die Transformation einer egozentrischen Selbst- und Weltsicht beschreibt meiner Ansicht sehr genau, worum es geht. Auch können wir dadurch besser verstehen, dass Reste einer egozentrischen Selbst- und Weltsicht das Ausmaß einer „Störung" oder eben einer Pathologie annehmen können. Halten wir noch einmal fest, die W-Meme an sich sind weder positiv noch negativ, weder gesund noch krank jedoch können die Eigenschaften der W-Meme für Wachstum und Veränderung also für das im Fluss sein eher hinderlich oder eher förderlich sein. Wieder gilt das, was ich schon mehrfach betont habe, ob ein Handeln oder eine Eigenschaft aus einem W-Mem heraus als krank angesehen wird hängt vom Leiden des betreffenden Menschen oder seinen Mitmenschen bzw. von einer gesellschaftlichen Definition ab.

Betrachten wir nun wieder die Verletzungen, Verwundungen und Erschütterungen des Selbst, die hier zu tatsächlicher Beschämung führen können oder, wie ich es auch schon dargestellt habe, durch totale Missachtung von Grenzen gerade nicht zu einer Aneignung von gesunder Scham führen. Wenn kein wohldosiertes, schrittweises Lernen von Grenzen und Begrenzung möglich ist, wird auch Scham nicht gelernt. Das bedeutet, alle beschämenden Erfahrungen, egal ob es sich dabei um eher körperliche Schreckenserlebnisse und Verletzungen oder offene und direkte Beschämungen wie verbale Attacken, Entwertungen oder Bloßstellungen handelt, sind so stark, dass sich sofort „Masken der Scham" entwickeln können, und ein Lernen von Scham und übrigens auch von Schuld nicht möglich ist. Diese „Masken der Scham" gruppieren sich gewissermaßen um die Zerrissenheit von Allmacht und Ohnmacht oder Groß und Klein oder Stark und Schwach, da sich die Egozentrik statt überwunden zu werden noch stabilisiert, festigt und es somit zu den verhindernden also negativen Eigenschaften des roten W-

Mems kommt. Unter den aggressiven, machtorientierten Verhaltensmustern können sich dann auch die nicht wahrgenommenen Schuldgefühle verbergen. Über die so entstehende Pathologie habe ich im 3. und 9. Kapitel bereits berichtet.

Um an diesen deutlichen Verhaltensmustern einer extremen Selbstbehauptung oder/und einer extremen Selbstanpassung und häufig auch an den starken Tendenzen der Selbstauflösung zu arbeiten, können wir wieder hilfreiche Einstellungssätze finden.

Da kann es beispielsweise zuerst mal um das typische Gegensatzpaar von Macht und Ohnmacht, oder von Stark und Schwach gehen und da schlage ich folgende Sätze vor.

„Ich bin ein kraftvoller Mann (kraftvolle Frau) und darf auch bedürftig sein"
„Ich bin eine weiche und sanfte Frau und kann auch Kraft und Stärke zeigen"
„Ich bin ein weicher und sanfter Mann und ich kann mich auch durchsetzen"
„Ich bin kraftvoll und stark und kann auch schwach und bedürftig sein"

Diese Sätze können konstruktiv wirken und können auch je nach Situation und Person sowie aktueller Befindlichkeit in bestimmten Worten verändert werden. Manchmal ist es günstiger, die Seite der Kraft an den Anfang zu stellen, manchmal geht es mehr um die Erlaubnis und manchmal können andere Worte auch anders wirken wie z. B. schwach, bedürftig, weich oder sanft. Wenn es um Männlichkeit oder Weiblichkeit geht, können solche geschlechtsspezifischen Sätze auch bei den Themen Muttersohn und Vatertochter hilfreich sein die ich in den folgenden Kapiteln behandle.

Häufig ist die Leistungsorientierung besonders extrem ausgeprägt und die Selbstansprüche oder auch die Ansprüche an andere sind außerordentlich hoch. Dann können ganz allgemein folgende Sätze hilfreich sein:

„Ich bin gut so wie ich bin, und ich brauche für Liebe und Anerkennung nichts zu leisten"
„Ich bin gut so wie ich bin, und ich werde für Liebe und Anerkennung nichts mehr leisten"

Der Unterschied der Bedeutung der Worte brauche oder werde, also von der Erlaubnis zum tatsächlichen Tun, ist manchmal von sehr großer Bedeutung.

Oft steht auch die Egozentrik so sehr im Vordergrund, dass psychoanalytisch gesprochen von Grandiosität, Omnipotenz oder Größenselbst bzw. Größenideen ausgegangen werden kann. Das Falsche Selbst, oder mit Wilber gesprochen das Selbsterhaltungsbestreben, ist dann extrem stark oder besonders machtorientiert und das Holon Selbst will nur ein Ganzes sein und verleugnet den Teilaspekt. Denn erinnern wir uns, wie sind immer zugleich Teil und Ganzes. Diesen Satz können wir nicht oft genug wiederholen. Wenn also Größenvorstellungen vorherrschen, kann es sehr sinnvoll sein die Erlebniszustände und Gefühle, die nicht ins Bewusstsein kommen dürfen, direkt anzusprechen.

„Ich fühl mich so hilflos und schwach"
„Ich fühle mich klein und bedürftig"
„Ich fühle mich so einsam"
„Ich fühle mich so klein"
„Ich fühle mich so leer"

Das Wörtchen „so" verstärkt noch mal die Bedeutung des Gefühls und ist häufig sehr hilfreich aber nicht immer notwendig. Erlebt der Mensch diese Gefühle aber gerade sehr ausgeprägt und leidet darunter, dann arbeite ich eher nur mit beiden gegensätzlichen Anteilen, wie weiter oben dargestellt, um den Prozess der Synthese zu unterstützen. Gleiches gilt, wenn sich in dieser Arbeit zeigt, dass diese Sätze die Zerrissenheit stabilisieren oder wieder neu herstellen, was häufig der Fall sein kann. Es kann natürlich auch vorkommen, dass solche Gefühle und andere sehr schmerzhafte Zustände eher aus dem wahren Selbst kommen und bis dahin tief im Unbewussten also besonders tief verdrängt oder abgespalten waren. In anderen Worten, das Selbstauflösungsbestreben des Holons Selbst wird übermäßig stark und die Gefühle entsprechend intensiv. Hier sind also größte Achtsamkeit und auch ein sehr behutsames Vorgehen notwendig um die Erschütterungen in der Therapie nicht noch zu wiederholen. All die hier beschriebenen Sätze oder sehr ähnliche sind nur mit größter Behutsamkeit anzuwenden aber manchmal sind sie eben sehr wichtig.

Erwähnen möchte ich noch, dass ein Zusammenbrechen des falschen Selbst oder ein heftiger Wechsel vom Selbsterhaltungsbestreben zur Selbstauflösung natürlich in einer solchen Arbeit nicht gerade selten ist. Menschen, die derartige Zusammenbrüche erleben, müssen ganz besonders gut gehalten werden. Schutz, Zugehörigkeit und Halt wird dann ganz intensiv gebraucht, manchmal auch durch direkte körperliche Unterstützung oder ganz besonders viel therapeutische Wärme und Zuwendung. Wenn dies zu wenig gewährleistet wird, ist die Gefahr sehr groß, dass ein erneuter schneller Wechsel in das falsche Selbst des Selbsterhaltungsbestrebens eintritt. Die Masken der Scham bekommen wieder Oberhand und Rückfälle der verschiedensten Art des Ausagierens, z. B. Wut, Impulsivität oder Sucht können wieder auftreten. Auch andere Arten der Abwehr, der Vermeidung oder Entwertungen und Abbrüche, können sich einstellen wenn hier Achtsamkeit, Empathie und feine Dosierung fehlen.

Zum Thema Leeregefühl ist noch festzustellen, dass einerseits ein Erleben von Leere möglich ist in Verbundenheit mit schmerzhaften Gefühlen oder gar Verzweiflung, es gehört dann zur Selbstauflösungstendenz und andererseits gibt es auch ein Gefühl von Leere, das zur Selbsttranszendenz gehört. Natürlich ist dann die Unterscheidung sehr wichtig und deshalb werde ich in einem späteren Kapitel noch näher darauf eingehen.

Kommen wir zurück zur Arbeit mit neuen Einstellungssätzen. Zum vorherigen Absatz passt auch noch die Feststellung, dass die meisten Menschen mit dieser Problematik aus dem Kontakt mit anderen Menschen gehen, wenn sie diese Gefühle spüren. Deshalb sind auch diese Sätze oft sehr sinnvoll.

„Ich bin im Kontakt mit dir und ich zeige dir meine Gefühle“
„Ich bleibe im Kontakt mit dir und ich zeige dir meinen Schmerz“
„Ich fühle mich verletzt von dir und ich zeige dir meinen Schmerz“

Abgesehen davon, dass es sich dann meist auch um Kontaktverlust zu sich selbst handelt, ist zu solchen oder ähnlichen Sätzen folgendes zu sagen. Menschen mit einem extremen Selbsterhaltungsbestreben also einer starken Egozentrik können schmerzliche Gefühle oft gar nicht wahrnehmen und natürlich ist dann ein solcher neuer Einstellungssatz anfangs nicht echt. Menschen sagen dann schon mal: „Das stimmt doch gar nicht“ oder „ich fühle doch gar keinen Schmerz“. Erstens ist es immer wichtig die Spirale und das COEX-System zu sehen und dann vielleicht einen Satz aus den vorherigen W-Memen vorzuschlagen. So können wir beispielsweise mit der Scham beginnen.

„Ich schäme mich und bleibe da“
„Ich schäme mich und gehe in Kontakt zu dir“
„Ich schäme mich und zeige dir meine Gefühle“
„Ich bin im Kontakt mit dir und ich zeige dir meinen Schmerz“

Solche Sätze auch etwa in dieser Reihenfolge können den Weg bahnen zum direkten Wahrnehmen und Zeigen von schmerzlichen Gefühlen. Klar ist allerdings, dass man nicht mit einer Person ständig neue Sätze anwendet oder sie ganz locker und beliebig austauscht oder mit mehreren Einstellungssätzen einfach nacheinander übt. Nein, natürlich nicht. Im Gegenteil, ich versuche mit den Betreffenden gemeinsam immer Sätze zu finden, die tiefe innere Haltungen und Einstellungen aus dem COEX-System berühren und für lange Zeit geübt werden können. Manchmal ist es allerdings so, dass mal ein Satz geübt werden muss, der aktuell wichtig ist, der vorübergehend notwendig und sinnvoll ist, um den Veränderungsprozess genau zu diesem Zeitpunkt und in dieser Situation zu unterstützen. Das Spektrum der Bedeutungen solche Sätze reicht also von spontanen Übungen bei denen die Sätze vielleicht nur in dieser Situation sinnvoll sind bis hin zu Einstellungssätzen, die für das ganze weitere Leben bedeutend sein können.

Als zweites muss ich erwähnen, dass Menschen manchmal bei der Arbeit mit diesen Sätzen mit der Haltung üben sollten „so zu tun als ob“, „als ob es schon so wäre“, d.h. auch wenn jemand die schmerzlichen Gefühle (noch) nicht spürt, tut er so als ob er sie spüren würde und übt in dieser Haltung. Wie schon meinen Ausführungen zu entnehmen ist, kommt es dann häufig während der Arbeit zum Bewusstwerden dieser Gefühle. Auch hier muss der Therapeut gerade sehr empathisch und achtsam sein und auf Authentizität achten.

Als letztes nun noch einige Beispiele aus der Arbeit wenn die Egozentrik, die Größenvorstellungen und Omnipotenz oder die völlig überhöhten Ansprüche ganz zentral im Vordergrund des Erlebens stehen. Das muss allerdings nicht unbedingt bedeuten, dass sie dem Übenden wirklich bewusst sind, aber Außenstehende bemerken sie eher deutlich. Dann können Sätze hilfreich sein wie:

„Ich gehe einfach meinen einfachen Weg"

Hier ist die doppelte Vereinfachung besonders wirkungsvoll und wird auch oft mit Schmunzeln angenommen.

„Ich gehe einfach meinen Weg"
„Ich bin einfach da und brauche nichts zu tun"
„Ich bin einfach da, egal was ich will oder erwarte"

Sätze dieser Art habe ich schon sehr oft vorgeschlagen und sie werden in der Regel gerade auch von Menschen als hilfreich akzeptiert, die unter einem zu starken Größenselbst leiden. Die letzten drei Sätze sind sehr differenziert für ganz bestimmte Personen in einer ganz bestimmten Situation entwickelt worden. Deshalb sind solche Sätze nur sehr individuell und situationsbezogen sinnvoll.

Fassen wir nun die Einstellungsarbeit zusammen, die mit dem roten W-Mem oder der Bearbeitung der Egozentrik des Menschen zu tun hat. Da geht es um die Gegensätze von Macht und Ohnmacht, von Erobern und erobern lassen von Beherrschen und beherrscht werden. Anders ausgedrückt, das übertriebene Selbsterhaltungsbestreben ist von zentraler Bedeutung einer Persönlichkeit oder im Wechsel dazu auch die extreme Selbstanpassung und letztlich auch eine verstärkte Selbstauflösungstendenz. Die sich daraus ergebenden Spannungen und die fehlende Balance ist dann immer das Thema bei den inneren Einstellungen.

Schauen wir nun noch auf die Spirale und das COEX-System. Menschen, die hier besonders geprägt sind und starke Erschütterungen des Selbst in dieser Entwicklungszeit erlebt haben, hatten meist auch schon vorher in den Stufen der beiden vorhergehenden W-Meme bestimmte Erschütterungen und Prägungen erlebt, sodass das COEX-System da schon seinen Anfang nahm. Regressionen in diese Stufen sind also keine Seltenheit und müssen in der Arbeit mit inneren Einstellungen immer beachtet und dann auch sorgfältig bearbeitet werden. In der klinischen Behandlung, die psychoanalytisch orientiert ist, kommt es dann manchmal zur Diagnose einer speziellen Art der Persönlichkeitsstörung. Man spricht beispielsweise von einer narzisstischen Persönlichkeitsstörung (NPS), die sich teilweise oder zeitweise auf Borderline-Strukturniveau befindet. Hier können wir nun sagen, dass wir es mit einer Pathologie zu tun haben, die gleichzeitig im purpurnen und roten W-Mem vorkommt und diese Meme dann häufig blockiert oder geschlossen sind, so dass ein Fließen auf der Spirale nicht mehr möglich ist. Erst durch das Fließen, also die „freie“ Bewegungsmöglichkeit auf der Spirale kann sich eine Spirale der Wandlung ergeben.

16. Die Wandlung der Beziehung zur inneren Mutter

„Ich spreche nicht über bestimmte Frauen, lebendige Wesen aus Fleisch und Blut, sondern von der FRAU, der überlebensgroßen, weiblichen Schattengestalt, die unsere Fantasie beherrscht, unsere Gefühle bestimmt und indirekt viele unserer Handlungsweisen lenkt."
(Sam Keen)[1]

Im nun folgenden Kapitel geht es mir um die Schwierigkeiten mit der Männlichkeit oder genauer gesagt um Leidenszustände, die mit der männlichen Zerrissenheit, wie ich sie im 5. Kapitel ausführlich beschrieben habe, zu tun haben. Ich möchte hier noch einmal betonen, dass es sich dabei grundsätzlich nicht um die sogenannte Borderline-Zerrissenheit oder um die narzisstische Zerrissenheit handelt, die ich in den letzten beiden Kapiteln besprochen habe, sondern um eine sehr spezifische innere Zerrissenheit, die im unterschiedlichen Ausmaß zur männlichen Geschlechtsidentität gehört. Die damit verbundene Verschmelzungsneigung führt allerdings nicht in jedem Fall zur Destabilisierung oder Auflösung des Ichs wie bei der Borderline-Verschmelzung sondern es kommt nur zur zeitweiligen Instabilität des Selbst, wie es sich als Selbstanpassung beschreiben lässt. Vorübergehend kann der Mann sein Selbst sozusagen von der Frau bestimmen lassen und ganz in der Verschmelzung versinken.

Diese Zustände gehören also zum blauen oder auch zum orangenen W-Mem, und in der Integralen Psychologie von Ken Wilber handelt es sich dabei um innere Konflikte, die mit dem Lebensplan (Skript) und den Rollen zu tun haben; er spricht von den Drehpunkten D3 und D4. Allerdings können sich auch diese Zustände manchmal regressiv aus dem roten W-Mem oder auch aus dem purpurnen W-Mem heraus zeigen. Das ist eben dann der Fall, wenn ein Mann im Zustand seiner männlichen Zerrissenheit handelt, jedoch plötzlich narzisstisch oder borderline-typisch reagiert. Ich werde auf solche Beispiele im weiteren Verlauf genauer hinweisen.

Erinnern wir uns, die typische männliche Zerrissenheit ist die zwischen dem Wunsch nach Nähe oder Symbiose und der mehr oder weniger heftigen Distanzierung. Da diese Zustände ja mit dem möglicherweise klammernden, einengenden oder sonst tendenziell grenzüberschreitenden oder dominantem Verhalten der Mutter zu tun hat, könnte ein erster hilfreicher neuer Einstellungssatz lauten:

„Ich brauche deine Nähe und ich bleibe bei mir"

Dieser Satz, den sehr viele Übende selbst formuliert haben, ist schon gleich ein Satz, der tendenziell zwar der Borderline-Zerrissenheit zwischen Verschmelzung und Distanz sehr nahe kommt, dennoch ist er allgemein auch für sehr viele Männer hilfreich ohne dass sie grundsätzlich die Pathologie aus dem purpurnen W-Mem zeigen.

Ist die Auseinandersetzung mit der verinnerlichten Mutter schon sehr bewusst und wird ganz aktuell zum Thema, können Sätze folgenden Inhalts sinnvoll sein:

„Ich brauche deine Liebe und ich lass mich nicht benutzen"
„Ich bauche deine Nähe und ich lebe mein Leben wie ich will"

Beide Sätze können hilfreich sein, wenn ein Mann eine sehr dominante, bestimmende oder auch grenzüberschreitende Mutter hatte. An dieser Stelle ist vielleicht noch mal sehr deutlich zu machen, das solche Sätze fasst immer individuell sehr unterschiedlich sind und für jeden Mann entsprechend seiner Schamgeschichte und seiner Lebenssituation ein passender Satz gefunden werden muss.

Geht es in einer therapeutischen Situation darum, direkt die Wut oder die Aggression und manchmal auch den Hass auf die Mutter zuzulassen, dann kann es sein, dass wir schon mal auf das Wort Scheiß kommen.

„Ich brauch deine Liebe und nicht deinen Scheiß"
„Ich brauch deine Nähe und behalt du deinen Scheiß für dich"

Hierzu ist festzustellen, dass ich das Wort Scheiß nur dann benutze, wenn die Wut sehr offen wird und die Benutzung des Wortes für den

Betreffenden annehmbar und in seinem Sprachgebrauch auch eher üblich ist. Manchmal finden wir auch gemeinsam andere Worte, die gefühlsmäßig und inhaltlich auch das zurückgeben worauf es ankommt.

So muss auch oft die Verantwortung oder die Zuständigkeit für Gefühle oder das Wohlbefinden der Mutter zurückgegeben werden und gleichzeitig ein Schritt in die Autonomie erfolgen.

„Ich brauch deine Liebe und ich bin für deine Gefühle nicht verantwortlich „
„Ich lebe meine Leben gut und es ist mir egal was du dazu meinst."
„Ich lebe mein Leben und mir ist scheißegal wie`s dir damit geht"
„Ich brauch deine Liebe und ich bin für dich nicht zuständig"

Der erste Satz ist eher dann hilfreich, wenn die Mutter den Sohn für sich und ihr Wohlgefühl oder ihre Selbstwertstabilisierung benutzt hat, der zweite passt eher, wenn die Mutter sehr bestimmend war und der dritte und auch der vierte sind wieder eher passend, wenn die Mutter häufig mit ihrer Befindlichkeit, ihrem Gefühlsleben oder ihrem Leiden gedroht, also manipuliert oder emotional erpresst hat. Manchmal müssen wir dieses Verhalten als emotionalen Missbrauch bezeichnen. Wichtig aber auch selbstverständlich ist hier manchmal die deutliche Klärung, dass Sätze dieses Inhalts nur benutzt werden, wenn die direkte Auseinandersetzung mit der verinnerlichten Mutter aktuell das Thema ist. Meist ist dies jedem Übenden selber klar, denn er befindet sich ja gerade in dieser heftigen, emotionalen Konfliktsituation, die er regressiv erlebt und aus einer früheren Zeit kennt. Dennoch kann es manchmal wichtig sein, noch mal zu betonen, dass die Inhalte nicht auf Personen im Hier und Jetzt zu übertragen sind.

Natürlich können diese Sätze wieder bei jedem Mann und in jeder Phase des Entwicklungsprozesses etwas anders sein. Auch mögliche Betonungen, die hier unterstrichen sind, können sich verändern.

Nun zum Schluss dieses Abschnitts möchte ich noch zur Arbeit mit den zwei besonderen Typen der männlichen Zerrissenheit etwas sagen, die ich im 5. Kapitel ausführlich besprochen habe. Da ist zuerst einmal der ewige Jüngling. Wenn ich in Vorträgen über die Therapie des Puer Aeternus berichte, dann erwähne ich drei Entwicklungsschritte: erstens arbeiten, zweitens arbeiten, drittens arbeiten. Nach dem ersten Lachen erfolgt dann eine genauere Erklärung, die etwas so lauten kann, dass der ewige Jüngling besondere Schritte in der Entwicklung braucht, die mit der Übernahme von Verantwortung, sowie mit Beständigkeit und Verlässlichkeit zu tun haben. Eine beständige Arbeit, in der man jeden Tag regelmäßig bestimmte Aufgaben hat und vor allem auch Dinge tut, die zu diesen Aufgaben gehören und nicht immer nur Spaß machen, ist dafür sehr hilfreich und auch notwendig. Es handelt sich bei dieser Verantwortung aber letztlich nicht um Verantwortung im Berufs- oder Arbeitsleben, sondern um Verantwortung im Bereich der zwischenmenschlichen Beziehungen und des Gefühlslebens. Dies ist für viele Männer tatsächlich erstmal etwas ganz neues. Die Entwicklungsschritte haben etwas zu tun mit Beständigkeit und Verlässlichkeit und meist auch mit Geduld und Disziplin.

Neben dem emotionalen Durcharbeiten tiefer liegender Konflikte ist hier das praktische Üben in den Bereichen von Kontakt und Kommunikation besonders wichtig. In der Therapeutischen Gemeinschaft sind die entsprechenden Aufgaben und Auflagen sogar dringend erforderlich, damit sich destruktive Verhaltensmuster nicht immer wieder neu verstärken dadurch, dass man ja zur Gemeinschaft gehört.

Hier nun einige Sätze die für den ewigen Jüngling hilfreich sein können:

„Ich allein bin verantwortlich für mein Leben"
„Ich übernehme Verantwortung und bleibe im Kontakt mit dir"
„Ich übernehme Verantwortung und zeige dir meine Gefühle"
„Ich bin verantwortlich für <u>mein</u> Leben und ich stelle mich dem Konflikt mit dir"

Bei diesen Einstellungssätzen kann mal die Übernahme von Verantwortung das zentrale Thema sein, manchmal der Kontakt oder auch der Ausdruck von Gefühlen wie Ärger oder Schmerz und damit die Förderung der Konfliktfähigkeit.

Beim sogenannten Kümmersyndrom geht es meist darum, männliche Kraft und Stärke oder Vitalität und Lust zu wenig zu leben.

„Ich bin ein kraftvoller und lustvoller Mann und ich will <u>so</u> von dir gesehen werden"

„Ich will dass du meine Kraft und meine Vitalität siehst und annimmst"

Solche oder ähnliche Sätze haben sehr oft bei Männern gut und ausgesprochen hilfreich gewirkt, die eher gehemmt und im Kontakt extrem zurückhaltend waren, sowie tendenziell eher angepasstes und abhängiges Verhalten zeigten.

Als letztes werde ich noch kurz auf das Thema eingehen, dass sehr viele Männer als Schwierigkeit in sich tragen. Es ist der fehlende Vater. Erinnern wir uns, der Vater ist in der normalen Entwicklung Helfer für das Kind bei der Entidentifizierung oder Loslösung von der Mutter. Nun kann im Rahmen der Einstellungsarbeit der Mann hilfreiche Sätze finden um sich mit dem fehlenden Vater auseinanderzusetzen.

„Ich hätte deine Liebe so gebraucht"
„Ich hätte dich (deine Kraft, deine Unterstützung) so gebraucht"

Das sind zwei Beispiele von Einstellungsätzen, die in der Regel sehr schnell zu der Trauer des Verlustes führen und dadurch eine notwendige Trauerarbeit unterstützen können.

Wie bei der ganzen Arbeit mit neuen inneren Einstellungen ist es gerade hier sehr wichtig, praktische Übungen und Aufgaben oder Auflagen zu finden, die neue Verhaltensweisen etablieren und festigen können. Eine Einstellungsarbeit, wie ich sie hier beschreibe, wäre ohne konkretes Üben von neuem Verhalten nur teilweise hilfreich und überhaupt nicht ausreichend. Im Gegenteil, die kurzfristigen Erfolgserlebnisse einer solchen Arbeit könnten manchmal dazu verführen, die emotionale Euphorie eines ewigen Jüngling zu verstärken und somit die unangemessenen Charakterhaltungen und Einstellungen noch zu festigen. Die Veränderung des tatsächlichen Handelns, des Tuns, ist unbedingt erforderlich, denn Lernen und Entwicklung geschehen ja immer auf den drei Ebenen Emotionen, Kognitionen und Verhalten.

17. Die Wandlung der Beziehung zum inneren Vater

„Die erbärmliche Weide, meine Seele,
die geduldig erträgt, sich flechten und beugen läßt
von anderen Händen"
(Karin Boye)[1]

Im sechsten Kapitel habe ich ausführlich über die Vatertöchter berichtet und die typischen Schwierigkeiten dieser Frauen dargestellt. Hier geht es mir nun um die Arbeit mit inneren Einstellungen dieser sogenannten Vatertöchter. Ich habe hier die Schwierigkeiten, die Töchter mit ihren Vätern haben können und die entsprechenden Verletzungen herausgegriffen, da diese meist eine sehr spezielle Bedeutung für das Beziehungsverhalten von Frauen haben und oft übersehen werden. Auch hier handelt es sich ja um mögliche pathologische Entwicklungen im Bereich des blauen oder orangenen W-Mems oder um die Probleme mit dem Lebensskript und mit den Rollen, also um Störungen in den Drehpunkten D3 und D4 der Integralen Psychologie.

Auch bei diesem Thema kann es natürlich immer auch störende Entwicklungen der vorherigen Stufen Rot oder Purpur geben und dadurch kommt es dann gelegentlich zu narzisstischem oder borderline-typischem Verhalten. Solche frühen Verletzungen und Erschütterungen des Selbst, die zur Scham führen, sind dann im Extremfall als pathologisches rotes oder purpurnes W-Mem anzusehen. Klar ist natürlich, dass es Frauen gibt, die durch diese sehr frühen Beschämungen ihr stärkstes Leiden im purpurnen und im roten Entwicklungsschritt entwickeln. Dann kommt es entsprechend dem COEX-System zur frühesten Zerrissenheit, die Borderline-Zustände zur Folge haben oder zur Zerrissenheit des Selbst wie ich sie für jeden Menschen im dritten Kapitel beschrieben habe und erst daran anschließend in der Spirale zu der hier zu beschreibenden Problematik.

In dieser Problematik sind also grundsätzlich die Sehnsüchte oder das Suchen nach der Anerkennung durch den Vater, die viele Frauen so belasten oder ihr Verhalten bestimmen und damit zu großem Leid führen. Genauer gesagt und in Bezug auf die Scham sind es die tiefen Wünsche und Bedürfnisse danach, vom Vater gesehen zu werden, welche diese Frauen in sich tragen. Ein sehr typischer neuer Einstellungssatz, der Frauen auch erst mal zu den verborgenen Gefühlen kommen lässt und häufig sehr wichtig sein kann, ist hier das erste Beispiel. Im zweiten Satz ist wieder das Wörtchen „so" betont, weil es auf die individuellen Persönlichkeitsanteile ankommt und der dritte Satz betont noch mal den Wunsch nach angenommen werden und die individuelle Besonderheit.

„Ich will von dir gesehen werden"
„Ich will von dir gesehen werden, so wie ich bin"
„Ich will von dir so gesehen und angenommen werden, so wie ich wirklich bin"

Viele Väter haben nicht den wohlwollenden und anerkennenden Blick für die Tochter, ganz einfach so, wie sie ist. So fehlt diesen Töchtern natürlich die grundsätzliche Bestätigung aber auch und manchmal ganz besonders die Wertschätzung der Tochter in ihrer Weiblichkeit. Hier müssen wir festhalten, dass diese Anerkennung und Bestätigung selbstverständlich nichts mit Sexualität zu tun hat. Es ist eher eine existenzielle Achtung und Wertschätzung, aber eben auch in der weiblichen Identität, die Töchter von ihren Vätern brauchen. Solche Sätze, wie die drei gerade erwähnten, wirken für viele Frauen äußerst befreiend und können sehr hilfreich sein in der Verarbeitung der Trauer und des Verlustes.

Natürlich sind für diese Vatertöchter auch immer wieder Einstellungssätze hilfreich, die der Abgrenzung dienen, in denen die Tochter dem Vater etwas zurückgibt oder in denen sie ihre Autonomieschritte noch mal bekräftigen.

„Ich brauche deine Anerkennung und ich lass mich nicht von dir benutzen"
„Ich brauch deine Anerkennung und bin für dich nicht zuständig"
„Ich brauch deine Liebe und behalt du dein Scheiß für dich"

Wenn es manchmal darum geht, dass eine Vatertochter lernt, vom Vater zu fordern, Bedürfnisse und Wünsche zu zeigen und sich wirklich ihr Recht nimmt, etwas zu holen oder zumindest den Anspruch auszusprechen etwas zu bekommen, dann können Frauen mit Sätzen etwa in dieser Art Schritte in ihrer Entwicklung unterstützen.

„Ich hätte deine Liebe anders gebraucht"
„Ich brauche deine Kraft und Unterstützung"
„Ich hab ein Recht darauf, dass du für mich da bist"

Wenn der Schritt der Loslösung vom verinnerlichten Vater ganz stark im Vordergrund steht, dann könnte ein Satz in dieser Art konstruktiv und sinnvoll sein.

„Ich brauch deine Liebe und ich schaffs auch ohne dich"
„Ich gehe meinen Weg und ich scheiß auf deine Liebe"
„Ich lebe mein Leben gut und mir ist egal was du dazu meinst"

Es ist sicher schon deutlich geworden, dass diese Arbeit mit den Einstellungssätzen so wie ich sie hier beschreibe, meist eingebettet ist in eine längere und regelmäßige therapeutische Begleitung. Denn es geht natürlich oft um eine notwendige Trauerarbeit, um emotionales Durcharbeiten von tieferen Konflikten und um eine achtsame Selbstentwicklung, die meist sehr langsam und oft nur in kleinen Schritten verläuft.

Dennoch kann die Einstellungsarbeit sehr hilfreich sein, um neue Weichen in der Entwicklung zu stellen oder um wirklich neue Wege der Wandlung zu finden.

Diese Arbeit ist auch immer so zu verstehen und zu praktizieren, dass oft ein Satz gefunden wird, der für längere Zeit in der Entwicklung und im Prozess der Wandlung hilfreich sein kann. Manchmal gibt es einen Satz der gerade aktuell sehr sinnvoll ist aber bei dem sehr deutlich ist, dass bald ein neues Thema oder eine Weiterentwicklung des Themas in den Vordergrund rückt und damit auch ein anderer Satz oder eine Veränderung des Einstellungssatzes gefunden werden kann. Die dritte Möglichkeit ist die, dass tatsächlich ein Satz gefunden wird, der für das ganze weitere Leben als eine, vielleicht auch entscheidende, neue innere

Einstellung passt und mit dem dann immer wieder geübt werden kann. Letzteres darf natürlich auf keinen Fall so verstanden werde, dass es schlicht ausreicht, einmal mit einem solchen Satz zu üben und alle Schwierigkeiten im Leben ließen sich damit bewältigen.

Bevor wir uns den Einstellungen zuwenden können, die dem Suchtverhalten von Männern und Frauen in Beziehungen zugrunde liegen, möchte ich noch betonen, dass die hier vorgestellten Einstellungssätze natürlich auch manchmal für Männer hilfreich sein können. Meist sind sie dann etwas abgewandelt, so wie auch die Sätze die ich im vorherigen Kapitel für Männer vorgeschlagen habe, entsprechend verändert auch für Frauen hilfreich sein können. Denken wir wieder an die acht Komplexe, die mit den Eltern zu tun haben. Aus diesen männlichen und weiblichen, positiven und negativen Mutter- und Vaterkomplexen ergeben sich entsprechend viele Variationen von Einstellungsätzen.

18. Die Suche nach der frühen Einheit

„Bei zunehmender Sucht werden die Süchtigen Zwanghaft an das Suchtobjekt sowie an das damit einhergehende, destruktive und selbstzerstörerische Verhalten gekettet“
(Christina Grof)[1]

Im folgenden Abschnitt will ich mich mit dem Suchtverhalten beschäftigen wie wir es in den zwischenmenschlichen Beziehungen der Menschen erleben können. Wir haben es dabei in der Regel wieder mit Störungen und Beeinträchtigungen zu tun, die mit dem Rollenverhalten und dem Lebensskript zusammenhängen. Es geht mir also, wie im vorherigen Kapitel, ganz speziell um die stark ausgeprägten Verhaltensmuster von „Muttersöhnen“ und „Vatertöchtern“, die mehr oder weniger zwanghaft an Liebesobjekten anhaften. Das können wir als Pathologien des blauen oder orangenen W-Mems der Spirale verstehen, oder wir betrachten es als Störungen der Drehpunkte D3 und D4 der Integralen Psychologie. Allerdings ist dieses Verhaftet-Sein auch ein zu starkes Gebunden-Sein an die Bezugsperson, die in den frühen purpurnen und roten Entwicklungsstufen so bedeutend waren. Es ist also die Restbindung an eine sogenannte frühe Mutterbeziehung, die zum Suchtverhalten in Beziehungen führt und der fehlende oder ein emotional abwesender bzw. ein unzureichender Vater gehört auch immer zu dieser narzisstischen Problematik hinzu. Gerne spreche ich im Zusammenhang mit dem Vater, der aus meiner Sicht auch so früh wie möglich eine enge Beziehung zum Kind eingehen sollte, auch von einer frühen Vaterbeziehung. Das egozentrische Selbst- und Weltbild konnte sich also nicht genügend integrieren, sodass es immer wieder zu Regressionen auf diese Stufe kommt. Es ist letztlich eine zwanghafte Suche nach der Mutter oder dem Vater, die bei der Sucht in Beziehungen die treibende Kraft darstellt. Dies ist natürlich umso schwieriger, da eine solche Sehnsucht gerade nicht im Bewusstsein sein darf, also abgespalten werden muss. Im 7. Kapitel habe ich darüber ausführlich berichtet. Aus der Sicht der Spirale müssen wir also feststellen, dass das süchtige Verhalten von Muttersöhnen und Vatertöchtern immer auch eine Regression in ein Muster des roten W-Mems oder sogar in noch früher entstandene Muster sein kann.

Narzisstische Lüsternheit

Kommen wir nun zur Sexsucht und zu den inneren Eistellungen, die mit dem sexsüchtigen Verhalten zusammenhängen. Aus Marlon Brandos Biografie kennen wir seine Äußerung: „In jeder menschlichen Kultur werden die Männer von genetisch bestimmten Impulsen, über die sie keine Kontrolle haben, getrieben, ihren Samen auf so viele Frauen wie möglich zu verteilen".[2] Diese Haltung des Schauspielers Marlon Brando gibt uns einen deutlichen Hinweis auf das Bewusstsein, aus dem sich die inneren Einstellungen der Sexsucht entwickeln können. Seine Biografie „Mein Leben", die ich im Rahmen meiner Vorbereitungen für dieses Buch gelesen habe, stellt für mich grundsätzlich eine Fundgrube dar, für Einzelheiten aus dem Leben, die mit männlichem Narzissmus und Sucht zu tun haben.

Aus tiefenpsychologischer Sicht ist die narzisstische Lüsternheit, wie wir Sexsucht auch benennen können, eine Möglichkeit oder ein Mittel um der Fragmentierung, also einem „Zerfall" oder einem „Zusammenbruch" des Selbst zu entgehen. Diese Lüsternheit kann also davor schützen und den Betroffenen davor bewahren, in frühere Bewusstseinsstufen zu regredieren, in denen die Selbstauflösungstendenz stärker wird. Es geht also darum, Gefühle wie Leere, Verzweiflung, Einsamkeit, Schmerz und stärkste Scham nicht zu spüren und sie vom bewussten Erleben fernzuhalten. Stattdessen kommt es zu einer Abspaltung des sexuellen Dranges vom gesamten Gefühlsleben und allen anderen Persönlichkeitsanteilen und damit zur Lüsternheit und zum süchtigen Sexualverhalten.

Da ich fast nur Männer erlebt habe, die unter dieser Sucht leiden, sehe ich einen deutlichen Zusammenhang zur typisch männlichen Zerrissenheit des Muttersohnes. Je weniger also diese innere Zerrissenheit bei einem Mann überwunden ist, desto stärker kann natürlich auch die Regression auf die egozentrische Stufe sein und unter bestimmten

Bedingungen führt dies bei manchen Männern eben zur Sexsucht. In den meisten Biografien von sexsüchtigen Männern ist eine dominante Frauen- oder Mütterwelt und allgemein auch süchtiges Verhalten zu finden.[3] Dies bedeutet dann meist, dass Jungen, die so aufwachsen, kaum Konfliktfähigkeit entwickeln, und dieser Mangel zeigt sich dann vor allem im direkten emotionalen Kontakt zu Frauen. Aggressionen und sogar Hass gegenüber Frauen kann zwar besonders stark vorhanden sein, diese Affekte sind jedoch auch besonders extrem vom bewussten Erleben abgespalten. Bei der Arbeit mit den inneren Einstellungen geht es also in erster Linie darum, zu lernen, die Gefühle, die sich durch die Erschütterungen im Kontakt zur Mutter entwickelt haben, wahrzunehmen, anzunehmen und dann auch besonders im Kontakt zu Frauen zuzulassen. Deshalb sind oft Sätze hilfreich, die in der Vorstellung der Mutter gesagt werden und etwa so lauten können.

„Ich bleibe im Kontakt mit dir und zeige dir meine Gefühle"
„Ich fühl mich verletzt von dir und zeige dir meinen Schmerz"
„Ich bin im Kontakt mit dir und zeige dir meinen Ärger (meine Wut)"

Der erste Satz kann sehr sinnvoll sein, wenn es überhaupt darum geht, Kontaktfähigkeit zu entwickeln und grundsätzlich Gefühle zu zeigen. Beim zweiten Satz ist das Zeigen von Schmerz und Verletzung sehr im Vordergrund und beim dritten Satz ist Ärger und Wut sehr zentral. Manchmal kann es auch günstig sein, sich bei dieser Art zu arbeiten auch die Ehefrau oder Partnerin vorzustellen. Selbstverständlich muss hin und wieder deutlich gemacht werden oder daran erinnert werden, dass solche Sätze nur für die Arbeit an sich selbst gedacht sind und nicht dafür bestimmt sind, sie real existierenden Personen direkt zu sagen.

Natürlich geht es auch gerade hier wieder besonders um das Bedürfnis nach Nähe und Liebe oder um den Zusammenhang zur Scham deutlich zu machen, um das tiefe Bedürfnis wirklich gesehen zu werden.

„Ich will von dir gesehen werden und zeige dir meine Gefühle"
„Ich will, dass du meinen Schmerz und meine Wut annimmst"
„Ich brauche deine Liebe und zeige dir meine Verletzung"
„Ich brauche deine Nähe und zeige dir meinen Schmerz"

Ich will hier keine weiteren Vorschläge für Einstellungssätze machen, sondern eher nochmal betonen, dass für jeden Menschen, mit seiner ganz individuellen Biografie und seiner Schamgeschichte für die jeweilige Situation in der er sich gerade befindet, gemeinsam ein passender Satz gefunden werden sollte. Meine vielen Beispiele könnten möglicherweise dazu verführen, eine sehr differenzierte Diagnostik zu vernachlässigen und eine Beliebigkeit an ihre Stelle zu setzen. Außerdem geht es ja auch darum die Arbeit mit Einstellungssätzen in vielen Fällen nur als Begleitung einer intensiven Therapie zu sehen und meine Aufzählungen sollten auch wieder nicht dazu dienen, schnell mal eben mit einem irgendwie schon passenden Satz zu arbeiten.

Als zweiten sehr wichtigen Gesichtspunkt muss ich gerade hier bei der Arbeit mit Menschen, die unter Sexsucht leiden, wieder deutlich machen, nämlich wie wichtig die konkreten Aufgaben, die der Übung dienen, für eine positive Entwicklung und für eine Wandlung der inneren Einstellungen sind. Bevor ich dazu einige Bemerkungen mache, möchte ich noch anmerken, dass es in der Arbeit mit sexsüchtigen Menschen oder eben besonders mit Männern immer wieder sein kann, dass Sätze aus den vorherigen Stufen hilfreich sein können. Es können Einstellungssätze sein, die zum Thema „männliche Zerrissenheit" und „Muttersohn" passen, Sätze die den männlichen Narzissmus betreffen oder Sätze die zur Wandlung der Borderline-Zerrissenheit beitragen können. Wieder ein klarer Hinweis, wie wichtig eine differenzierte Diagnostik ist.

Bei den praktischen Aufgaben oder wie wir in der therapeutischen Gemeinschaft gesagt haben, den Auflagen, geht es meiner Erfahrung nach fast immer um die mangelnde Konfliktfähigkeit gegenüber Frauen. Das können Übungen sein wie im Kontakt bleiben, Übungen schmerzliche, unangenehme Gefühle wahrzunehmen und zu äußern, Ärger mehr wahrzunehmen und zu zeigen oder/und sich allgemein Konflikten mehr zu stellen. Solche Übungen sind vor allem wirkungsvoll und deshalb auch besonders wichtig im Kontakt zu Frauen.

Immer wieder hat sich gezeigt, dass besonders sexsüchtige Männer größte Schwierigkeiten haben können, überhaupt unangenehme, schmerzliche Gefühle wahrzunehmen, und dass sie oft längere Zeit brauchen, bis solche Auflagen zum Erfolg führen.

Zwischen Ich und Du

Ein schönes Zitat von Martin Buber nutze ich oft als Einstieg in die Arbeit zum Thema Beziehungssucht. Es lautet: „Die Liebe haftet dem Ich nicht an, sodass sie das Du nur zum ‚Inhalt' zum Gegenstand hätte, sie ist zwischen Ich und Du."[4]

Die Einstellungsarbeit mit Menschen, die unter Beziehungssucht leiden, ist häufig der Arbeit mit Sexsüchtigen sehr ähnlich, und sie erinnert manchmal auch an die Arbeit mit „Muttersöhnen" und „Vatertöchtern", denn bei den Ursachen dieser Schwierigkeiten finden wir so manche Gemeinsamkeit. Es sind immer die Erschütterungen des Selbst, die mit der Entwicklung der Geschlechtsidentität zusammenhängen und in den Stufen purpur bis orange erlebt werden können. Bei beiden Geschlechtern geht es in der Regel immer um die Restabhängigkeit von der Mutter und um die Sehnsucht nach dem Vater. Die feinen Unterschiede und die differenzierten Dynamiken müssen dann natürlich individuell genau herausgearbeitet werden.

„Ich gehen meinen Weg und mir ist egal, was du dazu meinst"
„Ich brauche deine Liebe und ich schaff's auch ohne dich"
„Ich lebe mein Leben auch ohne dich"

Diese Sätze, mit denen Betroffene schon sehr häufig gearbeitet haben, sind gerade Beispiele die zu all den angesprochenen Themenkomplexen passen können. Manchmal wurde ein Elternteil sehr emotional und appellativ oder emotional erpresserisch erlebt, hat mit Krankheit oder mit Tod gedroht und ist vielleicht sogar tatsächlich gestorben oder hat sich suizidiert. Eine Restabhängigkeit, die ja so gut wie immer unbewusst ist, kann in solchen Fällen ganz besonders stark sein und die negativen Einstellungen sind dann entsprechend starr und nur schwer zu verändern wenn man nicht an der Wurzel der Problematik arbeitet. Einige Sätze, mit denen gute Erfahrungen gemacht wurden lauten:

„Auch wenns dir schlecht geht, ich lebe mein Leben wie ich will"
„Ich gehe meinen Weg allein, egal wies dir damit geht"
„Auch wenn du mich verlässt, ich gehe meinen Weg"

„Auch wenn du stirbst, ich lebe mein Leben gut"

Nachdem wir nun einige neue Einstellungssätze kennengelernt haben, die bei Menschen mit Beziehungssucht wichtige Weichen für eine Veränderung und Entwicklung stellen können, kommen wir noch zum Thema Co-Abhängigkeit.

Ich will dir doch helfen

Über die Co-Abhängigkeit habe ich im 7. Kapitel bereits berichtet und deshalb will ich hier nur noch mal erwähnen, dass es um die Schritte in die Autonomie des Betroffenen geht und damit zusammenhängend um die Auflösung der Abhängigkeit davon, anderen zu helfen, nur für andere da zu sein oder gar andere zu retten. Die Co-Abhängigkeit muss allerdings klar als Sucht betrachtet werden und kann unabhängig von stofflichen Süchten gesehen werden. Anne Wilson Schaef schreibt: „Es wurde auch deutlich, dass viele Menschen, die typischen Merkmale der Co-Abhängigen zeigen, auch wenn sie in keiner engen Beziehung zu einer alkohol- oder drogenabhängigen Person standen".[5]

Da dies bei Frauen genauso wie bei Männern in der Regel die Abhängigkeit von der Mutter oder dem Vater oder genauer gesagt, die Abhängigkeit davon, verantwortlich für deren Gefühle oder deren Wohl zu sein ist, geht es um eine Konfrontation mit diesen Elternfiguren. Männer sind jedoch meist eher beziehungssüchtig, und die Person, um die es dann in der Einstellungsarbeit geht, ist dann meist die Mutter. Bei Frauen habe ich sehr oft eine Co-Abhängigkeit erlebt, die ganz sicher aus der Beziehung oder der fehlenden Beziehung zum Vater stammt und deshalb beziehen sich die Einstellungssätze auch meist auf die Auseinandersetzung mit dem verinnerlichten Vater, manchmal auch mit dem sogenannten imaginären Vater, wenn dieser real gar nicht anwesend war. Wie ich schon deutlich gemacht habe, wird dieses Thema der Vatertöchter sehr oft übersehen und von den Frauen selbst auch nicht wahrgenommen. Hier ist wieder oft zu entscheiden, ob man sich die Partnerin oder den Partner oder die Mutter oder den Vater als Gegenüber vorstellt. Steht beispielsweise ein aktueller Konflikt in der Partnerschaft im Vordergrund oder geht es, was meist der Fall ist, doch eher grundsätzlich um die tieferen Einstellungen. Außerdem ist auch wieder klar, dass Übungssätze, wie ich sie hier vorstelle, auch bei den vorher beschriebenen Themen angewendet werden können. In meinen langjährigen Begleitungen der Menschen in den Gruppen und den entsprechenden Erfahrungen konnte ich aber immer wieder feststellen, dass es meist die Vatertöchter waren, die unter dieser Sucht litten.

„Ich allein übernehme Verantwortung für mein Leben und ich bin für dich nicht zuständig"
„Ich lebe mein Leben und mir ist egal wie`s dir damit geht"
„Auch wenn`s dir schlecht geht, ich sorge gut für mich"
„Ich bin nur für mich allein verantwortlich"

Auch für die Männer und Frauen die unter Co-Abhängigkeit leiden, sind natürlich zusätzlich zu der Einstellungsarbeit praktische Übungen und Auflagen absolut erforderlich. Auch diese Aufgaben beziehen sich wie die Einstellungssätze auf die Abgrenzung, die Autonomieschritte und dazu passend auch auf konfrontierende Rückmeldungen an Menschen, die häufig andere für ihre Befindlichkeit und ihre Gefühle verantwortlich machen.

In den letzten Kapiteln habe ich mich mit den inneren Einstellungen beschäftigt, die besonders auf den Ebenen der Spirale von beige bis etwa blau durch beschämende Erschütterungen entstanden sind. Für die besonders häufig auftretenden Belastungen und Leidenszuständen aus diesen W-Memen habe ich neue Einstellungssätze vorgestellt mit denen in Gruppen seit vielen Jahren erfolgreich gearbeitet wird.

Nun will ich die Arbeit der Veränderung von Einstellungen in direkten Zusammenhang mit der Spirale bringen damit deutlich werden kann, wie aus der Entwicklungsspirale eine Spirale der Genesung werden kann.

19. Der Fluss der Genesung

„Die Spirale ist gesund, wenn jedes ihrer W-Meme in einer positiven Version zum Ausdruck kommen kann. Die Spirale ist gesund, wenn ihr Entwicklungswege zu komplexeren Ebenen des Denkens offen stehen.“ (Beck/Cowan)[1]

Die psychischen Leiden der Menschen haben ihre Ursachen in den Erschütterungen des Selbst oder auch in den Erschütterungen, die in einer Zeit erlebt werden, bevor es zu einer Entwicklung des Ichs gekommen ist. Diese Erschütterungen des Holons Selbst führen zu Zuständen der Irritation und der Desorganisation oder zu Zuständen einer völligen Instabilität, und das ist ein Zustand, den wir Scham nennen. Letztlich ist es also eine Art Auflösung des Selbst, wozu der Zusammenbruch des Selbstgefühls und des Selbstwertgefühls gehört, die wir Scham nennen. Auch die Erschütterungen, die vor und während und kurz nach der Geburt erlebt werden, also als sich noch kein empirisches Ich, wie es im Anschluss an die Theorien von Freud auch genannt wird, entwickelt hat, bilden die Grundlagen oder eine Art vorsprachliches, körperliches Fundament für später entstehende Scham. Ich sprach im Zusammenhang mit diesen frühesten Erfahrungen auch von physiologischen Schockzuständen.

Ich erinnere noch mal daran, dass diese Verletzungen im beigen W-Mem nicht nur zur Basisscham führen sondern auch zur Basisschuld, denn das Schuldgefühl ist ja nie weit von der Scham entfernt. Alle Erschütterungen, die also in letzter Konsequenz immer Beschämungen sind, können in unterschiedlichem Lebensalter, also in allen W-Memen stattfinden und bilden gemeinsam das sogenannte COEX-System.

In der Entwicklungsspirale kommt es nun beim Menschen zu Denkmustern und Verhaltensweisen, die je nach Lebensumständen und aktueller Situation aus einem dazu passenden W-Mem kommen. So wird der Fußballspieler aus dem roten W-Mem heraus handeln, um den Ball zu erobern, und der Student, der in die Prüfung geht, könnte idealerweise sein orangenes W-Mem mobilisieren. So können wir Menschen uns in verschiedenen Lebensbereichen und unterschiedlichen Situationen aus jeweils anderen, passenden W-Memen heraus verhalten. Es kommt auf ein mögliches Fließen auf der Spirale an. Es kann sozusagen rauf und runter gehen und es kommt auf diese Beweglichkeit an, um mit den Anforderungen im Leben gut umgehen zu kommen. Dies ist der normale Verlauf und ein Fließen auf der Spirale ist also immer wertfrei zu betrachten und sollte weder als gesund noch als krank bezeichnet werden, weil es mit diesen Kategorien nichts zu tun hat.

Wir wissen aber auch, dass es pathologische Meme oder wie Wilber sagt, miese Meme gibt, unter denen die Menschen leiden und dann auch Hilfe bei einer Veränderung suchen, um dieses Leiden zu bewältigen. Bei diesen pathologischen Memen, bei denen wir auch einfach von Hindernissen sprechen können, handelt es sich nach unserer Definition um häufig geschlossene oder zumindest stark blockierte W-Meme. In einem persönlichen Profil kann man nun aufzeigen, ob einzelne W-Meme deutlich stärker herausragen aus dem Gesamtbild aller Meme der ganzen Spirale. Diese werden dann natürlich häufiger angeregt, und der Mensch handelt relativ oft aus diesen Bewusstseinsstufen heraus, um auf die Alltagssituationen zu reagieren. Dies kann natürlich bedeuten, dass solche Reaktionen auch häufiger aus blockierten oder geschlossenen Zuständen der entsprechenden W-Meme geschehen, es muss aber nicht so sein. Je stärker manche W-Meme im Verhältnis zu den anderen sind, desto öfter wird der betreffende Mensch ein Denken und Verhalten zeigen, welches aus diesen Stufen des Bewusstseins kommt. Wie schon gesagt, bedeutet das aber nicht automatisch, dass es sich dann auch immer um pathologische Verhaltensreaktionen handeln muss, jedoch ist die Wahrscheinlichkeit für ein solches unangemessenes Verhalten größer. Also wenn jemand besonders herausragend in Rot ist, wird er beim Fußballspielen nicht nur den Ball erobern wollen, sondern vielleicht auch mal einem gegnerischen Spieler ans Schienbein treten oder ihn mit dem Ellenbogen rempeln. Wenn er auffällig stark in Orange ist, wird ihn vielleicht sein Leistungsdruck und seine Ansprüche in die Depression treiben, oder er vermeidet immer wieder zur Prüfung zu gehen. Ist er auffällig stark in Blau, so wird er in seinem Pflichtbewusstsein oder seinem Einhalten von Regeln und Strukturen möglicherweise sehr zwanghaft sein. So können Menschen in unterschiedlichen W-Memen

Pathologien entwickeln und diese sind dann hinderlich für ein freies Fließen auf der Spirale. Nach meiner Überzeugung und ich habe versucht, dies in meinen Darstellungen deutlich zu machen, haben diese Hindernisse, Blockaden oder Stolpersteine immer etwas mit dem menschlichen Gefühl der Scham oder eben mit der Vermeidung oder dem Verbergen von Scham zu tun. Da die Scham immer ein Einbruch des Selbstwertes oder ein Zusammenbruch des Selbst oder Selbstgefühls darstellt, also eine deutliche Spannungserhöhung im Holon Selbst die Folge ist, kommt es beim betroffenen Menschen zu einem Wiedererstarken seines egozentrischen Selbst- und Weltbildes und das nennen wir dann Narzissmus. Selbsterhaltung, Selbstanpassung oder auch Selbstauflösung sind dann immer wieder extrem ausgeprägt und das wiederum führt zu den unterschiedlichen Verstärkungen der inneren Spannungen.

Wieder muss ich betonen, dass die Bestimmung des Krankheitswerts solcher Leiden, also des Narzissmus, durch den Betroffenen selbst oder seinen Mitmenschen bzw. der Gesellschaft erfolgt und auch immer zu hinterfragen ist. Ob es sich also um eine narzisstische Störung handelt oder um gesunden bzw. normalen Narzissmus ist damit noch nicht bestimmt. Das Denken und Verhalten aus den sogenannten miesen W-Memen ist ja auch wieder Maske der Scham, denn es deckt die darunter liegenden sehr schmerzhaften Schamprozesse, die Wunden der Beschämung zu. Hier noch einmal die Extreme der Leiden, Hindernisse oder Störungen in den verschiedenen W-Memen. Wir können nun auch sagen, diese spezifischen Blockaden stellen immer den Narzissmus dar, wie er sich unterschiedlich auf der Spirale entwickeln kann.

Beige

Die starren Strukturen des Ichs, die sich in dieser frühesten Lebenszeit zu bilden beginnen und unter denen sich existenzielle Ängste, Empfindsamkeit und Misstrauen oder tiefe Verzweiflung und der Schrecken verbergen, sind grundsätzlich und vollständig als Masken der Scham zu betrachten, und gleichzeitig kann es eine extreme Neigung zu Schamattacken, Dissoziationen und zur Selbstauflösung geben.

Die Scham die hier ihren Ursprung hat nenne ich Basisscham und die Schuldgefühle sind als Basisschuld anzusehen.

Purpur

Weiter ist die heftige Zerrissenheit von Gut und Böse und speziell die zwischen Verschmelzung (extreme Selbstanpassung) und Distanz (extreme Selbsterhaltung) eine Auswirkung der schweren Erschütterung und frühesten Beschämungen im Leben eines Kleinkindes. Dies wird im Extremfall auch Borderline-Zerrissenheit genannt oder auch als Beginn einer narzisstischen Störung verstanden. Heftigste Schamneigung oder gerade mangelnde Schamfähigkeit, weil die Scham nicht gelernt wurde, sind hier oft angesiedelt.

Rot

Die besondere Zerrissenheit zwischen Macht und Ohnmacht oder Eroberung (extreme Selbsterhaltung) und Unterwerfung (extreme Selbstanpassung) sind die Hindernisse und Pathologien im roten W-Mem. Hier handelt es sich im Extremfall um die klassische narzisstische Störung. Üblicherweise wird nur diese Qualität der Aufspaltung als Narzissmus angesehen. Die Masken der Scham wie Entwertungen oder andere Menschen demütigen und lächerlich machen, Machtausübung und andere beherrschen, können hier besonders ausgeprägt sein. Auch die Schamanfälligkeit kann hier wieder sehr heftig sein, oder es kam nicht zum Erlernen oder Aneignen der Scham, und die Betroffenen können dann mit Scham nichts anfangen und merken auch nicht, wenn sie andere beschämen. Mitgefühl ist ihnen fremd.

Blau

Die Folgen schwerer Erschütterungen in dieser Entwicklungsstufe können zwanghafte Pflichterfüllung, Intoleranz, starke Ausprägung des

Schuld-Scham-Dilemmas oder Fanatismus und Absolutheit, also viel zu starke Selbsterhaltung sein. Auch das Gegenteil, Abhängigkeiten, Unterordnung und devotes Verhalten, also zu starke Selbstanpassung kann sich hier entwickeln. Wir sehen also auch beim Narzissmus des blauen W-Mems die extremen Ausprägungen von Selbsterhaltung oder/und Selbstanpassung.

Orange

Extreme Leistungsorientierung, Überfunktionstüchtigkeit oder verstärkter Wissensdrang und Neigung zur Intellektualisierung können hier die Hindernisse oder Stolpersteine sein, die dann natürlich auch wieder zum Gegenteil führen können. Leistungsverweigerung, mangelnde Funktionstüchtigkeit oder Lernstörungen und extreme Prüfungsängste können sich dann einstellen. Schamanfälligkeit, Versagensgefühle und berufliches oder soziales Scheitern sind dann nicht selten. All diese extremen Reaktionen haben natürlich deutlich mit der egozentrischen Selbst- und Weltsicht zu tun.

Grün

Auch hier können sich Pathologien ergeben, die allerdings etwas schwieriger zu erfassen sind. Intoleranz – vor allem gegenüber den Intoleranten – und dadurch ein Ausschluss dieser, sowie Hochmut oder Beliebigkeit und auch Verantwortungslosigkeit können zu Hindernissen werden. Vor lauter Harmonie und Gleichheitsbestreben oder Empathie und Liebessuche wird Verantwortung nicht mehr im üblichen Masse übernommen und Konfrontationen und Konflikte werden weitgehend vermieden und auch gar nicht als solche wahrgenommen. Wo nur Gemeinschaft ist und alles nur gemeinsam entschieden und verantwortet wird, gibt es kaum noch individuelle Positionen und Stellungnahmen und möglicherweise werden Führungskräfte kaum noch Entscheidungen treffen. Aus diesem Grund gibt es heute in Teilen der Arbeitswelt immer häufiger die Situation, dass Konflikte nicht mehr offen ausgetragen werden und Führungskräfte ihre Leitungsfunktion nicht mehr voll übernehmen. Auch wenn eine neue Art von Führung und ein neues Organisationsmodell, die dem gelben W-Mem zugeordnet werden können, immer mehr an positiver Bedeutung erlangen, sind die hier aufgeführten Pathologien nicht zu unterschätzen.[2] Hier schleicht sich verschleiert wieder eine egozentrische Sicht gewissermaßen von hinten herein, denn letztlich ist der starke Individualismus die treibende Kraft dieses Strebens. ICH will ja nur Liebe, Mitgefühl und Gemeinschaft. Wir nennen das Boomeritis zu der im folgenden Kapitel mehr zu finden sein wird.

Gelb

Da diese Stufe die Erste ist, in der Dualitäten ausgehalten werden und ein systemisches Gesamtbild dahinter gesehen wird, leidet der Mensch auch nicht mehr unter den Zuständen von Zerrissenheit des Selbst und er kann die Ambivalenzen des Lebens akzeptieren und mit ihnen konstruktiv umgehen. Die menschlichen Neigungen zur Polarisierung, zur Absolutsetzung und zur Pauschalisierung, die in der ersten Ordnung durchaus üblich waren, verlieren nun immer mehr an Bedeutung. Wir können davon ausgehen, dass in dieser Bewusstseinsstufe das egozentrische Selbst- und Weltbild weitgehend überwunden ist. Als Restegozentrik kann eine noch erlebte Einsamkeit genannt werden oder es kann auch noch zu einer Ungeduld bzw. einer gewissen Arroganz und Überheblichkeit kommen. Nicht genügend integrierte Gefühle können dazu führen, dass sie doch noch abgespalten sind und der Betreffende abgehoben, kalt und gefühllos wirkt. Um Gelb wirklich zu erreichen, müssen auch die Pathologien von Beige bis Grün weitgehend transzendiert sein, denn sonst können diese miesen W-Meme auch in Gelb noch weiter wirken. Wir hätten es dann oberflächlich mit Gelb zu tun in dem sich mieses Rot, Blau oder Orange verbirgt.

Türkis

Die Egozentrik dürfte hier wohl weitgehend überwunden sein und eine Beschreibung von Pathologien ist hier meiner Ansicht nach nicht mehr sinnvoll.

In jeder Stufe oder jedem W-Mem haben die Pathologien mit dem egozentrischen Selbst- und Weltbild zu tun. Mit Fortschreiten in der Spirale wird sich dieses „narzisstische“ Selbst- und Weltbild langsam verringern, und letztlich, wenn Gelb und besonders natürlich Türkis erreicht ist, möglicherweise fast völlig auflösen. Ich möchte hier allerdings keine theoretischen Voraussagen über Ebenen des Bewusstseins machen, die eine Mehrheit der Menschen noch längst nicht erreicht haben. Das ist hier nicht mein Thema.

Was die Spirale betrifft können wir jedoch feststellen, dass in einer natürlichen und damit gesunden Entwicklung besonders bei Rot, aber auch in allen anderen W-Memen davon ausgegangen werden kann, dass es sich dann um den sogenannten gesunden Narzissmus handelt. Bei Störungen oder Hindernissen in der Entwicklung aller W-Meme können wir diese Blockaden oder geschlossenen Zustände zwar pathologischen Narzissmus nennen, aber immer nur in dem Sinne von gesund und krank, wie ich es schon mehrfach beschrieben habe. Wir können jetzt also den Fluss der Genesung und damit auch die Spirale der Genesung genauer definieren.

Die Arbeit mit den inneren Einstellungen, wie ich sie hier dargestellt habe, kann die Menschen darin unterstützen, ihr Leiden zu verringern oder es sogar ganz zu beenden. Wie wir gesehen haben, leiden Menschen unter inneren Blockaden oder unter inneren Zuständen von Geschlossenheit. Beides ist entstanden aufgrund von Erschütterungen des Selbst, oder des Holons Selbst, die zur Desorganisation also zu Scham geführt haben. Es sind also die blockierten oder geschlossenen W-Meme der Entwicklungsspirale, die ein freies Fließen auf der Spirale verhindern und dadurch Wandel und Veränderungen erschweren. Der betroffene Mensch ist dann sozusagen zu oft oder zu stark in einer bestimmten Stufe des Bewusstseins fixiert und lebt die entsprechenden Verhaltensmuster dann zur falschen Zeit oder in falscher Art und Weise aus. Beispielsweise will er zu oft erobern, Macht ausüben oder durch Dominanz beherrschen und reagiert dann immer wieder aus dem roten W-Mem heraus. Andere Menschen sind vielleicht zwanghaft pflichtbewusst und übermäßig starr regelorientiert und angepasst oder überorganisiert. Sie reagieren dann möglicherweise viel zu oft aus der blauen Stufe heraus. Wieder andere sind extrem leistungsorientiert, überfunktionstüchtig oder häufig intellektualisierend und sind auf Orange fixiert. Noch einmal will ich festhalten, dass nur dann, wenn immer wieder zu unpassenden Zeiten oder in unpassenden Situationen sowie besonders häufig und starr so extrem reagiert wird, möglicherweise von pathologisch gesprochen werden kann.

Für sehr viele psychische Leidenszustände und Zustände innerer Zerrissenheit habe ich Beispiele für neue Einstellungen aus der praktischen Gruppenarbeit vorgestellt und genauer diskutiert. Natürlich gibt es eine Reihe weiterer Erfahrungen mit neuen Einstellungssätzen, die Blockaden in den verschiedenen Stufen lösen können und somit zum Fluss beitragen. Ein Beispiel wäre das Gefühl von Leere. Arbeitet man mit dem Satz:

„*Ich fühl mich so leer*“,

so kann sich dieses Gefühl wandeln, und es ist möglich, dass sich ein Zustand von Fülle oder Weite einstellt. Ein solcher Zustand, der oft mit einer ruhigen Zufriedenheit verbunden ist, kann möglicherweise ein Zustand der Selbsttranszendenz sein. Allerdings ist diese Arbeit nur sinnvoll und auch nur möglich, wenn die Persönlichkeitsstruktur des Übenden relativ stabil, also die Neigung zur Selbstauflösung nicht zu stark ist. Wäre dies der Fall, so ist das Gefühl von Leere immer verbunden mit Schrecken, Schmerz oder Verzweiflung. Eine Differenzialdiagnose ist also unbedingt erforderlich, bevor mit der inneren Leere gearbeitet wird.[3]

Jede Arbeit mit den inneren Gegensätzen wie ich sie beschrieben habe, führt meist zu einer inneren Ruhe und Ausgeglichenheit sowie zu einer völlig neuen Art des Erlebens von innerer Stabilität und Klarheit. Manchmal ist ein Erleben in dieser Arbeit nahe einer Erfahrung jenseits der Dualität, wie es auch für das Bewusstsein des gelben oder des türkisen W-Mems, beziehungsweise für die Selbsttranszendenz beschrieben wird. Auch hier sind wieder größte diagnostische Achtsamkeit und Vorsicht geboten, einerseits überhaupt in dieser Art zu arbeiten und andererseits im Umgang mit entsprechenden Deutungen und Erklärungen. Gelten lassen, geschehen lassen und die Erfahrung so sein lassen, wie sie ist, ohne sie zu bewerten und zu beurteilen, bietet sich immer als die beste Möglichkeit des Umgangs an. Trotz einer unbedingt notwendigen Bescheidenheit bin ich jedoch fest davon überzeugt, dass die wiederholte Einstellungsarbeit mit den inneren Gegensätzen eine Wirkung haben kann, wie ich sie gerade beschrieben habe. Wichtig ist nur, dass der Begleiter mit einer inneren Haltung arbeitet, die geprägt davon ist, nicht anzuhaften und nicht haben oder machen zu wollen bzw. etwas erreichen zu wollen oder sogar zu müssen.

Es geht in dieser Arbeit immer darum, durch Einstellungssätze innere Haltungen und Verhaltensmuster so zu verändern, dass blockierte oder geschlossene Zustände der W-Meme sich auflockern oder ganz auflösen können. Da das freie Fließen auf der Spirale letztlich psychisches Leiden verringert oder ganz aufhebt, ist das Erreichen dieses Flusses das vorrangige Ziel. Es wird also immer mit dem Thema oder mit der Belastung eines Menschen gearbeitet, die sich aktuell am deutlichsten zeigt.

So kann es beispielsweise sein, dass sich die männliche Zerrissenheit eines ewigen Jünglings sofort als die größte Schwierigkeit zeigt, mit der dann sofort gearbeitet werden kann. Dies ist in der Regel ein Hindernis oder eine Blockade des blauen W-Mems.

In einer anderen Situation zeigen sich die Grandiosität und die viel zu hohen Ansprüche und Erwartungen eines Menschen und man wird mit der narzisstischen Zerrissenheit, also mit einer Blockade des roten W-Mems arbeiten. Hierzu noch einmal ein schönes Beispiel von einem Mann, dem es schon relativ gut ging und der mehr oder weniger zufrieden mit sich war, wenn nicht seine immer wiederkehrenden hohen Ansprüche wären. Er arbeitete mit einem Satz, der zuerst etwas merkwürdig für die Teilnehmer wirkte, der aber bei dem Übenden sehr gut ankam.

„Ich bin gut so wie ich bin und es ist mir egal, was ich will"

Da es bei diesem Mann genau um dieses Thema ging, konnte er noch über ein Jahr lang von dieser Arbeit sehr profitieren. Danach habe ich ihn leider aus den Augen verloren, aber ich bin überzeugt, dass der Satz auch weiter hilfreich für ihn war.

Ein weiteres Beispiel betrifft die sogenannten histrionischen Muster des Verhaltens, auf die ich im letzten Kapitel noch einmal etwas genauer eingehe. Hier nur so viel, immer im Mittelpunkt stehen wollen, sich produzieren, sich immer darstellen müssen und eine deutliche Intensivierung der Emotionalität sind die üblichen Merkmale dieser Verhaltensmuster, die wir dem blauen W-Mem zuordnen können. Menschen, bei denen ich sehr eindeutig und klar diese Persönlichkeitsprägung erkennen kann, schlage ich folgenden Satz vor:

„Ich nehme mich so an wie ich bin"

Die Betonung liegt dabei ganz eindeutig auf dem Wort „Ich". Dieser Satz wirkt immer wieder genau in der gleichen Art. Die Betroffenen werden ruhiger und stiller, sie wirken dann sehr ernst, spüren mehr nach innen und sind meist traurig. Sie erkennen mit Schmerz die mangelnde Selbstliebe, die sich oft schon lange hinter ihrem impulsiven und dramatisierenden Verhalten verborgen hat. Das übliche histrionische Verhalten ist ja in der Regel ein Appell geliebt zu werden, also eine Reaktion aus einer Abhängigkeit heraus. Bei Vatertöchtern – die es sehr häufig betrifft – ist es oft der Wunsch endlich vom Vater gesehen zu werden oder so gesehen zu werden, wie diese Frau wirklich ist und bei Muttersöhnen – die auch öfter davon betroffen sind, als man allgemein denkt – das Bedürfnis von der Mutter (noch immer) gesehen zu werden. Die Sehnsucht vom Vater im Leben gesehen und vor allem auch unterstützt zu werden ist meist noch weniger bewusst und verbirgt sich unter der Abhängigkeit von der Mutter. Bei beiden Geschlechtern ist diese Abhängigkeit allerdings fast immer sehr im Unbewussten verborgen.

Zurück zum Fluss der Genesung. Es ist also die Möglichkeit, über die Denk- und Verhaltensmuster, die zu den verschiedenen Stufen des Bewusstseins gehören, frei verfügen zu können und die relative Offenheit dieser Meme, die zum Wandel und Wachsen des Menschen führen. Dies bedeutet dann auch, dass der Mensch, der diesen Fluss auf der Spirale erleben kann selten unpassend, übertrieben und extrem oder pathologisch aus einem W-Mem heraus agiert. Nur dort, wo es eine bestimmte Lebenssituation wirklich erfordert wird er z. B. mit rotem Eroberungsverhalten reagieren oder aus dem blauen W-Mem heraus strukturierend oder regelorientiert handeln. Die Arbeit an oder mit der Spirale ist zu vergleichen, mit dem was oft mit Loslassen, sich öffnen, in seine Mitte kommen, Ausgeglichenheit und innere Ruhe erreichen oder Spannungstoleranz und innere Balance finden bezeichnet wird. Dies nenne ich dann die Spirale der Genesung oder auch die Spirale der Wandlung. Ich will jedoch nicht vermeiden deutlich zu machen, dass dies eine Arbeit ist, die hier als ideale Möglichkeit gemeint ist. Es ist also durchaus nicht immer eine einfache Arbeit, sondern es gehört viel Geduld, Achtsamkeit, Ausdauer und Konsequenz dazu. Dann kann es auch wieder ganz einfach sein.

Exkurs: Die Kultur der scheinbaren Schamlosigkeit.

„Es gibt so gut wie keine Gesellschaft, in der die Scham derart ausschließlich handlungsleitend wäre, dass nicht auch Fragen des Gewissens und der Schuld eine Rolle spielten; so wie es umgekehrt auch keine Gesellschaft gibt, in der Schuldgefühle nicht auch von Scham begleitet würden.
(Ulrich Greiner)[1]

Bevor ich zur Boomeritis und zur Diskussion eines aktuellen Sozialcharakters komme, muss ich doch noch etwas zu einer „Kultur der scheinbaren Schamlosigkeit" sagen, da ich seit einiger Zeit davon ausgehe, dass unsere Kultur so genannt werden kann. Seit der Mitte des letzten Jahrhunderts sprach man von Schuldkulturen, die eher in den westlichen Ländern, also in Nordamerika und in den Ländern Europas, anzutreffen waren und den Schamkulturen, wie sie beispielsweise in Japan und in anderen Ländern in Südostasien, sowie in Mittelmeerländern und in arabischen Ländern vorgefunden wurden.[2]

Die Annahme war die, dass in Schuldkulturen die Werte und Handlungsnormen durch Schuldgefühle durchgesetzt und stabilisiert wurden. Das bedeutet, dass auch Sanktionierungen in der Gesellschaft überwiegend durch Schuld stattfinden. In den Schamkulturen hingegen festigten sich die Normen und Werte durch die verinnerlichte Scham und im Extremfall durch Beschämung und Schande.

Diese klare Aufteilung ließ sich nicht aufrechterhalten und man ging eher davon aus, dass Schuld und Scham immer irgendwie zusammengehören. Scham und Schuld vermischen sich grundsätzlich auf irgendeine Art und Weise oder sind oft miteinander verbunden. Schuld entsteht ja bei der Übertretung von Verboten und Regeln und Scham bei der Nichterfüllung von eigenen Idealen und grundsätzlich bei Schädigung, Verletzung oder Schwächung des Selbst.

Wir gehen davon aus, dass Scham ein dem menschlichen Wesen eigenes Gefühl ist, es gehört zur Gattung Mensch und ist mit den anderen Grundgefühlen wie Furcht, Wut, Ekel, Neugier sowie Freude und Traurigkeit von Geburt an vorhanden.[3]

Agnes Heller spricht beim Schamgefühl, wie es in reiner Form, also auch wie ich hier beschrieben habe, beim Basisschamgefühl und in kleinen Gemeinschaften und Kulturen, von Affekt. Sowie ein kognitiver Prozess der Internalisierung voranschreitet und Selbstreflexivität stärker wird, spricht sie von Schamemotion, und wenn die moralischen Verpflichtungen immer mehr hinzukommen, nennt sie den Zustand Schamschuld. Getrennt davon sieht sie dann die Schuld, wenn das Gewissen sozusagen allein den Zustand auslöst.

Ich gehe davon aus, dass sich in den letzten 50 Jahren, die moralischen Bewertungen wie Gut und Böse in unserer Kultur verändert haben. Sie werden durch indirekte Bewertungen ersetzt, die sich auf die Eignung von Handlungen zur Verwirklichung von persönlichen Entwicklungsidealen und zur Verfolgung von Eigeninteressen beziehen.[4] Greiner drückt es anders aus: „Die Gewissenskultur, die auf einem strikten, zumeist religiös bestimmten und verinnerlichten Kodex beruhte, ist schwach geworden, sie ist einer Anpassungskultur gewichen, die der Not schnell wechselnder Anforderungen im beschleunigten Kapitalismus genügt".[5]

Wie ich schon mehrfach erwähnt habe, muss der Mensch in unserer Kultur, Scham und besonders Peinlichkeit vermeiden, er muss sich immer mehr und stärker nicht-beschämbar inszenieren. Gleichzeitig verändern sich die Anlässe für Scham und Peinlichkeit und die Scham wird nicht weniger, denn wenn die idealisierten Selbstansprüche und Selbsterwartungen nicht erfüllt werden können, so ist dies Anlass für Scham. Eine Anpassungskultur in der die Masken der Scham ständig stärker werden und sich verändern, nenne ich „Kultur der scheinbaren Schamlosigkeit".

20. Boomeritis oder ein postmoderner Sozialcharakter

„Das moderne Ich ist ein schwankendes Bauwerk, das wir aus Fetzen, Dogmen, Kindheitsverletzungen, alten Filmen, kleinen Siegen, Menschen die wir hassen, die wir lieben, zusammensetzen“
(Salman Rushdie)[1]

In diesem Kapitel will ich mich ausführlich mit einem möglichen Sozialcharakter beschäftigen und dazu einige Thesen zusammentragen, die seit vielen Jahren immer wieder diskutiert worden sind. Dabei geht es mir darum, die Zusammenhänge zu erfassen, die es zwischen solchen kollektiv vorhandenen Persönlichkeitsstrukturen und der Scham oder einer scheinbaren Schamlosigkeit gibt, und welche Bedeutung der Begriff Sozialcharakter aus der Sicht der Bewusstseinsspirale noch haben kann.

Narzisstische Gesellschaft

Eine sehr frühe Arbeit, die sich meiner Auffassung nach mit der gesellschaftlichen Veränderung beschäftigt hat und grundsätzlich auch mit unserem Thema hier zu tun hat, ist ein Buch von Neil Postman mit dem Titel: „Das Verschwinden der Kindheit“.[2] Der Medienwissenschaftler beschreibt darin unter anderem auch, wie Menschen weder wirklich Kinder sein können, aber auch nicht erwachsen werden. Er spricht in diesem Zusammenhang von Kind-Erwachsenen, und ich möchte hier eine viel später erschienene Veröffentlichung von Robert Bly hinzufügen, da sie zu dem Thema gut passt.[3] Bly schrieb sein Buch über die kindliche Gesellschaft 1996 und wenn man beide Titel sieht, könnte man natürlich sofort denken diese Auffassungen stehen im Widerspruch zu einander. So ist es aber gerade nicht, denn beim Verschwinden der Kindheit und bei der kindlichen Gesellschaft geht es letztlich darum, dass Menschen in der modernen Gesellschaft nicht wirklich erwachsen werden können, und sich deshalb im Leben besonders schwer tun Verantwortung zu übernehmen.

Diese Schwierigkeit wirklich Verantwortung zu übernehmen ist letztlich als ein Weiterbestehen der egozentrischen Selbst- und Weltsicht des kleinen Kindes zu verstehen. Natürlich nicht vollständig, und deshalb spreche ich von Restegozentrik. Nicht wirklich eine Kindheit zu haben, wie Postman meint, und kindlich zu bleiben, wie Bly postuliert, sind Störungen oder Hindernisse, die durch die Erschütterungen also Beschämungen in der Zeit der Entwicklung der W-Meme purpur bis blau entstehen, und sie führen eben zu dieser Restegozentrik, die auch Narzissmus genannt wird.

Ich selbst habe mich 1986 in einem Artikel zur Betroffenheit nach der Katastrophe von Tschernobyl mit der gesellschaftlichen und vor allem politischen Bedeutung einer sogenannten „schizoiden Abwehr" auseinandergesetzt, denn es ging dabei ja um den Umgang mit einer tödlichen Bedrohung, die in der Regel regressive Verhaltensmuster mobilisiert, die aus den ersten Lebensjahren des Menschen stammen.[4] Auch hierbei handelte es sich ja bereits um die innere Zerrissenheit des Menschen, für die ich damals den Fachbegriff Spaltung benutzt habe, und um eine gesellschaftliche also kollektiv vorhandene psychische Reaktion der betroffenen Menschen. In der realen Bedrohung durch die Atomkraft und natürlich durch die Atombombe, die als existenzielle Bedrohungen anzusehen sind, können Menschen reagieren in dem sich das Bestreben nach Selbsterhaltung und/oder - manchmal auch im Wechsel - das Bestreben nach Selbstanpassung extrem verstärken.

So wird dann auch in der Politik der atomaren Abschreckung, die als die Politik dieser Zeit angesehen werden kann, die Polarisierung von Gut und Böse verstärkt, und Richard Nixon sprach von Licht und Dunkelheit sowie von Gott und dem Teufel, wobei er die Vereinigten Staaten und die Sowjetunion meinte.[5] Durch die atomare Bedrohung, besonders nach der Katastrophe von Tschernobyl, tendierte menschliches Erleben zu inneren Extrempositionen, indem Menschen sich entweder besonders aktiv und kämpferisch gegen die Atomkraft zur Wehr setzten oder sie neigten zu einer eher devoten Haltung, die Unterordnung oder auch Resignation bedeuten kann. Ersteres ist als eine Steigerung des Selbsterhaltungsbestrebens zu verstehen und das zweite ist eine deutliche Verstärkung der Selbstanpassung.

Aber auch zwischen Atomkraftbefürwortern und Atomkraftgegnern kam es dann zu einer Verstärkung von Gut und Böse und zu einer Polarisierung, indem manche ein absolutes Nein zur Atomkraft immer heftiger zeigten und die Befürworter immer dominanter und mit Macht versuchten ihre Meinung durchzusetzen.

Mit geht es hier wiederum in keiner Weise um pathologische Reaktionen nur um die Extremreaktionen die kollektiv vorhanden sein können und dadurch zu einer Art Sozialcharakter führen. Es sind sozusagen Fixierungen oder Erstarrungen – auch zeitweise – auf die Verhaltensmuster, die ihren Ursprung in den ersten drei bis vier W-Memen der Spirale haben.

Schon vor der Katastrophe von Tschernobyl schrieb der Psychoanalytiker Fritz Riemann sein Traktat über die schizoide Gesellschaft, in dem er die existenzielle Bedrohung und die Reizüberflutung in der technisierten Welt und den Verlust an Bindung und Verbindlichkeit beklagte.[6] Etwas vereinfacht und in der Sprache dieses Buches ausgedrückt meinte er mit schizoid die Folgen der seelischen Erschütterungen, die in den Bewusstseinsstufen von beige bis rot erfolgten und die verstärkt zu Persönlichkeitsmustern führten, die in der Theorie der Psychoanalyse schizoid, borderline oder narzisstisch genannt werden. Riemann machte hier keine klare Differenzierung.

Auch der Zürcher Ethnopsychoanalytiker Paul Parin sah in der modernen Welt eine entfremdete soziale Lage, die zu einem Rückzug auf narzisstische Erlebnisweisen führte.[7] Grundsätzlich gab es in dieser Zeit einige, wie mir scheint sehr bedeutende Veröffentlichungen dazu, dass wir es in dieser modernen Gesellschaft mit einer verstärkten Entwicklung des Narzissmus zu tun hatten.[8]

Christopher Lasch sprach sogar vom „Zeitalter des Narzissmus“ und meinte damit ein vermehrtes Auftreten von narzisstischen Störungen aufgrund der Enttäuschung der Hoffnungen auf gesellschaftliche Veränderungen, der drohenden Katastrophen und der Abhängigkeit von Institutionen und Fachleuten.

In Deutschland sah Thomas Ziehe in der narzisstischen Persönlichkeit einen neuen Sozialisationstyp und Wilfried Gottschalch beschäftigte sich intensiv mit der menschlichen Gewalttätigkeit, die er mit Hilfe der psychoanalytischen Narzissmustheorie genauer untersuchte. Er ging aber eher von einem neu entdeckten Sozialisationstypen aus.

Als dann die atomare und ökologische Bedrohung immer deutlicher wurde, entwickelte der amerikanische Psychiater Robert Jay Lifton seine Theorie des Nuklearismus, in der er vom Verlust des Todes ausging und eine damit zusammenhängende Fühllosigkeit als Grundmuster kollektiven menschlichen Erlebens beschrieb. Leicht zu erkennen war hier auch eine Art Sozialcharakter, bei der gerade aufgrund von Schrecken und Erschütterungen des Selbst, Gefühle grundsätzlich aus dem bewussten Erleben abgespalten werden, also auch ein Muster des Selbst, dass aus den frühen Stufen der Bewusstseinsentwicklung herrührt.

Auch in dieser Zeit wurde schon mal von der katastrophalen Moderne gesprochen und Peter Sloterdijk stellte uns die Frage: Wie viel Katastrophe braucht der Mensch? Auch dies sind Hinweise auf eine Persönlichkeitsstruktur, in der der Schrecken nicht mehr wahrgenommen wird und eine kollektiv vorhandene schizoide Abwehr die Folge ist.

Eine der populärsten Schriften in der auf eine kollektiv vorhandene narzisstische Persönlichkeitsentwicklung hingewiesen wurde, war in Deutschland das Buch von Horst Eberhard Richter über den Gotteskomplex, in dem er sehr ausführlich den Menschen beschreibt, der in der egozentrischen Selbst- und Weltsicht verhaftet bleibt.[9] Richter war wohl einer der bekanntesten Kritiker in Deutschland, der sich immer wieder zu den Themen Frieden und Bewusstseinsveränderung äußerte und dann etwas später auch davon sprach, dass sich eine Wende entwickelt, in der sich die ausgeprägten Ich-Gesellschaft zu einer Wir-Gesellschaft verändere. Richter setzt seinem Buch über das Ende der Egomanie ein Zitat von Richard Rorty voraus.

> *„Der moralische Fortschritt ist davon abhängig, dass die*
> *Reichweite des Mitgefühls immer umfassender wird.*
> *Er ist nicht davon abhängig, dass man sich über die*
> *Empfindsamkeit erhebt und zur Vernunft vordringt.“*[10]

Als letztes will ich hier noch zwei Hinweise geben auf gesellschaftliche Analysen, die ebenfalls mit dem Erleben von Erschütterungen in purpur oder rot zu tun haben. Auch in dieser Zeit der Bedrohungssituation tauchte der Begriff der „Borderline-Gesellschaft" auf[11] und der Mensch in der technokratischen Gesellschaft wurde mit seiner Ich-Krankheit und der schizoiden Grundstörung, dann auch als „Bruchstückmensch" bezeichnet.

> *„Schritt für Schritt muss der Einzelne lernen, sich fallen zu lassen und sich dem Rhythmus tieferer seelischer Prozesse anzuvertrauen…den Weg zu finden, mit dem Grundrhythmus des in Stücke Zerfallens und des sich wieder Zusammenfügens zu arbeiten … und zu verstehen, dass in Stücke zerfallen ein unumgänglicher und nie endender Teil des menschlichen Reifungsprozesses ist."*[12]

Immer wieder mal waren in den Publikationen der letzten Jahrzehnte des vorigen Jahrhunderts Hinweise darauf zu finden, dass manche Autoren in dieser Zeit davon ausgingen, dass der typische Sozialcharakter dieser Zeit eine Borderline-Struktur sei. Auch über die Spaltung oder Zerrissenheit des Menschen, wie von Minden sie im „Bruchstückmensch" so treffend beschrieben hat, wurde immer wieder mal diskutiert und so konnte man annehmen, dass sich sogenannte Borderline-Strukturen, wie Entweder-Oder-Haltungen oder Alles-oder-Nichts–Orientierungen in der Gesellschaft deutlich verstärkten.

In diesem ganzen letzten Drittel des vergangenen Jahrhunderts waren es also vor allem Psychoanalytiker oder Autoren, die zumindest der Theorie der Psychoanalyse nahe standen, die sich mit so etwas wie Sozialcharakter beschäftigt haben. Ihre Konzepte waren also mehr oder weniger klinische Diagnosen, die aus der Individualpsychologie auf gesellschaftliche Strukturen und Prozesse übertragen wurden. Dies wurde natürlich von verschiedenen Seiten kritisch gesehen oder sogar als unzulässig betrachtet und manche Autoren wurden dafür auch einfach nicht ernst genommen. Ich erinnere mich gut daran wie Horst Eberhard Richter in den traditionellen Medien damals, oft und heftig kritisiert und auch entwertet wurde.

Eine Schrift, die ich gewissermaßen als eine Art Übergang in eine neue Phase gesellschaftlicher Analysen angesehen habe, war „Narziss oder Die Leere" von Gilles Lipovetsky, die als deutsche Übersetzung 1995 erschien.[13] Obwohl der Autor in diesem Buch nicht von der psychoanalytischen Theorie ausgehend argumentiert, sondern einen sich immer weiter ausdehnenden Personalisierungsprozess beschreibt, bei dem deutlich wird, wie der ständig wachsende Individualismus unser Leben massiv lenkt und dirigiert, geht er dabei immer auch von einem wachsenden Narzissmus in der Gesellschaft aus. Diese Weiterentwicklung der individualistischen Ideologie bedeutet für Lipovetsky, dass eine sofortige Selbstverwirklichung ein absoluter Wert wird und die Einzigartigkeit der Persönlichkeit eine ganz zentrale Bedeutung bekommt. Diese Auffassung kommt dem sehr nahe, was ich im Exkurs über die Kultur der scheinbaren Schamlosigkeit geschrieben habe. Letztlich wird bei Lipovetsky wieder deutlich, wie der Narzissmus immer mehr zur Normalität für die Menschen in dieser Zeit wird.[14]

Es hat den Anschein, dass etwa mit der Jahrhundertwende auch der Höhepunkt einer solchen egozentrischen Entwicklung erreicht war, und die Krise des westlichen Bewusstseins nun langsam immer deutlicher wird und diese eine Wandlung der Ich-Gesellschaft einleitet.

Identität in der modernen Welt

Nach meiner sehr persönlichen Einschätzung kam es auch zu einer Veränderung in der Hinsicht, dass sich neben den eher psychoanalytisch orientierten Autoren nun auch eher andere Autoren aus ganz verschiedenen Fachrichtungen, besonders aus den Sozialwissenschaften zu diesen Themen äußerten und ihre Thesen im Zusammenhang zum menschlichen Narzissmus sehen.

Die Persönlichkeit oder auch die Identität wird aus dieser Sicht nun als eher sehr flexibel und immer beweglich betrachtet, weniger als stabil, starr oder charakterlich auf Dauer festgelegt. Nach Auffassung des New Yorker Soziologen Richard Sennett muss der Mensch im neuen Kapitalismus sehr flexibel sein, er sollte immer offen sein für kurzfristige Veränderungen und muss auch immer bereit sein, Risiken einzugehen.[15] Das Motto dieses flexiblen Menschen könnte lauten: „Bleib in Bewegung und geh keine Bindungen ein“. Der Mensch mache nach dieser Auffassung immer mehr die Erfahrung von Ort zu Ort und von Tätigkeit zu Tätigkeit zu driften. Weiter meint Sennett: „Die Psyche befinde sich in einem Zustand endlosen Werdens – ein Selbst, das sich nie vollendet".[16] Für Sennett würde in dieser Gesellschaft Instabilität normal und die Zerstörung des Charakters, wie er bis dahin verstanden wurde, könnte eine unvermeidliche Folge dieser Entwicklungen sein. Positiv formuliert könnte ein Fehlen langfristiger Bindungen die Hinnahme von Fragmentierung bedeuten, und eine neue Art der Charakterstärke ist dann damit verbunden, ein Selbstbewusstsein des Menschen der ohne feste Ordnung auskommt und inmitten des Chaos aufblüht. Die moderne Identität wäre demnach fließend, was aber auch diffus oder glatt, nachgiebig oder elastisch bedeuten könnte.

Aus arbeitsethischer Sicht wird hier auch der getriebene Mensch beschrieben, der arbeitsbesessen sei und ständig unter der Angst leide, nicht wert zu sein. Keine Leistung scheint je genug zu sein, die Konkurrenz ist ständig da und der Mensch befinde sich auf einer endlosen Suche nach Anerkennung durch andere und nach Selbstachtung. Wir erleben hier die volle Blüte des orangenen W-Mems und müssen möglicherweise bei vielen Menschen davon ausgehen, dass diese Bewusstseinsstufe bereits so blockiert oder geschlossen ist und wir deshalb auch oft von pathologisch sprechen können.

Wenn wir uns dann noch weitere soziologische Beschreibungen und sogenannte Zeitdiagnosen betrachten, können wir in Bezug auf die Identitätsbildung erstaunliche Veränderungen feststellen.

Typische Identitätsfragen, die ja immer mit einer narzisstischen Selbstvergewisserung zusammenhängen wie etwa „Bin ich?", „Wer bin ich?", „Bin ich wirklich Ich?", sind heute immer mehr mit Identitätsängsten, Unsicherheiten und Verwirrungszuständen verbunden. Dies erinnert uns an daran, wie wir den Zustand der Scham definieren können. Irritationen, Desintegration und Verwirrtheitszustände des Selbst sind Zustände, die wir als Scham bezeichnen. Wir könnten es also in der modernen Welt immer stärker mit Zuständen von Scham zu tun haben, die aber auch gerade wegen der darin enthaltenen Verunsicherungen, die beim modernen Individuum eben nicht sein dürfen, vermehrt abgewehrt oder eben maskiert werden müssen.

Von der Bedrohungssituation, über die ich weiter oben schon berichtet habe, sei nach erfolgreicher Verdrängung oder Abspaltung der Bedrohungsgefühle aus dem bewussten Erleben nur noch ein Restunruhe übrig geblieben, die in einem „gierigen Unterhaltungs- und Freizeitsog, in einer größenwahnsinnigen Event- und Spaßkultur und einer Egozentrierung ertränkt wird" schreibt beispielsweise der Soziologe Robert Hettlage.[17] In dieser Situation geht er wohl davon aus, dass sich das Ich-Selbst im Akt des Darstellens – individuell und kollektiv – überhaupt erst erschaffen muss. Stellen wir uns dies noch einmal wirklich vor und betrachten wir den Zusammenhang zur Scham. Erst wenn wir uns ständig und immer wieder neu präsentieren uns also öffentlich zeigen und zumuten spüren wir unser Ich-Selbst. Das bedeutet natürlich, dass wir gefährdeter sind, von Scham oder Peinlichkeit berührt zu werden, denn gerade ein Ich-Selbst, dass sich immer wieder neu im Akt des Sich-Darstellens und Zeigens erst entwickelt, kann wohl oft von Irritation oder Verunsicherung betroffen sein. Diese Irritationen sind aber dann wieder psychische Zustände die wir Scham nennen.

Da wird auch schon mal vom „Heiligen Selbst" gesprochen, und wie wir gerade gesehen haben, wird der Mensch als „sein Selbst managender Darsteller" betrachtet, der sich seiner selbst ständig gewiss bleiben muss und sich gleichzeitig mit den schnell wechselnden Normen und Anforderungen der Anderen im Einklang bewegt. Dazu ist eine immer wieder neu auszubalancierende Identität erforderlich und deshalb taucht dann auch der Begriff balancierte Identität auf.[18]

Das Individuum in der postmodernen Gesellschaft wird denn auch eher zwischen Erregbarkeit und Depression hin und herschwankend gesehen oder mal als zombihaft, mal als cool oder apathisch beschrieben. Nach Lipovetsky erlebt sich der Mensch in diesem wachsenden Personalisierungsprozess immer mehr im Streben nach Authentizität bei gleichzeitiger Unfähigkeit etwas anderes als emotionale Leere zu empfinden.[19] Für ihn handelt es sich bei der verstärkten Personalisierung um eine Psychologisierung des Sozialen, des Politischen und der öffentlichen Szene allgemein.[20] Nach diesen Auffassungen ist der Mensch zugleich erregt und gleichgültig und er sei auf der ständigen Flucht vor Sentimentalität. Hier füge ich nun deutlich hinzu, der Mensch ist auf der Flucht vor Peinlichkeit und Schamgefühlen.

Als letztes aus der Reihe der sozialwissenschaftlichen Veröffentlichungen will ich noch auf die Arbeit eines französischen Soziologen hinweisen. Alain Ehrenberg beschreibt in seinem Buch: „Das erschöpfte Selbst",[21] wie Depressionen und Süchte in unserer Gesellschaft immer mehr zunehmen und führt dies auf eine allgegenwärtige Erwartung eigenverantwortlicher Selbstverwirklichung zurück. Das Selbst selber wird in der kapitalistischen Gesellschaft zu einer Produktivkraft und dadurch lässt sich erklären, wie Erschöpfung, Burnout oder auch Depressionen, so etwas wie ein natürliches Ergebnis eines solchen kollektiven Verhaltensmusters werden können.

Wir können also feststellen, dass beim erschöpften Selbst genauso wie beim flexiblen Selbst und auch bei den verschiedenen Ausprägungen eines Selbst, dass sich durch ständige Darstellung erst erschaffen muss immer das Fließen, die Bewegung zur balancierten Identität führen muss. Ist dieser Fluss also das typische oder das spezifische eines Sozialcharakters der heutigen Zeit? Bevor ich selbst versuche eine solche Frage zu beantworten oder die entsprechenden Überlegungen anstelle, will ich noch ein Konzept vorstellen, dass möglicherweise diesem Fließen besonders nahe kommt.

Das verkaufte Herz

Ausgehend von dem Märchen „Das kalte Herz“ von Wilhelm Hauff spricht Winterhoff-Spurk vom verkauften Herzen, wenn er über einen Sozialcharakter unserer Zeit intensiv nachdenkt.[22] Unter Sozialcharakter wird eine spezifische Konfiguration von Gefühlen sowie von Denk- und Verhaltensmustern verstanden, die durch ökonomische, soziale und kulturelle Verhältnisse hervorgebracht werden.

Erinnern wir uns wie ein W-Mem in der Bewusstseinstheorie definiert wird. „Ein W-Mem drückt sich in einer Weltsicht, einem Wertesystem, einer Ebene der psychologischen Existenz, einer Glaubensstruktur, einem Organisationsprinzip, einer Denk und Lebensweise aus“.[23]

Neben einem natürlichen Fließen durch die verschiedenen W-Meme hat also ein Individuum in der Regel ein dominantes W-Mem. Dieses in der Persönlichkeit herausragende W-Mem kann durch besonders häufiges Auftreten in der Bevölkerung den vorhandenen Sozialcharakter bilden. Es kann auch zu einer Persönlichkeitsentwicklung kommen, bei der zwei W-Meme ähnlich herausragend sind und somit gemeinsam einen Schwerpunkt bilden. Ist nun eine derartige gemischte Struktur der

Persönlichkeit in einer Gesellschaft kollektiv vorzufinden, so können wir dies auch als Sozialcharakter verstehen. Dies dürfte etwa der aktuellen Realität entsprechen, denn derzeit bildet in unserer Kultur das konformistische blaue W-Mem und das leistungsorientierte orangene W-Mem wohl den Schwerpunkt des kollektiven Bewusstseins in der Bevölkerung.

Ein anderes Beispiel könnte sein, dass ein Mensch deutlich erfolgs- und leistungsorientiert handelt und möglichst immer gewinnen muss. Sein Handeln entspringt also dem orangenen W-Mem. Er sucht aber auch Frieden und Harmonie im Innern und strebt gemeinsam mit anderen nach mitfühlenden Dimensionen und einem gemeinsamen Dialog, dann ist dieses Verhalten dem grünen W-Mem zugeordnet. Obwohl sich hier manches widersprechen kann, ist eine solche Mischung durchaus möglich. Beide Handlungsstrategien gemeinsam bilden dann wieder einen Bewusstseinsschwerpunkt. Sowie diese Mischung des Bewusstseins als eine Art Mehrheitsbewusstsein vorhanden wäre, könnten wir wieder von einem Sozialcharakter sprechen. Natürlich können auch drei oder sogar vier verschiedene W-Meme, die wieder ähnlich herausragend sind, zu einem Sozialcharakter führen, der sich dann aus den unterschiedlichen Mustern dieser W-Meme zusammensetzt. Mehr dazu im folgenden Kapitel, wenn ich mein eigenes Konzept eines Sozialcharakters diskutiere.

Nun aber wieder zur Beschreibung eines aktuellen Sozialcharakters von Winterhoff-Spurk, der von einer postindustriellen Dienstleistungsgesellschaft ausgehend, davon spricht, dass gewissermaßen das Herz verkauft wird, in dem Gefühle zu kommerziellen Zwecken instrumentalisiert werden oder glaubwürdig dargestellt werden müssen. Für ihn haben wir es in der modernen Mediengesellschaft mit einer Bindungsunsicherheit zu tun und der Sozialcharakter, der durch diese Bindungsunsicherheit und durch die ständig fortschreitende Medialisierung entsteht, nennt er Histrio. Bei seiner Beschreibung dieses Sozialcharakters orientiert er sich an der histrionischen Persönlichkeitsentwicklung, die aus seiner Sicht ganz besonders geeignet sei für emotionales Oberflächenhandeln und Eindrucksmanagement in dieser Gesellschaft.

Merkmale des histrionischen Charakters:[24]

- *Theatralisches Verhalten mit Dramatisierungs- und Demonstrationstendenz*
- *Emotionale Labilität mit Oberflächlichkeit und Wechselhaftigkeit*
- *Übererregbarkeit*
- *Egozentrismus mit dem dauerhaften Bedürfnis im Mittelpunkt zu stehen*
- *Verführerisches Verhalten mit Sexualisierung und besonderer Beachtung*
- *körperlicher Attraktivität*
- *Leichte Beeinflussbarkeit*
- *Aktive Abhängigkeitstendenzen*

Winterhoff-Spurk beschreibt nun den durchschnittlichen histrionischen Sozialcharakter wie folgt:

> *„Seine Gefühle sind schnell erregt, flach, theatralisch und wenig differenziert. Sein Denken ist egozentrisch, wenig strukturiert und impressionistisch. Er neigt zu einer romantischen Weltsicht und zu schwärmerischen Idealisierungen. Sein Verhalten ist durch Interesse für alles Lebhafte, emotional Aufgeladene und Provozierende gekennzeichnet, das er schnell imitiert. Er füllt seine innere Leere mit aufregenden äußeren Ereignissen und beschäftigt sich intensiv mit seiner körperlichen Attraktivität. Er gibt sich verführerisch und versucht, immer im Mittelpunkt der Aufmerksamkeit zu stehen."*[25]

Auf einen besonders wichtigen Aspekt der wieder im Zusammenhang mit dem Thema dieses Buches steht, möchte ich noch hinweisen. Erstens, die Ursachen dieses „coolen" Charakters sieht Winterhoff-Spurk vorwiegend im unsicheren Bindungsverhalten. Dieses unsichere Bindungsverhalten führt jedoch zu inneren Zuständen von Leere und Einsamkeit, letztlich kommt es zu einem Mangel an persönlicher Identität. Die Entwicklung des unsicheren Bindungsverhaltens ist immer verbunden mit den Erfahrungen der Erschütterung des sich gerade entwickelnden Ich-Selbst und mit den Zuständen der Irritation und Verwirrung die ja zur Scham führen.

So finden wir auch in vielen Beschreibungen der histrionischen Persönlichkeit deutliche Hinweise auf die große Bedeutung der Schamgefühle. Besonders Tiedemann zeigt sehr genau wie hinter der Egozentrik, der Infantilität und der Unechtheit ein übermäßiges Streben nach Aufmerksamkeit zu finden ist.[26] Menschen mit einer eher histrionischen Persönlichkeit erleben sich hinter dieser verführerischen Haltung und dem aufmerksamkeitsheischenden und theatralischen Verhalten klein, ungenügend, unzureichend und unzulänglich. Sie suchen den überwiegend guten Blick, wie ich es genannt habe, oder leiden grundsätzlich unter einem Hunger nach Liebe und letztlich auch unter einer Sucht nach Anerkennung. Die Persönlichkeitshaltungen und inneren Einstellungen werden also als ein Versuch gesehen, diese fehlende Liebeszuwendung zu erhalten. Das Selbstempfinden ist damit in jedem Fall gekoppelt an Schamgefühle und Peinlichkeit.

Sollten diese Einschätzungen zutreffen, dann hätten wir es überwiegend mit Blockaden oder geschlossenen Zuständen des blauen und orangenen W-Mems in der Spirale des Bewusstseins zu tun.

Dies wäre natürlich nicht gerade überraschend, denn die Schätzungen gehen dahin, dass bis zu 70% der Weltbevölkerung sich noch mehr oder weniger stark im Bewusstsein der blauen und orangenen Stufe der Spirale bewegen. In der hochindustriellen und in der postmodernen Gesellschaft, die ja auch schon als Dienstleistungsgesellschaft bezeichnet wurde, hat eine Mehrheit dieser Menschen bereits die orangene Stufe des Bewusstseins als Schwerpunkt in sich entwickelt. Wenn wir es also in der heutigen Zeit überwiegend mit einem histrionischen Sozialcharakter, mit dem Histrio zu tun haben, so handelt es sich um starke Ausprägungen und besondere Bedeutungen der blauen/orangenen W-Meme.

Ich habe jedoch zum Thema Sozialcharakter ein ganz eigenes Konzept, das mit Scham und einer scheinbaren Schamlosigkeit in unserer Zeit zusammenhängt und mit dem ich mich jetzt etwas ausführlicher beschäftigen möchte.

Boomeritis oder Ich sind viele

Der Begriff Boomeritis wird zwar fast ausschließlich in der Integralen Theorie benutzt, er hat jedoch seine Wurzeln auch in der Demografie.[27] Dort spricht man bei der Generation der Menschen, die etwa zwischen

1945 und 1965 geborenen sind, von Babyboomern, da es in diesen Jahren eine stark ansteigende Geburtenrate gab. In den USA begann dieser Boom etwas früher und in Deutschland etwas später.

Die hohe Geburtenrate hat nach Ansicht der Soziologen eine Auswirkung auf die Persönlichkeitsentwicklung. Hier nun einige Merkmale, die den Babyboomer auszeichnen.

- *Urerfahrung „Masse"*
- *Konkurrenzverhalten „in die Personen eingewandert"*
- *Verstärktes Selbstmarketing*
- *Immer sensationellere Reize werden notwendig wegen der Konkurrenz um die geringer werdende Aufmerksamkeit*
- *Relativierung der Individualität in der Masse*
- *Jeder will Individualität = Massenphänomen*

Für diese Geburtsjahrgänge wird angenommen, dass „Masse" im besonderen Maße ein Art Urerfahrung dargestellt hat und dadurch Konkurrenzverhalten sozusagen in die Personen eingewandert ist. Die Notwendigkeit, sich selbst oder eben sein Selbst immer mehr und immer umfassender und erfolgreicher zu vermarkten, ist nicht nur im Zusammenhang mit der hier angesprochenen Babyboomergeneration zu beobachten, sondern wird auch sonst immer häufiger von Soziologen festgestellt. Ich habe dies seit längerer Zeit immer mal wieder in folgendem Satz zusammengefasst: „Immer mehr Menschen bauchen immer mehr Anerkennung und immer weniger Menschen sind bereit oder in der Lage dazu, anderen diese Anerkennung zu geben". Dies weist darauf hin, dass wegen der stärkeren Konkurrenz immer sensationellere Reize notwendig werden, um die notwendige Aufmerksamkeit und Anerkennung zu bekommen, wie man es auch bei den Babyboomern annimmt. Da der Drang nach Individualisierung immer stärker wird, haben wir es mit einem Massenphänomen zu tun und die Folge ist die Entwicklung einer allgemeinen Indifferenz nach dem Motto: „Leben und leben lassen" oder wie man heute häufig hört: „Ich mach mein Ding und du machst dein Ding". Hier haben wir schon eine Kurzdefinition von Boomeritis, die wir so allerdings auch schon im 19. Kapitel als Beliebigkeit des miesen grünen W-Mems kennengelernt haben.

Mit der dort kurz angeführten Definition aus der Integralen Theorie will ich mich hier nun etwas ausführlicher beschäftigen.

Bestimmte Reste der egozentrischen Selbst- und Weltsicht können sich bei jedem Menschen in jeder Stufe des Bewusstseins zeigen und dies nennen wir in der Sprache der Psychoanalyse oder allgemein in der Psychologie Narzissmus. Hier noch einmal eine Definition, die nicht direkt aus der Psychoanalyse stammt und von daher besser zu meinen Ausführungen hier passt.

„Narzissmus ist ein übermäßiges Interesse an der eigenen Person, der eigenen Bedeutung und Größe, den eigenen Fähigkeiten; Egozentrik. Den Klinikern zufolge ist die innere Befindlichkeit des Narzissmus die, eines leeren oder fragmentierten Selbst, das verzweifelt versucht diese Leere zu füllen, indem es sich selbst erhöht und andere erniedrigt. Die emotionale Grundstimmung ist ein Niemand-hat-mir-zu-sagen-was-ich-tun soll!".[28]

Natürlich zeigt sich dieser Narzissmus auch in jeder Stufe anders und oft wird er auch nicht als solcher erkannt, denn der klassische Narzissmus hat seinen Ursprung ja in den Erschütterungen, Verletzungen also den Beschämungen in der roten Stufe des Bewusstseins.

Allerdings können die Fehlentwicklungen die durch Störungen also durch die Verwundungen entstehen schon vor der roten Stufe auftreten und dann sozusagen Wurzeln des Narzissmus bilden. Deshalb sei schon einmal zu vermerken, dass die Erschütterungen vor, während und nach der Geburt sowie im ersten Lebensjahr, also die Schreckenserfahrungen in der Zeit, in der das Ich sich gerade zu entwickeln beginnt, auch schon in einer Art prägend sind, die später dazu führt, dass sich die Egozentrik besonders entwickeln kann. Es sind existenzielle Ängste, tiefes Misstrauen oder/und häufige Irritationen und Verunsicherungen, die sich als Folgen von Verwundungen, die meist traumatischen Charakter haben, einstellen können und die häufig später zu Schamanfälligkeit führen. Diese Art der Schamanfälligkeit, die ihre Wurzeln so früh im Leben eines Menschen hat, zeigt sich dann allerdings oft nur als das physiologische Erschrecken, als schockartiger Schreckenszustand, wie ich es auch schon beschrieben habe. Ich nenne die Folge einer solchen sehr frühen Erschütterung Basisscham in Anlehnung an das Basisschuldgefühl von Hirsch. Wir haben es hier mit dem pathologischen Beige zu tun und dies zeigt sich besonders in der Abspaltung aller Gefühle und einer Neigung zur Dissoziation oder auch zu Schamattacken. Abspaltungen und Dissoziationen übernehmen die Funktion der Schamabwehr, sind also als Masken der Scham zu betrachten. In der Sprache der Psychoanalyse wird dieser Zustand auch schizoid genannt und ich betrachte ihn als eine Art Vorform der Egozentrik, denn es entwickeln sich absolute innere Einstellungen und Haltungen, die im weiteren Entwicklungsprozess zu Extremformen der Selbsterhaltung und/oder der Selbstanpassung werden können.

Grundsätzlich sind es die Zustände der blockierten oder geschlossenen W-Meme, die miesen Meme oder eben die Pathologien der W-Meme wie es in der Integralen Spiritualität heißt, die den menschlichen Narzissmus ausmachen[29] Als Boomeritis wurde ursprünglich in der Integralen Theorie die Vermischung des grünen Bewusstseins mit emotionalem Narzissmus des purpurnen oder roten W-Mems bezeichnet. Die grüne Ebene des Bewusstseins, pluralistischer Relativismus mit multikultureller Vielfalt, Gedanken und Verständnis für Bürgerrechte, Umweltthemen und Feminismus, wird durch Einbrüche des roten Bewusstseins infiziert. Boomeritis ist Pluralismus, der durch Narzissmus infiziert ist. Weil grünes Bewusstsein sich auch durch einen besonders subjektiven Standpunkt auszeichnet, also die Individualisierungsprozesse extrem fortgeschritten sind, ist es eben auch besonders anfällig vom Narzissmus durchsetzt und vergiftet zu werden. Wir sind alle gleich, alle eine Gemeinschaft aber ich ganz besonders.

Grün behauptet nicht-abstufend zu sein, nicht hierarchisch zu sein, alle Menschen als gleich zu betrachten und für Harmonie und Verständnis einzutreten. Wer jedoch nicht dieser Auffassung ist, wird tendenziell eher abgelehnt, entwertet und kann ausgeschlossen werden und so entsteht die Intoleranz gegenüber den Intoleranten. Im 19. Kapitel habe ich das miese Grün schon beschrieben und darauf hingewiesen, wie leicht sich auch die Hybris von Grün, die Selbstüberschätzung und ein Größenanspruch zeigen kann, denn natürlich hat der Mensch noch mehr Recht, wenn das Prinzip Gleichheit, Harmonie und Emotionalität des Wir die Oberhand im Denken und Handeln bekommt. Besserwisserei und der neuerdings verwendete Begriff Bescheidwisserei erreichen hier gewissermaßen ihren Höhepunkt, denn alle haben recht und besonders Ich. Dieses „Alles ist Liebe“ und „wir sind alle Eins“ als Erleben aus dem Bereich der spirituellen Erfahrungen und Zustände wird so zum Boomeritis-Buddhismus oder ganz allgemein zur Boomeritis-Spiritualität und kann dann gerade jede fortschrittliche Entwicklung hemmen oder jede spirituelle Entwicklung bremsen oder gar blockieren. Stattdessen haben wir es dann mit einer Beliebigkeit zu tun und manchmal übernimmt niemand mehr Verantwortung z. B. auf der Führungsebene oder in Teams, denn alles wird nur gemeinsam entschieden (oder eben gar nicht). Wo immer Grün sich zeigt, ist die Boomeritis nicht weit, wenn die menschliche Egozentrik nicht transzendiert ist.

Der Narzissmus, oder wie ich hier oft sage die Rest-Egozentrik, kann ja als ein Prozess angesehen werden, durch den das Selbst zusammen gehalten wird, also das Selbstgefühl und das Selbstwertgefühl immer wieder intakt hält bzw. stabilisiert oder gegebenenfalls erneuert. So löst in der menschlichen Entwicklung auf der Spirale eine Form des Narzissmus die nächste ab. Diese Restegozentrik des Menschen zeigt sich wie ich beschrieben habe, auf allen Stufen und ein Fließen auf der Spirale hoch und runter kann also auch bedeuten, sich zwischen den miesen W-Memen hin und her zu bewegen. Ich benutze also den Begriff Boomeritis nicht nur als Vermischung von Grün mit Rot, sondern als Einfluss oder Infizierung der verschiedenen Stufen des Bewusstseins durch die leider noch vorhandene Egozentrik des Menschen. So nenne ich beispielsweise auch die extreme Leistungsorientierung und den Wissensdrang von Orange oder die zwanghafte Regeleinhaltung und das starre Festhalten an Strukturen von Blau Boomeritis. Je nachdem wie stark die Wirkung der Restegozentrik eines Menschen noch ist, kann sie jedes W-Mem entsprechend vergiften. In einem Moment bestehe ich sehr autoritär auf eine Festlegung von Regeln und Strukturen und auf die präzise Einhaltung dieser Regeln (Blau) und im nächsten Moment muss ich mit meiner intellektuellen Erkenntnis oder Einschätzung unbedingt richtig liegen (Orange). In einem bestimmten Augenblick muss ich ganz dominant ein Machtwort sprechen (Rot) und kurz darauf in einer anderen Situation versuche ich wieder extrem partnerschaftlich und einfühlsam zu sein (Grün). Natürlich ist es immer wieder wichtig zu betonen, dass all diese Reaktionen menschlich-natürlich und damit auch wertfrei sein können, wenn sie in einer bestimmten Lebenssituation, bei ganz spezifischen äußeren Anforderungen wirklich notwendig und damit auch passend sind. Was vermutlich meistens der Fall ist.

Mir geht es aber immer wieder um die Einflüsse der nicht bewussten Scham und der Abwehr von Scham und Schamängsten, die ja das Ausmaß der Egozentrik bestimmen und dann um die dadurch weiter bestehende Restegozentrik die das Leben beeinträchtigt und gerade wegen der „Maskierung“ selten bewusst wahrgenommen wird. Ich kann also zum Beispiel bewusst Macht ausüben, wenn dies notwendig ist, also die äußeren Bedingungen es dringend erfordern, das wäre als wertfreier Nutzen des roten W-Mems zu betrachten und kann so zu konstruktiven Veränderungen oder Lösungen beitragen, oder ich rutsche doch immer wieder mal in ein Machtverhalten, ohne das mir dies bewusst wird und vor allem ohne dass dies wirklich notwendig wäre, also in unpassenden Situationen. Dieses Machtverhalten hat dann destruktive Auswirkungen und führt keineswegs zu konstruktiven Lösungen.

Wenn wir die Bewegung, das Fließen auf der Spirale und die Boomeritis, also den Einfluss der Restegozentrik auf die W-Meme des Bewusstseins so verstehen wie ich es hier beschreibe, dann ist es notwendig anders über die Frage nach einem aktuellen Sozialcharakter nachzudenken und das will ich hier tun.

In einer narzisstischen Gesellschaft müssten wir den üblichen Sozialcharakter wohl auch narzisstisch nennen, wobei ich zwar der Auffassung bin, dass unsere Gesellschaft durchaus narzisstisch genannt werden kann aber der typische Sozialcharakter unserer Zeit eben doch etwas anders beschrieben werden muss. Hier noch mal zwei Beispiele aus den letzten Jahren zu diesem Thema.

Hans-Joachim Maaz versucht zwar in seinem gleichnamigen Buch deutlich zu machen, dass wir in einer narzisstischen Gesellschaft leben, ist meiner Ansicht nach aber zu wenig deutlich, wie wir alle an dieser Gesellschaft beteiligt sind.[30] Allein schon in seiner Begrifflichkeit von Größenselbst und Größenklein und in vielen theoretischen Erklärungen zeigt sich bei ihm doch wieder die Tendenz einer zu starren Einteilung in gesund und krank und damit zusammenhängend eine zu starke Hervorhebung der narzisstischen Persönlichkeitsstörung. Dies führt dazu, dass der Autor sich selbst nicht miteinbezieht in die Analyse. Dann kann es leicht zu der inneren Haltung kommen, hier oder dort gibt es Menschen mit narzisstischer Störung aber ich habe damit nichts zu tun. Natürlich gibt es eine solche Störung mit dem entsprechenden Leiden, nur wenn ich mit der Theorie des Narzissmus gesellschaftliche Strukturen und Zustände beschreibe, brauche ich meiner Ansicht nach ein Modell in dem sich jeder Mensch wiederfinden kann, jenseits von gesund und krank. Maaz zeigt nach meinem Verständnis nicht wirklich klar, wie alle Menschen, wirklich jeder vom Narzissmus betroffen ist, auch und gerade jeder Analytiker von gesellschaftlichen Zuständen. Dies wäre aber meiner Ansicht nach dringend erforderlich, wenn wir gesellschaftliche Prozesse oder kulturelle Entwicklungen im Zusammenhang mit Narzissmus betrachten wollen.

Auch Wolfgang Schmidbauer schreibt so ausführlich über innere Spaltungsprozesse, Größenvorstellungen sowie vom Mangel an Empathie und einer manischen Abwehr der Depression, dass man daraus schließen könnte, wir leben in einer narzisstischen Gesellschaft.[31] Seine durchaus beeindruckenden Darstellungen weisen für mich deutlich auf diese Entwicklungen hin, ohne dass er jedoch den Begriff narzisstische Gesellschaft benutzt. Diese zwei Beispiele aus den letzten Jahren können wieder so verstanden werden, als hätten wir derzeit einen narzisstischen Sozialcharakter.

Andererseits könnten wir aber auch annehmen, dass wir es tatsächlich eher mit dem Histrio zu tun haben, denn auch die entsprechenden Merkmale können wir ganz deutlich in unserer Gesellschaft finden. Auch als schizoid könnten wir möglicherweise eine häufig auftretende Charakterstruktur in unserer Kultur bezeichnen. Der Sozialcharakter, mit dem wir es heute zu tun haben, ist aber meiner Ansicht nach nicht mehr mit einem dieser Typen zu bezeichnen, sondern er setzt sich zusammen aus mehreren Typen der Persönlichkeit. Er ist allerdings auch mehr als nur eine Zusammensetzung dieser Teilpersönlichkeiten, so wie das Ganze mehr ist als die Summe seiner Teile.

Ich gehe ganz klar von einer „Kultur der scheinbaren Schamlosigkeit“ aus, die sich in der heutigen hoch industrialisierten Gesellschaft entwickelt hat. Für diese Kultur, in der wir heute Leben, wurde ja auch der Begriff Anpassungskultur verwendet und man sprach von Mediengesellschaft, von Wissensgesellschaft oder auch von Dienstleistungsgesellschaft. Die „Kultur der scheinbaren Schamlosigkeit“ zeigt sich allerdings darin, dass Auslöser und Ursachen von Schamgefühlen durchaus vorhanden sind und Peinlichkeit, Scham und Schamängste aber weitgehend vermieden oder abgewehrt, also maskiert werden müssen, da sie nicht in das Bild eines modernen Ich-Selbst gehören. Ich vertrete die Auffassung, dass Scham in unserer Zeit nicht unbedingt mehr oder umgekehrt eher weniger auftritt, sondern dass sich ganz eindeutig die Gründe für Scham ständig verändern. Das, wofür wir uns schämen, verändert sich sehr stark und besonders auch sehr schnell in unserer schnelllebigen Gesellschaft, so dass man annehmen könnte, dass die menschliche Psyche gar nicht hinterher kommt mit den natürlichen Schamreaktionen. Diese ergeben sich ja aus den bestehenden kulturellen Normen und Werten, die sich eben ständig verändern und dadurch für starke Verunsicherungen beim Menschen sorgen können. Denken wir wieder an den flexiblen Menschen oder an das erschöpfte Selbst bzw. auch an das sich ständig verändernde Ich und das Selbst, dass sich erst durch ständiges Darstellen selbst produziert. Wir können uns das so vorstellen. Umso weniger der Mensch in der Lage ist auf diese Situation und in dieser Geschwindigkeit mit seiner natürlichen Scham zu reagieren, desto mehr muss die Scham maskiert werden. Andersherum ausgedrückt, wegen der häufigen und schnellen Veränderungen von Normen und Werten werden die unterschiedlichsten Verhaltensmuster der Menschen, die sich ja auch immer schneller verändern müssen, immer mehr die Funktion der Masken der Scham erhalten. Was natürlich auch immer weniger negativ auffällt, da sich diese Muster ja auch wieder sehr gesellschaftskonform präsentieren und deshalb kaum jemand erkennen kann, dass es sich dennoch um Masken der Scham handelt.

Wegen dieses ständigen Wandels von Normen und Werten wird auch immer weniger von einem starren oder langzeitig stabilen Ich ausgegangen.

In einem Vortrag hat der Kulturtheoretiker Klaus Theweleit deutlich gemacht, dass zwar bei Freud eher von Pathologien ausgegangen wurde, wenn von Ich-Spaltungen, Abspaltungen und Aufteilungen des Ichs die Rede war. Ich sprach hier in diesem Zusammenhang von den verschiedenen Arten der Zerrissenheit. Gleichzeitig zeigt er aber auch deutlich, dass selbst bei Freud schon gesunde und natürliche Aufteilungen von Ich-Befindlichkeiten oder Teil-Ichs vorkamen.[32] Hier meint er vor allem

Ich, Es und Über-Ich aber auch Bewusstes, Vorbewusstes und Unbewusstes. Weiter spricht Theweleit dann von Viel-Ich, von Vielheit des Ich oder davon, dass psychische Spaltung in sozial verträglicher Weise immer öfter zu beobachten ist und er nennt dieses Ich mit seinen unterschiedlichsten Anteilen dann Segment-Ich.

In seinem Buch über die Identität im Zeitalter des Chamäleons beschreibt auch Eric Lippmann wie sich die Persönlichkeit in der modernen Welt immer wieder fragmentieren muss, und so nennt er den Menschen in Anlehnung an Gellner den „modularen Menschen". „Der modulare Mensch hat keinen stabilen, fertigen Charakter und kann sich in einer Netzwerkgesellschaft optimal anpassen" schreibt er deshalb und gibt dann aber einige Ressourcen an, die für die Anpassungsprozesse notwendig sind.[33]

- *Fähigkeit Unsicherheiten auszuhalten und bei vielen Optionen Entscheidungen zu treffen*
- *Minimale materielle Absicherung*
- *Kreative Selbstorganisation*
- *Beziehungs- und Kommunikationsfähigkeit*

Nun ist natürlich klar, dass nicht alle Menschen in ausreichendem Masse über diese Ressourcen verfügen, doch auch als allgemeine Lernziele sind sie ganz sicher sehr hilfreich.

Bei der Frage ob es überhaupt ein personales Selbst oder ein Ich gibt, geht es wohl letztlich darum, dass die Identität oder ein solches Selbst als Prozess, also als etwas das ständig in Bewegung ist, verstanden werden sollte. Entscheidend wird in diesem Prozess die Frage nach der Kohärenz sein, also gelingt es dem Menschen einen inneren logischen Zusammenhang seiner Persönlichkeit oder seines Selbst zu behalten, immer wieder neu herzustellen oder zu finden.[34]

So wird auch der Begriff Patchwork-Identität, den Heiner Keupp schon 1988 verwendet hat, dahin gehend verändert, dass es nicht mehr so sehr um eine sich wiederholende Gleichförmigkeit geht, sondern dass sich möglicherweise völlig neue, unerwartete und kreative Elemente immer wieder, manchmal wild zu einer Art Identität zusammenfügen. Die Selbstfragmentierung ist hier also nicht mehr pathologisch und es gehe nicht um Zerfall oder Verlust der Identität sondern eher um einen Zugewinn kreativer Möglichkeiten.[35]

Der fortlaufende Prozess der Identitätsbildung ist natürlich auch nicht ohne Ressourcen möglich, die der Mensch braucht um selbstbestimmt und selbstwirksam seinen Weg in unserer komplexen Gesellschaft immer wieder neu zu finden und zu gehen. In Anlehnung an Keupp möchte ich folgende benennen [36]

- *Urvertrauen zum Leben*
- *Dialektik von Bezogenheit und Autonomie*
- *Entwicklung von Lebenskohärenz*
- *Soziale und materielle Ressourcen*
- *Selbstwirksamkeitserfahrungen*

Unabhängig davon, ob wir nun von einem flexiblen Selbst, von einem Viel-Ich, vom modularen Menschen oder von Segment-Ich sprechen, letztlich geht es immer darum den Prozess des Wandels und Werdens zu sehen. Die Balance immer wieder zu halten zwischen den ständigen Veränderungsprozessen und dem immer wieder neuen Versuch die Kohärenz der persönlichen Identität zu finden, ist wohl die Aufgabe des Ichs in dieser Zeit. Wie ich versucht habe deutlich zu machen, sind ja gerade bei dieser sich immer wiederholenden Kohärenzbildung die Schamgefühle oder die Abwehr der Scham in einer besonderen Art beteiligt. So wird dieser Balanceakt in unserer „Kultur der scheinbaren Schamlosigkeit“ wohl durch die unbewussten Schamkonflikte sehr stark beeinträchtigt, denn es besteht die Gefahr einer ständigen Infizierung durch den Narzissmus. So könnte aus dem Viel-Ich oder aus einem „unternehmerischen Selbst“ ein egozentrisches Selbst werden und aus solch einem „Ichling“, könnte dann in seiner „unreflektierten Einzigartigkeit“ schnell mal ein narzisstischer Konformist werden.[37]

Erst wenn wir die Prozesse der Scham und somit den Narzissmus der Menschen, den ich hier Restegozentrik nenne, bei dieser sich fortlaufend wiederholenden Ichwerdung immer miteinbeziehen wird diese Infizierung, also das was wir Boomeritis nennen können, weitgehend vermieden.

Unter Beachtung und Würdigung der Scham sowie im Rahmen der Integralen Theorie werde ich nun ein Konzept darstellen, in dem ich mich mit dem sich ständig wandelnden Ich und einem aktuell entstehenden Sozialcharakter etwas intensiver beschäftige. Obwohl im Rahmen der integralen Theorie in diesem Zusammenhang auch schon von post-postmodernem Selbst und vom evolutionären Selbst gesprochen wird,[38] möchte ich vorerst bei der Bezeichnung integrales Ich bleiben, da es mir mehr um die schambedingten Zustände eines aktuellen Sozialcharakters geht, als um eine Diskussion eines spirituellen Ich-Selbst.

Das integrale Ich

Wie ich im 8.Kapitel ausführlich dargestellt habe, können wir das Ich-Selbst als ein Holon sehen und somit hat natürlich auch dieses Holon Ich-Selbst die vier ganz grundlegenden und natürlichen Bestrebungen. 1. Selbsterhaltung, 2. Selbstanpassung, 3. Selbstauflösung und 4. Selbsttranszendenz. Was das menschliche Verhalten betrifft, kann dies bedeuten, dass ein Ich in einer bestimmten Situation sich so verhält, dass deutlich der Selbsterhaltung das Ziel ist, beispielsweise muss sich jemand in einer zwischenmenschlichen Begegnung durchsetzen und dazu eine gewisse Stärke zeigen oder sogar Macht ausüben. Zu einem anderen Zeitpunkt will der gleiche Mensch in einer Liebesbeziehung harmonisch und partnerschaftlich sein und so rückt ganz klar die Selbstanpassung mehr in den Vordergrund. Oft können sich auch Vermischungen aus den beiden Bestrebungen ergeben, und wie ich schon gezeigt habe, ist in besonderen Fällen auch das gleichzeitige Auftreten beider Tendenzen möglich. Wieder zu einem anderen Zeitpunkt fühlt sich der gleiche Mensch etwas müde, erschöpft und allgemein unwohl so dass er sich gerne auf die Couch legt und sich von seinem Partner mit einer Wärmflasche und einem heißen Tee verwöhnen lässt. Hier könnten die sogenannten Ich-Funktionen ausgeschaltet werden und die Tendenz der Selbstauflösung zeigt sich nun etwas deutlicher. Zu einem ganz anderen Zeitpunkt sitzt die Person in einer sehr entspannten, meditativen Haltung und kann vielleicht einen Zustand der heiteren Gelassenheit erleben. Hier haben wir es möglicherweise mit einer Erfahrung zu tun, die dem Bestreben der Selbsttranszendenz zuzuordnen wäre.

Die Zuordnung des menschlichen Verhaltens und Erlebens zu einem dieser vier Bestrebungen allein genügt jedoch noch nicht um ein Viel-Ich oder fragmentiertes Ich zu erklären. Erst wenn das jeweilige Verhalten oder die entsprechende innere Einstellung relativ stabil von den anderen abgegrenzt erlebt wird, kann sich das Bild eines Viel-Ichs ergeben. Wenn diese Abgrenzung immer stabiler, festgelegter oder starrer wird und sich dadurch eine Art von Absolutheit entwickelt, die jedoch immer nur für die kurze Zeit Gültigkeit hat, bis sich wieder ein neues Erleben einstellt, zeigt sich dieses augenblickliche Erleben noch klarer wie ein scheinbar scharf abgegrenztes Teil-Ich. Das absolute Erleben oder Handeln entsteht beim einzelnen Menschen durch die noch vorhandene Restegozentrik in der Entwicklungsspirale, worauf ich später noch näher eingehen werde.

Die integrale Theorie ist der Versuch alles Wissen der Menschheit, aus allen Kulturen, allen Wissenschaften und allen Religionen in einer Art Landkarte zusammenzufassen. Der Versuch jedes menschliche Wachstum, jedes psychologische und spirituelle Wachstum sowie jedes soziale Wachstum durch Nutzung aller bekannten Systeme und Modelle die Menschen entwickelt haben, zu erfassen, zu sammeln oder zusammenzufassen. Ein sehr hoher vielleicht unbescheidener Anspruch und ich kann und werde hier auch nur sehr begrenzt auf die psychologische Entwicklung des Menschen und noch deutlicher begrenzt auf spirituelles Wachstum eingehen, so wie es hier zum Thema passt. Es geht ja in diesem Kapitel in erster Linie um ein sogenanntes Integrales Ich.

Eine bewusste Umsetzung des Integralen Ansatzes für das Leben des Menschen wird Integrale Lebenspraxis genannt und diese Praxis wiederum könnte sich an einer Landkarte orientieren, die als AQAL bezeichnet wird.[39]

AQAL ist eine Abkürzung von fünf Elementen um die es in der ganzen Integralen Theorie geht. Diese Elemente sind Aspekte unserer direkten Erfahrungen und sie sind unserer Wahrnehmung in jedem Augenblick zugänglich. Allerdings ist dafür gezieltes Lernen und achtsames Üben notwendig bis die integrale Landkarte nach und nach und

Teilchen für Teilchen verinnerlicht ist. Hier nun kurz die fünf Elemente einer Integralen Praxis.

- *Quadranten*
- *Ebenen*
- *Linien*
- *Zustände*
- *Typen*

Die Abkürzung AQAL steht also für: Alle Quadranten, alle Ebenen, alle Linien, alle Zustände und alle Typen. Ich werde die fünf Elemente nun nicht ausführlich darstellen und näher beschreiben, sondern nur sehr kurz auf sie eingehen, soweit dies für das Thema dieses Buches von Bedeutung ist.

Mein Interesse bleibt ja das Schamgefühl und die scheinbare Schamlosigkeit und wie diese sich allgemein auf die Zustände der Zerrissenheit des Ich-Selbst auswirken können. Nun also eine kurze Erklärung der Elemente einer integralen Sicht, um ein Integrales Ich beschreiben zu können.

Mit Quadranten sind vier Dimensionen des Seins gemeint oder vier Sichtweisen bzw. vier Blickwinkel auf alle Ereignisse dieser Welt. Wenn man die vier Dimensionen als Quadranten in einem größeren Quadrant sieht, dann bekommt man folgende vier Sichtweisen.

Oben Links die **Ich-Dimension**. Das Selbst und das Bewusstsein, also alles was individuell, innen ist z. B. Gedanken, Gefühle, Bedürfnisse, Absichten, Träume oder Fantasien und Meinungen.

Oben Rechts die **Es-Dimension**. Das Gehirn und der Organismus. Hier finden wir das Äußere des Individuums, den physischen Körper und das Verhalten. Alles ist messbar, sichtbar, berührbar also objektivierbar, dinghaft oder empirisch zu bestätigen.

Unten Links die **Wir-Dimension**. Kultur und Weltanschauung. Dies bedeutet alles was kollektiv innen ist, also das Gruppenbewusstsein. Man spricht auch vom kollektiven Passen.

Unten Rechts die **Sie-Dimension.** Das sind die sozialen Systeme und die Umwelt oder auch die äußeren Formen und Verhaltensweisen der Gruppe, die die Wissenschaften wie Systemtheorie oder marxistische Theorie aus der Perspektive der dritten Person untersuchen.

Wilber schreibt:

> *„Die Quadranten sind einfach das Innere und das Äußere des Individuums und des Kollektiven, und der Punkt ist, dass wir alle vier Quadranten mit ein beziehen müssen, wenn wir so integral wie möglich sein wollen".*[40]

Viele Menschen neigen dazu einen oder auch mal zwei Quadranten wichtiger zu nehmen oder gar die anderen ganz zu ignorieren. Obwohl dies natürlich häufig eine übliche Reaktion ist, kann dies im Extremfall zu starren Haltungen und Absolutsetzungen sowie zu Abspaltungen der jeweils anderen Sichtweisen führen. Je mehr der Mensch also andere Dimensionen der Wirklichkeit aus seinem Bewusstsein abspaltet und ein Quadrant dann beispielsweise zur absoluten Wahrheit wird, desto eher wird dann von Quadrantenabsolutismus gesprochen. Manchmal nennen wir das auch Fanatismus, Dogmatismus oder Narzissmus beziehungsweise Restegozentrik oder Boomeritis, je nach dem, welchen theoretischen Rahmen wir gerade nutzen und auch wie stark solche Absolutsetzungen und die dazugehörigen Abspaltungen von Gegenteiligem oder dem Anderem gerade sind.

Jemand stellt beispielsweise seine Gefühle und Bedürfnisse so sehr in den Vordergrund seines Denkens und Handelns, dass wir sagen können, er lebt total in seiner Ich-Sichtweise. Die anderen drei Sichtweisen können möglicherweise ganz aus dem Bewusstsein abgespalten sein.

Ein anderer Mensch hat vielleicht den Anspruch nur Messbares und wissenschaftlich Nachweisbares zu leben. Auch hier sind möglicherweise die anderen Sichtweisen dem bewussten Erleben nicht mehr zugänglich.

Eine dritte Möglichkeit könnte sein, dass jemand sich total von seiner Gruppe, seinem Kollektiv oder seiner Kultur abhängig macht und alle anderen Quadranten extrem vernachlässigt.

Die vierte Variante wäre, wenn sich jemand in seinem Denken und Handeln nur von Theorien der Gesellschaft, der Ökonomie oder dem systemischen Denken beeinflussen lassen will.

Bei allen vier Beispielen kann es sich dann um Quadrantenabsolutismus handeln, wenn die anderen Quadranten keinerlei Beachtung mehr fänden. Ich bin zu der Überzeugung gekommen, dass es in unserer Gesellschaft eine Entwicklung gibt, bei der immer mehr Menschen möglichst alle vier Sichtweisen entwickeln wollen. Solange nicht alle vier Quadranten gleichzeitig beachtet werden, kann es aber dazu kommen, dass die Sichtweisen im Wechsel also nacheinander eingenommen werden. Dies führt dann möglicherweise wieder zu einem Bild von einem Viel-Ich.

Kommen wir nun zum zweiten Element von AQAL, den Ebenen oder Stufen. Hier wird in der Integralen Theorie als erstes Beispiel für ein Stufenmodell die moralische Entwicklung genannt.[41] Die Stufen der moralischen Entwicklung sind egozentrische, ethnozentrische und weltzentrische Stufe. Die egozentrische Stufe ist die des Kleinkindes, die ethnozentrische Stufe bedeutet die Normen und Werte der Gruppe, des Kollektivs oder der Kultur und sie entfaltet sich normalerweise in der Kindheit und Jugend und die weltzentrische Stufe betrifft Fürsorge und Mitgefühl für alle Menschen egal welcher Rasse und Hautfarbe oder welches Geschlecht oder welchen Glauben und sie könnte sich bei erwachsenen Menschen entwickeln. Diese Einteilung in drei Stufen oder Ebenen können wir aber nicht nur für die moralische Entwicklung anwenden, sondern sie gelten auch für andere Entwicklungsinhalte.

Es gibt in der Integralen Theorie mehrere Stufenmodelle der menschlichen Entwicklung, die alle als Spiralen dargestellt werden können. Diese spiralförmige Entwicklung des Menschen können wir etwa in folgender Reihenfolge sehen.[42] Zur Verdeutlichung des Zusammenhangs habe ich die Stufen von Spiral Dynamics jeweils hinzugefügt.

- *symbiotisch (archaisch)* = *Beige*
- *impulsiv (magisch)* = *Purpur*
- *selbst-schützend (Macht)* = *Rot*
- *regelbezogen konformistisch (ethnozentrisch)* = *Blau*
- *selbst-bewusst, gewissenhaft (modern)* = *Orange*
- *individualistisch (pluralistisch)* = *Grün*
- *autonom (2.Rang)* = *Gelb*
- *post-autonom (Zeuge)* = *Türkis*

· *Einheit* = *Koralle*

In diesem Modell das wir eben auch als Spirale sehen können versucht Ken Wilber, alle Entwicklungslinien unterzubringen und nicht nur die Entwicklung der Werte wie bei Spiral Dynamics (SD). Für dieses Buch habe ich ja eine Vereinfachung vorgenommen und die verschiedensten Entwicklungen zusammengefasst und die Spirale des Bewusstseins für die Darstellung einer Ich-Entwicklung ausgewählt und im neunten Kapitel ausführlich dargestellt. Die Entwicklung der Ebenen oder Stufen wie sie sich in den W-Memen von Beige bis Türkis oder Koralle zeigen lässt, können wir auch als eine Entwicklung von egozentrisch zu ethnozentrisch und dann zu weltzentrisch bezeichnen. Wilber nennt die egozentrische auch präkonventionelle Stufe (Ich-Stufe), die ethnozentrische auch konventionelle Stufe (Wir-Stufe) und die weltzentrische auch postkonventionelle Stufe (Wir-alle-Stufe). Auf die Bedeutung der Stufen von Beige bis Türkis für das integrale Ich werde ich am Ende dieses Kapitels noch eingehen.

Das dritte Element von AQAL sind die Linien. Im 11. Kapitel habe ich schon auf die verschiedenen Entwicklungslinien hingewiesen. Es ist also grundsätzlich so, dass sich die gesamte menschliche Entwicklung aufteilen lässt in die verschiedenen Bereiche, die hier als Linien bezeichnet werden. So kann es beispielsweise sein, dass ein überaus stark intellektualisierender Mensch in seiner kognitiven Entwicklung besonders weit fortgeschritten ist und im Umgang mit Gefühlen in seiner Entwicklung sehr weit zurück liegt. Also ist die kognitive Linie weiter entwickelt und die emotionale Linie deutlich weniger weit. Bei einem anderen Menschen ist die Fähigkeit der zwischenmenschlichen Kommunikation zwar gut entwickelt, ethisch/moralisch ist dieser Mensch vielleicht weniger weit entwickelt. Die zwischenmenschliche Linie und die ethische Linie sind also ganz unterschiedlich in ihrer Entwicklung. Wichtig ist an dieser Stelle noch festzuhalten, dass es sich ja bei den Inhalten der Entwicklungslinien um die es mir hier in erster Linie geht, um Erlebnisweisen, Fähigkeiten und Kompetenzen oder einfach um menschliche Verhaltensmöglichkeiten handelt, die im Quadranten oben Links also in der Ich-Dimension anzusiedeln sind.[43] In den anderen drei Quadranten gibt es zwar ebenfalls Entwicklungslinien, die ich hier allerdings nicht berücksichtige da es mir ja vor allem um das Individuum geht, um das Ich, dass ich integrales Ich nennen will. Ich will hier auch noch einmal darauf hinweisen, dass es einen Zusammenhang gibt zwischen den hier angesprochenen Linien und den schon besprochenen Ebenen. So kann im obigen Beispiel die Person mit der kognitiv weit entwickelten Linie damit auf einer höheren Ebene oder Stufe angesiedelt sein und in der emotionalen Entwicklung also die emotionale Linie auf einer niedrigeren Stufe oder Ebene. Im anderen Beispiel ist der Mensch mit der zwischenmenschlich weit entwickelten Linie auf einer höheren Stufe oder Ebene als die moralisch-ethische Linie, die auf einer niedrigeren Stufe oder Ebene angesiedelt ist. Handlungsweisen oder Erlebnisweisen des integralen Ichs sind wieder in unterschiedlicher Art und Weise möglich, da sie jeweils von einer anderen Entwicklungslinie ausgehen können. So kann jemand besonders gefühlshaft oder emotional reagieren und zu einem anderen Zeitpunkt moralisch-ethisch handeln. Wieder zu einem anderen Zeitpunkt versucht er zwischenmenschlich-kommunikativ zu sein und dann ist er wieder besonders intellektuell und vernunftorientiert. All dies kann dann wieder wie ein Viel-ich wirken.

Ein weiteres Element von AQAL sind die Zustände. Auch die Zustände gibt es in allen vier Quadranten, wobei es mir hier wieder nur um die Zustände der Ich-Dimension geht. Im 8. Kapitel, im Absatz über die Selbsttranszendenz habe ich bereits über mystisches oder religiöses Erleben und über sogenannte Gipfelerfahrungen berichtet und kann nun feststellen, dass es sich dabei aus der Sicht einer integralen Theorie auch um Zustände des Bewusstseins handelt.

Grundsätzlich zählen drei Arten des normalen menschlichen Bewusstseins zu diesen Zuständen, Wachen, Träumen und traumloser Tiefschlaf. In der Integralen Lebenspraxis werden zusammenfassend die emotionalen Zustände, die meditativen Zustände, die kreativen Zustände und die Flow-Zustände genannt.[44] Erinnern wir uns auch an die Zustände der Transzendenz, wie ich sie im 8. Kapitel beschrieben habe, auch diese gehören dazu. Ein integrales Ich kann sich also in einem dieser sehr unterschiedlichen Zustände des Bewusstseins befinden.

Als fünftes und letztes Element von AQAL sind hier noch die Typen anzusprechen.

In der integralen Theorie werden immer wieder die Unterschiede genannt, die sich aus männlich und weiblich ergeben oder es wird auf Persönlichkeitstypen hingewiesen, wie sie sich beispielsweise im sogenannten Enneagramm oder der Myers-Briggs Typologie zeigen. Letztere basiert auf der Psychologie von C.G. Jung und seiner Lehre von den Polaritäten. So gibt es Extraversion und Introversion als mögliche Einstellungen zur Umwelt, es gibt die denkenden und fühlenden Entscheidungen und es gibt Funktionen und Einstellungen des Menschen die entweder wahrnehmend oder beurteilend sind. Ich finde diese Myers-Biggs Typologie durchaus sehr sinnvoll und hilfreich.

In diesem Buch habe ich immer wieder auf Typologien hingewiesen, die einerseits mit der seelischen Zerrissenheit, also auch mit den Polaritäten zu tun haben und sich andererseits aus der psychoanalytischen Theorie ergeben. Entsprechend dem Entwicklungsalter des Kindes sind dies vor allem schizoid, borderline-typisch, narzisstisch oder histrionisch. Auch die männliche Zerrissenheit, die ich weiter oben beschrieben habe und die Muttersöhne und Vatertöchter können wir in diesem Sinne hier als Typen verstehen. Diese verschiedenen Typen sind also in ihren unterschiedlichen Ausprägungen auch immer mit einzubeziehen, wenn wir von einem integralen Ich sprechen.

Wie kommen wir nun unter Berücksichtigung der Integralen Theorie zu einem Sozialcharakter, den ich dann auch integrales Ich nenne?

Beginnen wir mit den vier Bestrebungen des Holons Selbst: 1. Selbsterhaltung, 2. Selbstanpassung, 3. Selbstauflösung, 4. Selbsttranszendenz. Ein Ich-Selbst kann sich ständig wechselnd oder auch eher in einer gewissen Zeit in einer dieser Tendenzen erleben. Es ist auch möglich, dass ein Ich gleichzeitig von zwei oder mehr Bestrebungen angetrieben ist. Sowie sich hier Extremverhaltensweisen oder besonders dauerhafte Muster zeigen, ist dies ein Hinweis auf die Wahrscheinlichkeit stark vorhandener Restegozentrik und wir können dies auch als Boomeritis bezeichnen. Bei besonders ausgeprägten und starren Mustern haben wir es dann auch mit einer Pathologie zu tun. Häufiges oder schnelles Wechseln der Muster dieser Tendenzen kann aus einer anderen Sicht als

Viel-Ich bezeichnet werden, ohne dass dies als pathologisch anzusehen ist.

Ein Mensch kann auch jeweils aus einem der vier Quadranten heraus handeln und denken und es wäre auch ein schnelles und häufiges Wechseln der Perspektiven der Quadranten möglich. Dies ist wieder eine Variante eines Viel-Ichs. Sowie sich eine Extremposition eines Quadranten zeigt, wird von Quadrantenabsolutismus gesprochen und dies kann dann wieder auf eine relativ starke Restegozentrik hinweisen. Man spricht auch von Quadrantenreduktionismus, wenn die anderen Perspektiven aus dem bewussten Erleben abgespalten sind. Wieder im Extremfall kann diese Absolutsetzung pathologisches Ausmaß erreichen.

Auf die Ebenen und Stufen des Bewusstseins gehe ich zum Abschluss etwas genauer ein, da diese nach meiner Ansicht eine spezielle Bedeutung für das Integrale Ich haben.

Die verschiedenen Entwicklungslinien sind ja ein weiteres Element des integralen Ichs. Das bedeutet, dass ein Mensch aufgrund sehr unterschiedlicher Entwicklung der Linien plötzlich in seinem Denken und Verhalten aus einer Linie sehr stark beeinflusst ist und plötzlich zu einem anderen Zeitpunkt aus einer anderen Linie heraus argumentiert oder handelt. Also in einem Augenblick wirkt er äußerst emotional und zeigt sich so, und dann plötzlich kommt eine stark intellektualisierende Äußerung, die möglicherweise kaum zu der Gefühlsäußerung passt. Beides kann dann wie zwei Teil-Ichs wirken. Zeigt sich jemand sehr extrem und in seiner Haltung sehr absolut aus einer Linie heraus, so können wir in diesem Fall auch wieder von Linienabsolutismus sprechen, wenn die anderen Entwicklungsthemen scheinbar total vernachlässigt werden. Dies wird dann auch Linienreduktionismus genannt. Ist die Restegozentrik bei einem Menschen noch sehr stark, kann möglicherweise bei diesem Absolutismus und dem Reduktionismus auch von einer pathologischen Entwicklung ausgegangen werden.

Auch die verschiedenen Zustände des Bewusstseins können heute in unserer kulturellen Entwicklung in der Selbstfindung, Selbstentfaltung oder Selbsterforschung und die natürlich damit zusammenhängende fortschreitende Individualisierung eine besondere Bedeutung für das integrale Ich haben. In diesem Zusammenhang hatte Keupp ja auch schon von Ichlingen gesprochen und damit war eine besondere Hervorhebung des Ichs in der Gesellschaft gemeint.[45] Im Rahmen einer spirituellen Suche oder einer Selbstsuche sind auch meditative Zustände oder andere sogenannte religiöse oder mystische Zustände für den Menschen immer häufiger sehr wichtig. Auch hier kann das Erleben der unterschiedlichsten Zustände wie ein Viel-Ich wirken und der Begriff integrales Ich ist möglich.

Das letzte Element des integralen Ichs sind die Typen. Da nach meiner Überzeugung eine eindeutige Zuordnung zu spezifischen Typen langsam immer mehr aufweicht und tendenziell eher einer Art Vieltypenlehre Platz macht ist dies wiederum ein Zeichen für ein Viel-Ich, dass ich hier nun eindeutig integrales Ich nenne. Zwei Typen aus der Theorie der Psychoanalyse habe ich in diesem Buch immer wieder hervorgehoben und sie leiten auch über zu den Stufen oder Ebenen, die eine ganz besondere Bedeutung für das integrale Ich haben. Es sind dies der narzisstische Typ und der histrionische Typ.

Ausgehend von der Spirale der Entwicklung können wir für jeden Menschen eine Art Profil erstellen, in dem deutlich wird, wie unterschiedlich seine W-Meme entwickelt sind oder anders ausgedrückt, in welchen Stufen des Bewusstseins er derzeit schwerpunktmäßig lebt. Für unser Anliegen, über einen Sozialcharakter etwas auszusagen, nehme ich mal ein Beispiel wie es möglicherweise in unserer Kultur üblich sein könnte. Allerdings werden die Einschätzungen der Verteilung der W-Meme in der Literatur sehr unterschiedlich angegeben und ich meine, genaue Angaben sind sicher gar nicht möglich. Also in meinem Beispiel ist jemand in seinem Denken und Handeln, also in seiner Haltung und in seinen inneren Einstellungen etwa zu 15% vom roten W-Mem, zu 25% vom blauen W-Mem und zu 30% vom orangenen W-Mem geprägt oder beeinflusst. Die anderen W-Meme kann ich hier vernachlässigen, denn sie liegen alle unter 15% sind also nicht als Schwerpunkt anzusehen.

Erinnern wir uns, wir leben mit großer Wahrscheinlichkeit in einer Zeit des Wandels und eines Bewusstseinssprungs auf eine neue Seins-Ebene des menschlichen Bewusstseins oder in eine neue Ordnung. Der Schritt vom grünen W-Mem zum gelben W-Mem ist eine besonders große Veränderung, da sich damit zum ersten Mal ein W-Mem entwickelt, dass nicht mehr alle anderen Bewusstseinsstufen entwertet oder gar bekämpft, sondern dass ab jetzt ein systemischer und wertfreier Überblick über alle bisherigen Stufen möglich wird. Es ist ein globales Bewusstsein, ein Wir-Bewusstsein durch das eine nonduale oder zumindest anfangs eine weniger oder kaum noch polarisierende Wahrnehmung der Dinge und der Welt möglich werden könnte.

Als Folge dieser möglicherweise kommenden oder sich anbahnenden Transformation könnte sich bei vielen Menschen eine verstärkte Aktivierung der bisherigen W-Meme einstellen, vor allem eben auch der blockierten und geschlossenen Meme. Diese Blockaden und Zustände der Geschlossenheit sind ja die Auswirkung der Restegozentrik und sie sind auch Masken der Scham, da sie durch die Verletzungen und schamauslösenden Erschütterungen in der Zeit der Entwicklung der entsprechenden Stufe entstanden sind und die ausgelöste Scham verbergen.

Genau dies macht den aktuellen Sozialcharakter aus. Es ist gewissermaßen ein Aufbäumen, ein nochmaliges Sich-Deutlich-Zeigen der W-Meme von purpur bis grün, die sich ja üblicherweise nach oben und unten abgrenzen oder gar verschließen. Je stärker die Restegozentrik noch ist, desto heftiger und starrer sind dann die Äußerungen oder inneren Einstellungen der Menschen, die sich dann in den verschiedenen Stufen erleben oder von diesen beeinflusst handeln. Das nennen wir Boomeritis. In jedem Fall wirkt das entsprechende Denken und Verhalten wie ein Viel-Ich und ich nenne es integrales Ich. Wir können hier die narzisstischen und auch die histrionischen Muster wiedererkennen, die immer wieder als möglicher Sozialcharakter vorgeschlagen und diskutiert worden sind. Ich denke allerdings, dass die Integrale Theorie hier sinnvoller ist, um einen möglichen Sozialcharakter zu definieren.

Bei dem vorher genannten Beispiel werden also vor allem Verhaltensmuster und innere Einstellungen aktiviert, die aus dem roten, dem blauen und dem orangenen W-Mem kommen. Natürlich können bei manchen Menschen auch Verhaltensweisen mobilisiert werden, die aus dem grünen W-Mem beeinflusst sind. Als Boomeritis bezeichne ich jedes Denken und Handeln sowie die inneren Einstellungen und Haltungen aus allen miesen W-Memen, also Absolutsetzungen und Extrempositionen.

Ein zweiter Grund für die wechselnde Aktivierung aller früheren W-Meme ist das Erleben der gesellschaftlichen, kulturellen und politischen Krisen. Derzeit die schrecklichen Kriegsereignisse in Syrien und auch die Situation in der Ukraine sowie die damit zusammenhängende Flüchtlingskrise, die Finanzkrise in Griechenland und anderswo und die allgemeine politische Situation führen bei vielen Menschen zu extremen Gefühlen wie Ängste, Unsicherheiten, Ohnmacht und Verzweiflung oder Wutgefühle. So wie beim einzelnen Individuum in Krisensituationen Stress entsteht und Regression die Folge ist, so gibt es auch hier gewissermaßen kollektive Regressionen.

Im positiven Fall sollten wir nicht von Regression sprechen, wenn angemessen und passend zu den äußeren Anforderungen aus früheren W-Memen heraus reagiert wird. Wenn also aufgrund dieser Gefühl angemessen für Regeln, Strukturen und für die Durchsetzung von Normen und Werten gesorgt wird, kann dies eine angemessene blaue Reaktion sein. Auch eine machtvolle Durchsetzung von Regeln und Gesetzen kann eine angemessene rote Reaktion sein, um nur zwei Beispiele zu nennen.

Erst wenn Menschen in der Gesellschaft und in der Politik aus den roten, blauen oder orangenen W-Memen heftig und extrem, also absolutsetzend reagieren, ist ihr Verhalten als regressiv oder gar pathologisch zu betrachten. Grenzen dicht machen, alle Flüchtlinge wieder abschieben sind solche nicht akzeptierbaren Reaktionen aus den miesen Memen. Aber auch eine extrem herzliche Willkommenskultur bezüglich der Flüchtlinge kann pathologisch sein, wenn jede Strukturierung, jede Ordnungsmaßnahme völlig vergessen oder sogar grundsätzlich abgelehnt wird. Hier haben wir es dann mit Absolutsetzungen des grünen W-Mems zu tun, der klassischen Boomeritis.

Klar ist, dass in Krisensituationen verstärkt, scheinbar überwundene Bewusstseinsstufen erneut mobilisiert werden. Auch hier erkennen wir unschwer ein Viel-Ich oder Segment Ich, denn es kann zu schnellem Wechsel der Ansichten, Meinungen und Haltungen kommen, die dann jeweils wie abgespaltene Teile des Ichs wirken können.

Zum Abschluss des Kapitels will ich nun eine kleine Zusammenfassung des ganzen Themas Sozialcharakter versuchen und dazu beginne ich wieder bei der Scham. Wir leben in einer „Kultur der scheinbaren

Schamlosigkeit" in der immer häufiger und deutlicher die „Masken der Scham" eine Art Sozialcharakter bilden können. In der individuellen Entwicklung des Menschen kann es seit der Zeit vor der Geburt zu schmerzlichen Erfahrungen, Verletzungen und Traumatisierungen kommen, die immer Erschütterungen und Irritationen oder Desorganisationen des wachsenden Selbst sind und dadurch schambildend wirken. Solche Beschämungen führen dann als COEX-Systeme, also Gebilde von speziellen Verdichtungen von Gefühlen auf allen Ebenen der Entwicklungsspirale, also in allen W-Memen von beige bis grün zu Blockaden und geschlossenen Zuständen, die dann auch also Masken der Scham zu betrachten sind. Man kann hier auch von Schatten sprechen. Solche blockierten oder geschlossenen W-Meme werden dann als miese Meme bezeichnet, die in ihrer Gesamtheit die sogenannte Boomeritis bilden, die bei extremer Ausbildung auch als pathologisch angesehen werden muss. In unserer Zeit des Bewusstseinswandels hin zu einem stärkeren Wir-Bewusstsein, zu einem globalen Bewusstsein und in der Zeit der aktuellen gesellschaftlichen Krisen, werden immer wieder frühere, scheinbar überwundene Meme aller Ebenen aktiviert und dies kann auch im häufigen und schnellen Wechsel geschehen.

Diese häufigen oder auch schnellen immer wiederkehrenden Veränderungen im Denken und Handeln des Ichs können wie ein Viel-Ich wirken, das ich aber integrales Ich nenne. Ausgehend von der Integralen Theorie ist dieses Ich-Selbst selbstverständlich erst einmal ganz wertfrei, einfach Sein, einfach Ich, weder gesund noch krank. Es ist der übliche Sozialcharakter in der heutigen Zeit. Dieser Sozialcharakter kann pathologisch werden, dann haben wir es mit besonders starken Masken der Scham zu tun, die letztlich die Boomeritis bilden. Eine möglichst genaue Differenzierung zwischen dem allgemeinen integralen Ich und der Boomeritis ist deshalb immer erforderlich.

Über die Veränderungen der inneren Einstellungen bei pathologischer Ausprägung der verschiedenen W-Meme habe ich in dieser Arbeit schon ausführlich berichtet. Zum Abschluss dieser Arbeit will ich etwas über die Schritte des Wachstums sagen, die bei alltäglicher Boomeritis für uns alle notwendig sein könnten und für viele Menschen unbedingt erforderlich sind. Diese Veränderungsschritte haben viel mit Würde, Achtung und Anerkennung zu tun und das Prinzips des Dialogs sowie eine kommunikative Ethik bekommen eine ganz vorrangige Bedeutung in diesem Prozess.

21. Schritte des Wandels

„Ich bin das Leben, das leben will, inmitten von Leben, das leben will"
(Albert Schweizer)[1]

In diesem letzten Kapitel möchte ich mich damit beschäftigen, was jeder von uns tun kann, um seine Restegozentrik immer wieder neu, selbstkritisch wahrzunehmen, sie dann zu verändern oder sie möglichst weitgehend zu überwinden. Es geht also um das Leben und den Lebensfluss in all seinen Facetten, denn die Restegozentrik ist ja als Blockade des fließenden Lebens zu betrachten. Im Sinne von Albert Schweizers Äußerung können wir es dann immer auch mit Missachtungen der menschlichen Würde zu tun haben.

Bevor ich etwas mehr zum Thema Würde sage, will ich deutlich machen, dass ein heilsamer oder wenigstens positiv verändernder Umgang mit der Restegozentrik vergleichbar ist mit Schritten der Veränderung bei Schamkonflikten und schweren Schamprägungen.

Schauen wir uns den Zusammenhang noch einmal an. Die verletzenden und das Selbst erschütternden Erfahrungen in der Kindheit lösen Scham aus oder führen als extrem gegenteilige Reaktion manchmal gar dazu, dass Betroffene die Scham gerade nicht lernen können oder sie sich nicht aneignen können. In beiden Fällen, bei den Erschütterungen die schwere Scham auslösen und bei der Nichtaneignung von Scham, kommt es durch eine scheinbare Verarbeitung dieser erlebten Erfahrungen von Irritation oder von Destabilisierung und Desorganisation also Auflösung oder Zusammenbruch des sich gerade entwickelnden Selbst, zur Ausbildung verschiedener Charakterhaltungen, Persönlichkeitsmustern oder innerer Einstellungen die dann die Funktion von Masken der Scham erlangen. Wir können es also zum Beispiel mit schwer traumatisierten Menschen zu tun haben, die besonders stark leiden oder mit Menschen die eine narzisstische Persönlichkeitsstörung (NPS) entwickelt habe oder eben mit den eher üblichen Mustern des normalen Narzissmus, die sich dann später als Restegozentrik zeigen können. Egal ob es sich um stark leidende Patienten handelt, um eine klassisch narzisstische Persönlichkeitsentwicklung oder um die Restegozentrik die jeder Mensch in unterschiedlichem Ausmaß in sich tragen kann, bei allen Menschen geht es um die Spirale der Entwicklung, denn immer kommt es ja durch die Erschütterungen des Selbst zu Blockaden und geschlossenen W-Memen. Eine genaue Differenzierung zwischen diesen unterschiedlichen Ausprägungen der Masken der Scham und der Egozentrik ist natürlich immer erforderlich, wenn es um die Schritte der Wandlung geht. Ein solcher Prozess der Wandlung kann durch die verschiedensten Arten von Therapie, durch Supervision, Beratung oder Coaching sowie durch unterschiedliche Prozesse der Selbstveränderung und durch spirituelle Methoden unterstützt oder in Gang gesetzt werden. Es gibt auch schon den Begriff der bedarfsorientierten Psychotherapie, besonders für narzisstische Störungen[2] und selbstverständlich sehe ich auch die von mir beschriebene Arbeit mit den inneren Einstellungen in diesem Zusammenhang.

Scham und Restegozentrik

Grundsätzlich kann in drei Stufen der Veränderung konstruktiv-heilsam mit Scham und Schamprägungen als auch mit der Restegozentrik umgegangen werden.

- *Erkennen*
- *Benennen und Bekennen*
- *Sich Zeigen und Zumuten*

Die Restegozentrik in sich zu erkennen und die Notwendigkeit ihrer Veränderung wahrzunehmen ist der erste große Schritt eines Wandels. Das heimtückische dieser Restegozentrik ist ja gerade, dass der Betroffene sie üblicherweise nicht in sich wahrnehmen kann oder sie nicht wahrhaben will. Auch eine Schamneigung, die Schamkonflikte oder einfach die Scham ist ja meistens maskiert und wird dann ebenfalls nicht erkannt. So kann beispielsweise jemand, der auf sein verletzendes, andere entwertendes und somit beschämendes Verhalten hingewiesen wird reagieren, in dem er die Schuld oder Verantwortung nur beim anderen sieht. Dann ist immer der andere selber schuld, krank, gestört, empfindlich oder sonst irgendwie schwierig oder einfach komisch.

Gerade in einer gewissen spirituellen Szene oder Psychoszene der Gesellschaft ist dies heute oft zu beobachten. Immer ist der, der sich verletzt, klein gemacht, diskriminiert oder beschämt fühlt, selbst verantwortlich für seine Gefühle. Somit haben wir es nicht mehr mit Menschen zu tun, deren Verhalten bei anderen Menschen Gefühle auslösen kann und die Restegozentrik und möglicherweise auch eine Schamneigung gerade dieser Menschen bleibt verborgen. Der Kontakt oder die Beziehung zwischen dem Menschen dessen Verhalten etwas auslösen kann und dem Menschen bei dem etwas ausgelöst wird, ist einfach nicht mehr da, wird ignoriert. In Partnerschaften ist dies nach meinen Erfahrungen ein sehr häufiges Muster, oft werden dadurch Partner oder besonders Partnerinnen regelrecht pathologisiert.

Das Erkennen der eigenen Restegozentrik ist also ein erster großer Schritt einer Veränderung. Das kann eben auch bedeuten, das eigene Verhalten als Masken der Scham zu identifizieren. Einige Muster sind z. B. Entwertung oder Erniedrigung anderer, Respektlosigkeit und Ignoranz anderen Menschen gegenüber, sich über andere stellen, sich also selbst erhöhen oder Arroganz und Überheblichkeit. Restegozentrik und Masken der Scham können sich auch zeigen in zwanghafter Intellektualisierung, im Sich-Produzieren und Sich-Darstellen-Müssen in Rechthaberei oder wie man neuerdings auch sagt in Bescheidwisserei. Auch Machtverhalten, starke Kränkbarkeit und überhöhte Ansprüche und Erwartungen an sich selbst und andere gehören dazu. Unter diesen verschiedenen Verhaltensmustern liegt die Angst vor der verinnerlichten Scham die als Schatten im Unbewussten weiter existiert oder allgemein die Angst vor Schwäche und erneuten Beschämungen.

Der zweite große Schritt ist ja das Benennen und Bekennen. Beim Akzeptieren und Annehmen der Scham ist dies etwas klarer als bei der Restegozentrik. Bei der Scham ist es einfach hilfreich, immer wieder dieses Gefühl oder auch die Peinlichkeit beim Namen zu nennen. Natürlich ist es sehr wichtig, dies nur in einer wohlwollenden Umgebung bei achtsamen und liebevollen Menschen zu tun. So spricht man aus, dass man sich ganz aktuell schämt, dass man zu Schamgefühlen neigt oder, dass man vielleicht schamgeprägt ist. Auch Peinlichkeiten ansprechen ist sehr hilfreich. Egal mit welchen Worten oder auf welche Art man Scham, Schamängste oder Peinlichkeitsgefühle anspricht, könnte das Aussprechen natürlich sofort wieder Scham oder Peinlichkeit auslösen. Meine langjährige Erfahrung ist die, dass es nach einiger Zeit des sich wiederholenden Ansprechens immer natürlicher wird, diese Gefühle zu zeigen, dass dieses Aussprechen und Benennen der Gefühle nicht mehr erneut Peinlichkeit auslöst und, dass die Langzeitwirkung der Normalisierung des Erlebens gesunder und menschlicher Scham sich immer mehr stabilisiert. Dies führt dann letztlich zu mehr Offenheit, zur Auflösung von Blockaden und zu einer existenziellen inneren Erleichterung. Bei schwereren Schamstörungen und Schamkonflikten verweise ich noch mal auf die Arbeit mit inneren Einstellungen in diesem Buch.

Etwas schwieriger dürfte das Benennen der Restegozentrik sein. Hier geht es auch eher darum, sein egozentrisches Verhalten in irgendeiner Art und Weise im Kontakt zu anderen Menschen zu benennen. Man kann also ganz allgemein aussprechen, dass man manchmal oder auch häufiger egoistisch, egozentrisch ist, sich so verhält oder nur von sich ausgehend denkt und handelt. Natürlich ist es auch sinnvoll in einer konkreten Situation auszusprechen, dass man nur an sich denkt oder gedacht hat. Seine extremen Reaktionen auf Kränkungen, sein mögliches Machtverhalten und seine überhöhten Ansprüche kann man auch benennen, um eine Wandlung zu unterstützen. Auch hier gibt es viele Möglichkeiten des Benennens und man wird es grundsätzlich auch eher bei Menschen tun, die achtsam und wohlmeinend sind und vielleicht sogar einen liebevollen Umgang mit anderen Menschen haben. Vergessen wir nicht, dass unter diesen egozentrischen Verhaltensmustern massive Gefühle von Einsamkeit, Leere und sehr schmerzhafter Scham zu finden sind.

Bekennen hat hier nichts mit Schuld zu tun, es ist vielmehr ein Eingeständnis Mensch zu sein. Dies ist ganz besonders bei der Scham der Fall, denn die Akzeptanz der eigenen Scham bedeutet immer sich als Mensch anzunehmen mit all seinen möglichen Fehlern. Der Mensch ist immer unvollkommen und die Scham zeigt ihm diese Unvollkommenheit. So wird die immer vorhandene Selbstliebe gestärkt und gefördert. Diese Selbstliebe, die in jedem Menschen immer ihre Wirkung hat, ist ja für den Prozess der Wandlung und für alle Heilungs- oder Genesungsprozesse, also für das Leben, eine entscheidende Voraussetzung. Manchmal wird ein umgekehrter Satz angewendet. Der Mensch ist immer vollkommen, mit all seinen Fehlern und Unvollkommenheiten. Es hat sich aber gezeigt, dass für die Prozesse der Wandlung der Egozentrik, die Achtung und Würdigung der Unvollkommenheit besonders hilfreich ist, deshalb stelle ich sie lieber an den Anfang eines solchen Satzes. Denken wir bei diesem Thema hier wieder an die Arbeit mit den inneren Einstellungen, in der Einstellungssätze mit vergleichbaren Inhalten gefunden werden.

Allerdings haben wir es in unserer Zeit auch mit dem Phänomen zu tun, dass gerade die Unvollkommenheit des Menschen schwer in Verruf geraten ist. Die Egozentrik unserer Zeit, die sich bei Menschen auf dem spirituellen Weg dann als Boomeritis zeigt, will zwanghaft nur noch die Vollkommenheit. Aus meiner Sicht ist dies das größte Hindernis für das menschliche Leben.

Die dritte Phase des Wandels ist das Sich-Zeigen und Zumuten. Diese Phase ist noch mehr als die beiden ersten Schritte, eine Lebensaufgabe, denn sich zeigen und sich zumuten bedeutet ja grundsätzlich, das Leben anzunehmen.

Beim Thema Scham geht es jetzt darum, immer mehr und immer öfter etwas von sich zu zeigen, was bis dahin unter der Scham versteckt und verborgen war. Das können manchmal einfach Eigenschaften von sich sein, charakterlich oder körperlich z. B. stark sein, schwach sein, bedürftig sein, charmant sein oder einfach gut aussehend oder gerade weniger den Schönheitsidealen entsprechend. Auch klein sein oder groß bzw. füllig oder schlank zu sein könnte es sein. Charakterhaltungen oder Persönlichkeits- bzw. Wesensmerkmale jeder Art können dazu gehören. So zeigt man sich jetzt vielleicht kreativer, lebendiger und sportlicher oder fleißiger und interessierter an vielen Dingen. Man kann sich kompetenter in seinem Beruf, seinen allgemeinen Fähigkeiten und Tätigkeiten zeigen oder mit seinen Begabungen und seinen Interessen und Ansichten mehr an die Öffentlichkeit gehen. Aber es gehört natürlich auch dazu, sich mit Aspekten seines Selbst oder Anteilen seiner Persönlichkeit zu zeigen, die nicht so gerne gesehen werden oder in der Gesellschaft nicht so anerkannt sind. Man kann zu seiner Schwäche, zu seiner Bequemlichkeit und Faulheit oder zu seiner Langsamkeit stehen und solches auch zeigen. Sich einfach mit seinen Fehlern zeigen oder mit dem, was man für falsch oder nicht gut hält, ist das Entscheidende. Sich immer wieder anderen Menschen zeigen mit seinen körperlichen Eigenarten, mit bestimmten Persönlichkeitsanteilen, mit allem, so wie man eben ist, egal wie das alles in dieser Gesellschaft bewertet wird ist dann die Aufgabe. Es ist alles immer positiv zu betrachten.

So unterschiedlich Menschen und ihre Persönlichkeiten nur sein können, so vielfältig können auch die Möglichkeiten sein, sich nun erstmals oder einfach mehr und dann immer mehr zu zeigen und sich anderen so zuzumuten.

Bei Menschen, die unter schwersten Beschämungen in ihrem Leben gelitten haben ist es immer ganz besonders wichtig, die Schritte einer achtsamen, wohldosierten und genau passenden Öffnung und des Sich-Zeigens zu erarbeiten. Ich erinnere an die Darstellungen der Arbeit mit den Einstellungssätzen, besonders im Kapitel 13.

Hier geht es jetzt aber speziell um den Prozess des Wandels der Restegozentrik. Sich zeigen bedeutet bei Veränderungen der Restegozentrik vor allem sich mit den menschlichen, natürlichen und authentischen Anteilen seines Selbst zu zeigen, die durch Egozentrik abgewehrt, maskiert oder kaum oder gar nicht entwickelt waren. Grundsätzlich ist es also wichtig mehr Gefühle in sich wahrzunehmen und zu zeigen sowie Achtsamkeit und Mitgefühl für sich selbst und für andere Menschen zu entwickeln. Seine Traurigkeit und seine schmerzlichen Gefühle zu zeigen kann genauso dazu gehören, wie sich hilflos, hilfsbedürftig oder überhaupt bedürftig oder ängstlich zu zeigen. Nur Vorsicht, solche Gefühlsäußerungen lassen sich leicht wieder unter die Egozentrik unterordnen wenn z. B. jemand der durch seine starke Kränkbarkeit häufig mit Wut, heftigen Entwertungen oder bösen Machtspielen reagiert hat, sich nun plötzlich als armes Opfer präsentiert und sich durch Klagen und Zeigen von Schmerz erneut ein manipulatives Verhalten oder Machtausübung etablierten. Hierher gehört dann zwar die Erkenntnis, dass Opfer auch manipulieren können und manchmal dadurch ganz schön viel Macht haben. Dennoch möchte ich mich so nicht äußern, denn die Gefahr ist sehr groß, die Würde der meisten wirklichen Opfer dadurch zu verletzen. Nur wenn es sich sehr eindeutig um einen solchen Switch des expansiven Narzissten handelt, kann und sollte man diesen Wechsel der Extreme durchaus deutlich machen, denn es wurde nur ein extremes Selbsterhaltungsbestreben mit einem extremen Selbstanpassungsbestreben ausgetauscht oder beides hat sich einfach total vermischt. Diese Muster sind allerdings besonders häufig bei Menschen zu beobachten, die sehr deutlich egozentrisch sind und die eine eindeutige und stark ausgeprägte Pathologie des roten W-Mems zeigen. Dazu sei hier noch einmal auf die Arbeit mit Einstellungssätzen hingewiesen wie ich sie besonders im 15. Kapitel beschrieben habe. Bei beiden Mechanismen, die ich gerade beschrieben habe, hat sich die Egozentrik noch überhaupt nicht verwandelt. Ziel wäre vielmehr eine innere Balance oder Spannungstoleranz zu entwickeln, um dadurch aus allen Extremen herauszukommen und Spannungen grundsätzlich besser auszuhalten.

Ich will noch ein paar Hinweise geben, was Menschen zeigen können, die an der Linderung oder Transformation ihrer Restegozentrik wirklich arbeiten wollen. Interesse an anderen Menschen zeigen und ihnen respektvoll begegnen. Höflichen Umgang pflegen und Achtsamkeit sowie grundsätzliches Wohlwollen deutlich zeigen. Sich entschuldigen ist auch etwas, was Menschen mit Egozentrik kaum können, also können sie dies ganz besonders üben. Mitgefühl oder Mitleid mit anderen entwickeln und dann auch zeigen, also aussprechen kann ebenso wichtig und hilfreich sein, wie Schuld eingestehen und Verantwortung übernehmen. Die Egozentrik verhindert eben normalerweise, dass der Mensch für irgendetwas, was mit anderen Menschen zu tun hat, verantwortlich ist oder gar Schuld hat. Manche Menschen sehen im Eingeständnis von Schuld schnell mal eine masochistische Grundhaltung. Dies wäre zwar bei einem einfachen Wechsel ins gegenteilige Extrem leicht möglich, aber das würde auch wieder nur zur Egozentrik gehören, die ja immer gerne in den Extremen zu Hause ist. Jede Art von Extremismus, ob politisch, religiös oder zu sonst irgendeiner Ideologie gehörend, ist immer die Folge der menschlichen Egozentrik. Ich spreche ja oft von Absolutsetzungen und auch von Absolutismus, was eben auch immer zur Egozentrik gehört. Also dort wo der Mensch verantwortlich ist oder auch mal schuldig wird, sollte er auch die Verantwortung übernehmen und die Schuld anerkennen, genau in dem Ausmaß seiner persönlichen, individuellen Schuld und Verantwortung. Dies dann auch im Kontakt zu anderen Menschen angemessen zeigen zu können ist natürlich notwendig und dies können Menschen schon in kleinen Dingen immer wieder üben, wenn ihre Restegozentrik sehr ausgeprägt ist.

Würde

Nun will ich die möglichen Schritte des Wandels noch aus anderen Richtungen betrachten und weiter diskutieren und komme dafür zurück auf das Anfangszitat von Albert Schweizer. Luise Reddemann, eine von mir persönlich sehr geschätzte Kollegin, hat in ihrem Buch über die Würde in der Therapie auch Schweizers Gedanken zur Ehrfurcht vor dem Leben sehr ausführlich besprochen und kritisch gewürdigt.[3] Auch wenn der Begriff Ehrfurcht heute nicht mehr so sinnvoll erscheint, so ist doch die Achtung vor allem Leben von entscheidender Bedeutung und führt uns direkt zur Würde.

Würde ist ein Wesensmerkmal des Menschen, eine angeborene Eigenschaft, ein absoluter innerer Wert, der grundsätzlich immer gegeben ist. Reddemann schreibt: „dass Menschen Würde besitzen, weil sie in ihrem Wesen etwas besitzen, was ihnen Würde verleiht, z. B. den göttlichen Funken".[4] Menschliche Würde ist also immer vorhanden, gerade ohne dass der Mensch irgendeinen Zweck erfüllt oder irgendetwas dafür tun muss, um grundsätzlich Bedeutung und Achtung zu erlangen. Der Wunsch nach sozialer Anerkennung und eine positive Bewertung des allgemeinen, menschlichen Anspruchs auf Achtung und Respekt stehen im direkten Zusammenhang mit der Würde des Menschen. Achtung und Anerkennung sind also zwei wesentliche Begriffe für die Würde des Menschen. Gerade im Zusammenhang mit Narzissmus, oder wie ich hier sage, im Zusammenhang mit der Restegozentrik geht es bei Würde auch immer um den angemessenen Umgang mit dem Machbaren bzw. mit dem nicht Machbaren. Scheitern, Versagen oder Fehler machen ist nur allzu menschlich und ist immer zu achten und auch zu würdigen, auch wenn ich beim Schreiben bemerke, wie beispielsweise das Wort Versagen meist nur noch negativ gebraucht wird. Selbst anzuerkennen, dass man etwas nicht kann oder nicht schafft, gehört damit selbstverständlich auch zur Transformation der Restegozentrik. Im Zusammenhang mit Schamgefühlen ist es deshalb sehr wichtig in der Gesellschaft für eine Fehlerkultur oder eine Kultur der Anerkennung einzutreten.[5] Reddemann hat für die Psychotherapie einige Bereiche herausgestellt, in denen besonders darauf geachtet werden sollte, die Würde von Patienten nicht zu verletzen.[6] Ich vertrete hier jedoch die Auffassung, dass diese unterschiedlichen Qualitäten von Würdeverletzungen ganz allgemein im zwischenmenschlichen Bereich ihre Gültigkeit haben und wir alle einen sehr achtsamen Umgang damit pflegen sollten, nicht nur in allen Beratungssituationen. Ganz besonders können wir dies als Übung verstehen, wenn wir an der Wandlung unserer eigenen Restegozentrik interessiert sind.

- *Respekt vor der Autonomie des Menschen*
- *Die Würde von Verletzlichkeit und Scheitern anerkennen*
- *Respekt vor den Wünschen nach Verbundenheit*
- *Achtung von Individualität und Verschiedenheit*
- *Die Würde der Intimität*

In der Therapie gehört zur Autonomie z. B., dass Patienten kein Verfahren einfach aufgedrängt wird und sie immer über alternative Methoden und allgemeine Möglichkeiten der Behandlung informiert werden. Genauso wichtig ist es, die Menschen über die eigenen Vorstellungen und Überlegungen zu informieren und mit ihnen gemeinsam alle neuen Schritte in der Therapie zu besprechen. Es ist also hilfreich, immer genau zu erklären, warum wir beabsichtigen dieses oder jenes zu tun. Man kann auch nicht von Menschen verlangen, oder sie gar zwingen, über ihre intimsten und persönlichsten Belastungen frei und offen zu sprechen oder ausführlich zu berichten. Gerade diese Art von Offenheit ist bei vielen modernen Therapiemethoden und Selbsterfahrungstechniken sehr verbreitet. Da kann man sich manchmal fragen, ob nicht dieser Drang zur Offenheit auch ein Teil der Egozentrik, in diesem Fall der Boomeritis von professionellen Helfern in unserer Zeit ist. Der Vorschlag ist also, immer mehr bei dem zu bleiben was Menschen von sich aus erzählen wollen.

All dies kann auch in jeder zwischenmenschlichen Beziehung und Begegnung beachtet werden, um Menschen möglichst nicht in ihrer Würde zu verletzen. Wichtig ist es dann Menschen auch innerlich nicht zu bewerten oder sie gar zu entwerten, wenn sie ungerne etwas von ihrem Innenleben preisgeben möchten.

Gelten lassen ist für mich in diesem Zusammenhang ein sehr hilfreiches Wort geworden. Sinnvoll wäre also für alle Menschen, die ihre Restegozentrik verändern wollen, die Ansichten und Auffassungen anderer nicht sofort zu entwerten oder gar sie mit bösen Bemerkungen zu kommentieren. Hier könnten das Prinzip des Dialogs und eine kommunikative Ethik sehr hilfreich sein, auf die ich später noch genauer eingehen werde.

Gerade der zweite Bereich ist selbstverständlich für alle zwischenmenschlichen Situationen gültig. Verletzlichkeit und Scheitern annehmen ist für jeden Menschen immer eine wichtige Voraussetzung für das Leben. In Beratungen und Behandlungen bedeutet es, die schmerzlichen Anteile des Klienten immer zu würdigen und achtsam mit ihnen umzugehen. Hier zeigt sich besonders deutlich der Zusammenhang mit der Scham. Für Unvollkommenheiten, Scheitern, Schwäche sowie für Schmerz und Ohnmachtsgefühle wird man sich besonders leicht schämen. Deshalb ist es für die Wandlung der Restegozentrik besonders wichtig. Scham anzunehmen und eben gerade auch die genannten schmerzlichen Gefühle. „Die Würde der Verletzlichkeit kann nur achten, wer sich selbst mit seiner Verletzlichkeit und Ohnmacht akzeptieren kann“, schreibt Reddemann.[7] Grundsätzlich bedeutet dies, dass jeder Mensch, der mit anderen Menschen zu tun hat, ob in normalen zwischenmenschlichen Kontakten oder in helfenden Berufen, immer mit der eigenen Verletzlichkeit, der eigenen Unvollkommenheit und der eigenen Scham konstruktiv umgehen können sollte.

Achtung und Respekt vor dem Bedürfnis nach Verbundenheit ist der dritte Bereich in dem auf Würdeverletzungen geachtet werden sollte. In Therapien ist es wichtig besonders achtsam damit umzugehen oder oft sogar ganz darauf zu verzichten, Trennungen zu empfehlen. Auch sind oft die Wünsche nach Verbundenheit und Beziehung grundsätzlich nicht einfach als neurotische Abhängigkeitsproblematik einzuordnen. Es ist nicht immer alles Beziehungssucht oder Co-Abhängigkeit, wenn Menschen sehr viel Wert auf Kontakt und Beziehung oder besonders auf Bindung und Bezogenheit legen. Dies gilt eben nicht nur in Behandlungen oder Beratungen, sondern ist auf die normale Kommunikation zwischen Menschen zu übertragen. Würdeverletzungen sind also im Bereich Verbundenheit auch im üblichen Umgang zwischen Menschen und in alltäglichen Gesprächen möglich. Wie oft entwerten wir Menschen, die besonders häufig und intensiv über ihre Partnerschaft oder sehr extrem über Nähe und Verbundenheit in ihrer Partnerbeziehung berichten. Menschen haben eben immer die zwei Bedürfnisse, nach Verbundenheit und nach Autonomie oder wie ich es hier immer wieder genannt habe, das Bestreben nach Selbsterhaltung und das Bestreben nach Selbstanpassung. Wenn wir also an unserer Restegozentrik arbeiten wollen, ist es sinnvoll darauf zu achten, nicht nur bei uns selbst sondern im besonderen Maße auch bei anderen Menschen beide gegensätzlichen Wünsche und Sehnsüchte zu achten und zu würdigen. Gerade in einer gewissen spirituellen oder esoterischen Szene wird leider allzu oft entwertend und entwürdigend über enge Zweierbeziehungen und dem Bedürfnis nach Verbundenheit mit einer Person gesprochen.

Ein weiterer Bereich, in dem wir besonders auf die Vermeidung von Würdeverletzungen achten sollten, ist der Respekt von Individualität und Verschiedenheit. Hier ist es wichtig jeden Menschen in seiner Einmaligkeit zu achten und ihm als einmaliges Wesen zu begegnen. Diagnosen sind beispielsweise immer nur erste Hilfsmittel, die höchstens ein Hinweis sein können auf dem Weg einen Menschen besser kennenzulernen. Auch Therapieempfehlungen können nur Hilfswerkzeuge sein, die auf eine Richtung hinweisen aber niemals schon auf den ganzen oder gar einzig richtigen Weg. Auch völlig unabhängig von Therapie, Beratung oder jeder Art von Behandlung gilt der Grundsatz, dass Empfehlungen immer nur als richtungweisende Hinweise betrachtet werden sollten.

Als meine erste Frau an Krebs erkrankt war, haben viele Menschen, egal ob Freunde und Familienmitglieder oder Bekannte und Kollegen Hinweise gegeben was zu tun sei. Dies auch hin und wieder mal in einer Art, als wäre genau dieser Hinweis der allein Richtige oder die entsprechende Maßnahme eine absolute Notwendigkeit. „Es muss gemacht werden", war dann oft die emotionale Haltung hinter solchen Hinweisen. Psychologisch betrachtet zeigt dies natürlich oft nur die Angst oder Hilflosigkeit der Betreffenden, die eine solche lebensbedrohliche Krankheit anderer Menschen auch bei ihnen selbst auslösen kann und die sich unter solchen Absolutsetzungen dann verbirgt. Dennoch möchte ich hier anmerken, dass bei dieser Art von Ratschlägen manchmal die Persönlichkeit mit ihrer eigenen Individualität und ihren eigenen Erfahrungen und Ansichten missachtet wird und sich so eine Verletzung der Würde ergeben kann. Hier passt dann wirklich der Satz: „Ratschläge können auch Schläge sein".

Auch in den Bereichen wie Politik, Religion und Spiritualität kann man unter Missachtung der Individualität Handlungsvorschläge machen, so als wären alle Menschen gleich, und für jeden das Gleiche passend und genau das Richtige. So können Vorschläge, Empfehlungen oder Hinweise wieder als absolut richtig und unumstößlich gelten. Auch hier ist es möglich, dass die Persönlichkeit in ihrer ganz speziellen Individualität mit ihren ganz eigenen Erfahrungen nicht genügend geachtet oder gar entwertet wird und es damit auch zu Würdeverletzungen kommen kann.

Bei all diesen Beispielen ist natürlich klar, dass es sich nicht immer um Verletzungen der Würde handeln muss, sondern nur bei sehr deutlich aggressiv getönten oder machtvoll geäußerten Vorschlägen diese respektlos wirken können. Also es kommt immer auf die Art der Äußerung und auf den Tonfall an und dann sind es meist auch keine echten Vorschläge mehr.

Ein letzter Bereich, den Reddemann aufzählt und in dem in der Psychotherapie besonders auf mögliche Würdeverletzungen geachtet werden sollte, ist das Recht auf Intimität. Damit ist vor allem gemeint, wie durch eine auf Ordnung und Kontrolle ausgerichtete Haltung in der stationären Therapie, die Würde verletzt werden kann.[8] So stellt sich die Frage, ob immer mehr Wissen oder immer mehr Informationen über den Patienten oder in anderen Bereichen allgemein, immer mehr Wissen über Persönliches anderer Menschen nicht manchmal die Würde der Intimität verletzen kann. Ganz allgemein wird es in unserer „Kultur der scheinbaren Schamlosigkeit" immer mehr zu einer Zeiterscheinung, sehr persönliche oder gar intime Aspekte der Persönlichkeit offen zu zeigen und vor allem zu erwarten, dass Menschen sich so offen zeigen. Dabei wird manchmal vergessen, dass die angemessene Scham uns ja gerade schützen sollte vor Verletzungen unserer Integrität und auch Intimität. Die Boomeritis unserer Zeit verlangt oft persönliche Öffnung, Grenzenlosigkeit und manchmal ein hemmungsloses Sich-Zeigen. Somit werden in diesem Bereich durch die Restegozentrik Würdeverletzungen immer häufiger, oft ohne als solche erkannt zu werden. Sich zu öffnen, sich zeigen oder sich offen mitzuteilen wird im Gegenteil als fortschrittlich oder humanistisch und manchmal als neues Bewusstsein bezeichnet. Hierzu können wir auch den Wandel des Bewusstseins zu einem grünen W-Mem oder zu einem Wir-Bewusstsein zählen allerdings in seiner pathologischen Entwicklung, der Boomeritis. In ihrer extremen Ausprägung oder einer unpassenden Situation kann diese dann würdeverletzend werden.

Die Scham als Hüterin der Würde zeigt uns, wenn der tiefste Kern oder der intime Kern unseres Ich-Selbst scheinbar oder tatsächlich angegriffen wird. Als Signalgefühl schützt sie besonders unsere Integrität. Vor allem in den Bereichen der menschlichen Bedürfnisse nach Schutz, Zugehörigkeit, Integrität und Anerkennung hat die Scham die Schutzfunktion vor Würdeverletzungen.[9] Das bedeutet die Scham zeigt uns die Verletzungen oder Erschütterungen in diesen Bereichen als Beschämungen an. Erinnern wir uns, diese Bereiche sind angesiedelt in den ersten W-Memen des menschlichen Bewusstseins. In Beige geht es vor allem um Schutz und die Beschämungen die in dieser Zeit der Geburt und einige Zeit nach der Geburt stattfinden, sind Würdeverletzungen im Bedürfnis nach Schutz. In Purpur geht es vor allem in der gleichen Art um das Bedürfnis nach Zugehörigkeit und ab Rot um das Bedürfnis nach Integrität und Anerkennung.

Dialog

Ein weiteres mir im Zusammenhang mit der Restegozentrik deutlich gewordenes Thema ist der zwischenmenschliche Dialog. Der Begriff „Dialog“ ist in der letzten Zeit immer wichtiger geworden, wenn es grundsätzlich um stärkerer Beachtung der Würde oder um mehr Achtung und Anerkennung, vor allem in der Arbeitswelt geht. In einem Artikel, in dem es mir vorwiegend um einige Variationen des Narzissmus in der Beratung ging, habe ich mit dem Zitat von Martin Buber über die Liebe begonnen. Darin geht es ja darum, dass die Liebe dem Ich nicht anhaftet, sondern dass sie zwischen Ich und Du ist.[10]

Dialog hat mit der Gleichwertigkeit der Dialogpartner zu tun, bei der es um dieses Dazwischen geht, um die Bezogenheit und nicht darum den anderen jeweils zum Objekt zu machen. Hier noch mal die Erinnerung an die sogenannte Verobjektivierung anderer Menschen, die ich als zugehörig zum falschen Selbst im 3. Kapitel schon genannt habe. Diese Verobjektivierung kann oft so weit gehen, dass jemand, der in seiner Restegozentrik verhaftet ist, überhaupt nichts versteht, wenn man von Respekt, Achtung oder Bezogenheit gegenüber anderen Menschen spricht.

Beim Dialog geht es nun in erster Linie um eine bestimmte, vielleicht neue Art des Zuhörens sowie um den grundsätzlichen Respekt vor der Meinung eines anderen. Weiter wird so etwas wie freischwebendes Beobachten und die eigene Stimme finden genannt.[11]

Ich möchte einige Kernfähigkeiten im Dialog nun etwas genauer beschreiben.[12]

- *Anfängergeist oder lernende Haltung*
- *Radikaler Respekt*
- *Offenheit*
- *Von-Herzen-sprechen*
- *Zuhören*
- *Verlangsamung*
- *In der Schwebe halten oder suspendieren*
- *Produktives Plädieren*
- *Erkundende Haltung*
- *Den Beobachter beobachten*

Als Anfängergeist wird eine Bereitschaft bezeichnet, sich auf eine neue Begegnung und auf ein neuartiges Denken, Hören und Sprechen einzulassen. Wir können diese Art des Hörens auch als ein Zuhören aus der inneren Stille bezeichnen. Es ist ein unvoreingenommenes Lernen aus einer Haltung der Leere heraus.

Respekt bedeutet immer erneut hinschauen, einen zweiten Blick auf den Menschen richten, um ihn so wirklich besser zu verstehen. Respekt gilt als aktiver als Toleranz: Ich bemühe mich darum, die Welt aus der Perspektive des anderen zu sehen. Für William Isaacs schwingt beim Begriff Respekt auch die Bedeutung „Ehrung“ oder „Unterwerfung“

mit.[13] Auch Legitimierung nennt er in diesem Zusammenhang und meint damit, dass andere Menschen, auch wenn man sie nicht mag, als Geschöpfe Legitimität besitzen. Beides zeigt wieder sehr schön den Zusammenhang von Respekt und Würde des Menschen. Ich weise hier schon mal darauf hin, dass auch der Begriff „kommunikative Ethik" eine wichtige Rolle spielt, auf den ich anschließend noch etwas näher eingehen werde.

Offenheit bedeutet die Bereitschaft offen zu sein für neue Ideen, andere Perspektiven und auch offen dafür, gewohnte Annahmen infrage zu stellen.

Um wirklich herauszufinden, was man eigentlich will oder was man eigentlich fühlt, kann es sehr hilfreich sein, dass Prinzip „Von-Herzen-sprechen" zu verinnerlichen. Es ist die Fähigkeit wesentliche Gedanken und Gefühle zu äußern, auch wenn diese unüblich oder gar unbequem sind. Es geht darum, das was wirklich wichtig ist, zu erkennen und auszusprechen und nicht zu reden um irgendwie intellektuell oder in seiner Rhetorik anerkannt zu werden.

Beim Zuhören ist es wichtig, so vorbehaltlos wie möglich präsent sein und mit Empathie die Rolle einer „Hebamme" einzunehmen, für neue Gedanken und Fragen des anderen.

Im Dialog soll es möglich werden, den altgewohnten, gedanklichen und emotionalen Mustern ihre Wirkung zu nehmen und dies kann ohne einen Prozess der Verlangsamung wohl kaum möglich werden.

Die folgende Kernfähigkeit halte ich für besonders wichtig in dem Prozess des Wandels der Restegozentrik und damit auch für eine Verhaltensänderung mit dem Ziel andere Menschen weniger zu beschämen. Es ist das sogenannte Suspendieren oder die eigenen Annahmen und Bewertungen in der Schwebe halten. Vor allem können wir lernen, uns unsere impulsiven, emotionalen und gedanklichen Reaktionen bewusst zu machen und sie dann freischwebend zu beobachten, ohne sofort zu reagieren. Dies ist eine Möglichkeit des Suspendierens, eine andere ist es, diese Reaktionen offenzulegen und sie dann in der Schwebe zu halten, also sie nicht gleich als selbstverständlich gültig oder gar als absolut richtig anzunehmen und zu deklarieren. Klar ist doch, dass unsere individuell oft sehr unterschiedlichen Glaubenssätze, Meinungen und Überzeugungen schnell mal zum Anlass für Missverständnisse oder Konflikte werden können.

Als produktives Plädieren wird die Fähigkeit bezeichnet, auch die Wurzeln meines Denkens und Fühlens auszusprechen und nicht nur das Ergebnis. Also ähnlich wie ich es an einer Stelle beim Thema Würde schon beschrieben habe, den Weg oder den Prozess mitteilen, wie es zu bestimmten Vorstellungen oder Ansichten kommt.

In der erkundenden Haltung wird die Rolle des Wissenden aufgegeben oder verlassen um ähnlich wie beim Anfängergeist offen zu werden für Neugier, Achtsamkeit und Bescheidenheit.

Man weiß nicht, möchte aber wirklich etwas erfahren.

Als letztes sei noch festzuhalten, dass man sich selbst im Dialogprozess beobachten kann um seine Muster des Denkens, der Gefühle und letztlich des kommunikativen Stils bewusst zu machen.

Kommunikative Ethik

Wir haben gesehen, wie bedeutend die Beachtung der Würde des Menschen und vor allem auch eine dialogische Kommunikation für die Arbeit an der Restegozentrik sein kann und wie wir dadurch verletzendes und somit beschämendes Verhalten anderen Menschen gegenüber deutlich reduzieren können. Dies gilt einerseits für jede gesellschaftliche Kommunikation, besonders aber auch für die individuellen Beziehungen der Menschen untereinander, also für die zwischenmenschliche Kommunikation und den persönlichen Kontakt. Ich will nun zum Abschluss ein Konzept vorstellen, welches vor allem auch im gesellschaftlichen also auch im politischen Diskurs immer größere Bedeutung bekommen könnte. Im Buch über die Würde von Luise Reddemann stieß ich auf ein moralisches Prinzip, bei dem wir dazu angeregt werden, „jeden Menschen als jemanden zu betrachten, dessen Standpunkt wir aus der Achtung vor seiner moralischen Würde, die wir ihm schulden, in unsere Überlegungen einzubeziehen haben“[14] In ihren Ausführungen über den konkreten anderen, zeigt uns die Philosophin Seyla Benhabib, wie sehr für sie zum Menschsein und zur Individualität die moralischen Kategorien Verantwortung, Bindung und Teilen gehören, und dass zu diesen Kategorien die entsprechenden moralischen Gefühle gehören, die sie Liebe, Anteilnahme, Mitgefühl und Solidarität nennt.[15]

In ihrer Darstellung einer kommunikativen Ethik geht sie von einem moralischen Ideal der gegenseitigen Achtung aus, das darauf beruht, dass Menschen sich einander als Wesen begegnen, deren Standpunkte dieselbe Achtung verdienen. Einen Angriff auf die Grundlagen für Respekt und Achtung sieht sie dann, „wenn die Bedingungen für die Entwicklung des Selbstwertgefühls und des Gefühls, von anderen anerkannt zu werden fehlen".[16] Würde, Achtung und Anerkennung sind es also, die der aktiven Beschämung anderer Menschen die notwendigen Grenzen setzen und die es überall, wo Menschen sind, zu entwickeln und zu fördern gilt. Es geht also im Dialogverhalten nicht in erster Linie um den Konsens, sondern das Ziel ist der Prozess des Gesprächs und wechselseitiges Verständnis in einer gemeinschaftlichen Suche nach Wahrheit.

„Zu wissen, wie man eine bestehende zwischenmenschliche Beziehung aufrechterhält, bedeutet zu wissen was es heißt ein ICH zu sein, zu wissen, dass ICH FÜR DICH ein anderer bin und dass DU ebenso ein ICH bist für dich selbst und ein anderer für MICH".[17] Hier geht es also um die wirkliche Anerkennung von Menschen, die sich auf gleicher Augenhöhe begegnen. Für Reddemann ist es nun wichtig, dass diese sogenannte Diskursethik auch im quasi privaten Raum der Psychotherapie angewandt werden kann[18] und ich möchte natürlich deutlich betonen, dass sie grundsätzlich für jede zwischenmenschliche Kommunikation ihre Gültigkeit hat. Diese kommunikative Ethik führt uns noch einmal zurück zu der Erkenntnis, dass es eben ein ganz grundsätzliches menschliches Bedürfnis nach fundamentalem zwischenmenschlichen Respekt gibt und dementsprechend auch ein Bedürfnis, nicht respektlos oder gar erniedrigend und damit beschämend behandelt zu werden.[19]

„Sobald wir ‚bemuttern', für andere sorgen oder andere erziehen, setzen wir die Gleichheit bzw. Gleichberechtigung und Autonomie des Wesens, dessen Bedürfnisse wir befriedigen, für dessen Körper oder dessen Geist wir sorgen, die wir heilen oder trainieren, immer schon kontrafaktisch voraus. Wenn diese kontrafaktische Vorannahme der Gleichheit – keine Gleichheit der Fähigkeiten, aber eine Gleichheit hinsichtlich der Ansprüche – fehlt, resultiert daraus schlechte Pädagogik oder erstickende, übertriebene, ‚bestrafende' Fürsorge.[20]

Der Wandel um den es mir in diesem Buch geht ist also letztlich der Wandel im Umgang mit Scham und den Verhaltensmustern der Menschen die immer wieder zur Beschämung führen. In unserer Kultur der scheinbaren Schamlosigkeit ist die Veränderung unserer Masken der Scham und die Minderung unserer Egozentrik ein wesentlicher Aspekt dieses Wandels. Wenn wir in zwischenmenschlichen Begegnungen, in allen persönlichen Kontakten und natürlich in allen Begegnungen, die wir in sogenannten helfenden Berufen oder in allen Arten von Lehrer-Schüler-Verhältnissen erleben, bewusst und aktiv auf die Vermeidung von Würdeverletzungen achten, dann können wir Erschütterungen die Scham auslösen, weitgehend reduzieren oder gar vermeiden. Eine große Unterstützung eines solchen würdevolleren Umgangs mit Menschen kann dabei die Einübung und Anwendung eines dialogischen Verhaltens sein. Dieses Dialogverhalten bildet dann auch die Grundlage einer kommunikativen Ethik, die in der heutigen Zeit immer mehr Beachtung finden sollte, wenn wir einen Wandel aus der Kultur der scheinbaren Schamlosigkeit anstreben und auch eine spirituelle Entwicklung fördern wollen. Der Wandel des individuellen Bewusstseins und darüber hinausreichende, gesellschaftliche und kulturellen Veränderungen sind nicht möglich ohne dass wir die menschliche Scham wieder mehr berücksichtigen und ihren Platz im menschlichen Dasein sehen und dann aber auch würdigen und achten.

ANMERKUNGEN

1. Am Anfang war die Scham

1. Wurmser 1993, S. 28 und S. 65
2. Diesen Hinweis verdanke ich Herrn Günther Krapf der Ausbilder im Autogenen Training und im Kathatymen Bilderleben war. Siehe auch Krapf 1994. Der Text war ein Vortrag von Leon Wurmser, in dem er Gedanken aus seinem später erschienenen Buch vorgestellt hat. Siehe auch Wurmser 1980
3. Leon Wurmser hat sein wichtiges Buch „Die Maske der Scham" genannt (1990)
4. Hier beziehe ich mich besonders auf Seidler 1997
5. Schüttauf, Specht, Wachenhausen 2003, S. 40
6. Seidler 1995, S. 31
7. Mit unvollendet meine ich hier das Zurückgeworfen-Sein des Menschen auf sein reines körperliches Sein und auch der Mensch als zu früh geborenes Wesen, siehe Tisseron 2000
8. Siehe auch Marks, 2010
9. Siehe auch Beaumont 1987, 1988, 1989
10. Siehe auch Bradshaw 1993
11. Sartre 1999, S. 13ff
12. Wurmser 1990, S. 40
13. Siehe Lewis 1995
14. Lietzmann 2007, S. 43ff, zur Vertiefung siehe auch Breun 2014
15. Eine erste etwas ausführlichere Darstellung der Schamattacken siehe Kölling, 2009.
16. Wurmser 1990, S. 56, Hirsch 2007, S. 25ff
17. Rita Werden bezieht sich hier vo allem auf Agnes Heller. Werden 2015, S. 132
18. Wurmser 1989, S. 44ff, ders. 1990, S. 112ff
19. Hirsch 2007, S. 75

2. Schamgefühle und die Spaltung der Gegensätze

1. Tiedemann 2010, S. 51

3. Die seelische Zerrissenheit

1. siehe Masterson 1993
2. In diesem Zusammenhang habe ich sehr viel von Hunter Beaumont gelernt bei dem ich mich an dieser Stelle sehr bedanken möchte
3. Siehe dazu auch Kohut 1981, Johnson 1988, 1990
4. Heinz Kohut spricht von einer horizontalen Spaltung zwischen falschem und symptomatischen Selbst und von vertikaler Spaltung zwischen diesen beiden Zuständen und dem tiefer im Unbewussten liegenden wahren Selbst. Kohut, 1987, S. 84

4. Verschmelzung oder Distanz

1. Schwartz-Salant 1991, S. 66
2. Siehe beispielsweise die Literatur von Kernberg, Masterson und Rohde-Dachser
3. hier handelt es sich um die unveröfffentlichte Diplomarbeit, Kölling 1984
4. Tiedemann 2010, S. 447

5. Muttersöhne

1. Nitzschke 1988, S. 78
2. Verena Kast möchte ich an dieser Stelle Dank sagen für einige Jahre Supervision, siehe Kast 1994
3. Siehe dazu Jessica Benjamin 1990
4. Siehe dazu Stoller 1979, Person und Oversey 1993
5. Siehe Mitscherlich 1963
6. Siehe dazu auch Stoller 1979 und Kölling 1993, 1993
7. Die vor einigen Jahren verstorbene Kollegin Ingrid Olbrich, der ich auch für eine kurze Zusammenahrbeit danken möchte, hat mir gegenüber einmal den Wunsch geäußert, ich möge doch etwas zur männlichen Gewalt in der Sexualität schreiben. Dies ist ein kleiner Versuch diesem Wunsch wenigstens ansatzweise etwas nachzukommen. Olbricht 2004
8. Siehe Nitzschke 1988

9. Badinter 1997, S. 76
10. Hier orientiere ich mich an dem Buch von Irene Fast (1996)
11. v. Franz 1987, S. 9/10
12. dies. S. 17
13. dies. S. 28
14. Schiff 1996, S. 141
15. Harvey A. Hornstein stellt das Gedicht von Erich Kästner an den Anfang seines Buches. Hornstein 1993, S. 7/8
16. Görtz, Sarkowicz, S. 88
17. Kutter 1986, S. 42, Kölling 1993, S. 441
18. Tiedemann 2010, S. 408-410
19. Siehe dazu Hornstein 1993

6. Vatertöchter

1. Leonard 1990, S. 34
2. dies. S. 26ff
3. dies. S. 33/34
4. dies. S. 37ff
5. siehe Onken 2003

7. Suche – Sehnsucht – Sucht

1. Schaef 1995, S. 332
2. Siehe auch Chodorow 1985, S. 143-145
3. Siehe Franck 1997
4. Wurmser 1997, S. 112ff
5. Schaef 1992, S. 8ff
6. Keen 1992, S. 27
7. Carnes 1992, S. 17,
8. Schaef 1992, S. 48, S. 109, 1995, S. 328 ff, Carnes 1992, S. 164ff
9. Schaef 1992, S. 53ff
10. Siehe auch "Heinrich von Ofterdingen" in Novals Werke in einem Band 1995
11. Der sogenannte Blumentest ist eine diagnostische Technik die in der Katathym Imaginativen Psychotherapie (KIP) angewendet wird.

8. Schamgefühle Stolpersteine auf dem spirituellen Weg

1. Ken Wilber 1999, S. 415
2. Dieser Therapeut, der für mich dann auch Ausbilder und eine Art spiritueller Lehrer wurde, hies Henning von der Osten. Siehe auch von der Osten 1997
3. Erwähnen möchte ich jedoch einige Lehrer mit denen ich u.a. gearbeitet habe, Stanislav Grof, Sogyal Rinpoche, Jack Kornfield. In der Litraturliste habe ich ausgewählte Publikationen angegeben. Besonders bei Stan Grof möchte ich mich hier auch bedanken. Ich habe sehr Wichtiges von ihm gelernt.
4. Jessica Benjamin 1990, S. 35
5. Altmeyer 2000, Kölling 2006
6. Den Begriff Holon hat Ken Wilber u.a. von Arthur Koestler übernommen, Koestler 1989, S. 35ff. Ich beziehe mich aber nur auf Wilber 2001, S. 57ff
7. Kölling 2006, Kornfield 1995, S. 152-72
8. Siehe Wilber 2001, S. 66/67
9. Pahnke 1966, 1972, in Leuner 1996, Grof 2002, Wilber 2007
10. Grof 1985, 2002, Wilber 2006, 2007, Wilber, Patten, Leonard Morelli 2010
11. Wilber 2001, S. 66ff
12. Siehe Grof, C., Grof, S. 1991
13. Siehe auch Almaas A.H. 1992, 1994

9. Stufen des Bewusstseins

1. Beck, Cowan 2007, S. 30
2. Beck, Cowan, S. 26 ff, Wilber 2007, S. 90 ff
3. Siehe Wilber 2006, Laloux 2015
4. Siehe Küstenmacher, Haberer, Küstenmacher 2010
5. Beck, Cowan, S. 48
6. Siehe auch Böhme 2012, Zwiebel/Weischede 2015
7. Siehe auch Schüttauf, Specht, Wachenhausen 2003
8. Wilber 2006, S. 121
9. Beck, Cowan, S. 333
10. Küstenmacher u.a , S. 297

11. Laloux S. 323
12. Beck, Cowan, S. 371ff
13. Wilber 2006, S. 115
14. Küstenmacher u.a., S. 107ff
15. Beck, Cowan, S. 405ff
16. Küstenmacher u.a., S. 139ff, S. 299
17. Siehe auch Böhme 2012, S. 9
18. Beck, Cowan, S. 412
19. Laloux S. 43 und S. 326
20. Beck, Cowan S. 419
21. dies. S. 425

10. Hindernisse und Blockaden

1. Beck, Cowan S. 100
2. Küstenmacher u.a., S. 23-29
3. Siehe Wilber 2002
4. Beck, Cowan, S.102-112 (das ganz Kapitel)

11. Der Fluss der Entwicklung

1. Wilber 1999, S. 260
2. Siehe auch Lietzmann 2007, S. 49
3. Siehe Wilber 2007, Abbildung 17, S. 96/97, Laloux S. 14ff
4. Wilber 2007, S. 90ff
5. Clare Graves in Beck, Cowan, S. 30
6. Wilber 2001, S. 109ff
7. Siehe auch Grof 1985, 1985, 2002
8. Grof 2002, S. 67
9. Siehe Tisseron 2000, S. 32ff

12. Die Arbeit mit inneren Einstellungen

1. Casriel in Stauss 2006, S. 80
2. Siehe auch Casriel 1995, Lair & Lechler 2000, Stauss 2006, Lechler & Meier 2007, Kölling 2014. An dieser Stelle möchte ich mich auch bei Walter Lechler bedanken mit dem ich persönlich einige sehr kons-

truktive Gespräche über die hier beschriebene Arbeit hatte und der inzwischen verstoben ist.

3. Siehe auch die Arbeiten von Arthur Janov u.a. 1974, 1982, 1984
4. Siehe Fanita English in Petzold & Paula 1976 oder Steiner 1985
5. Manual Teil 2, EMDR-Institut Deutschland 1999
6. Praxis der Schematherapie von Eckard Roediger 2009, S. 59ff
7. Stauss S. 60-63, Kölling 2014
8. Siehe vor allem Leuner 1988, Wilke 2004
9. Siehe Reddemann 2008, S. 109 und in diesem Buch im letzten Kapitel
10. Siehe vor allem die Schriften von Altmeyer 2000, Asper 1997, Frommknecht-Hitzler 1997, Johnsson 1988, 1990, Kernberg 1978, 2002, Kohut 1976, 1981, 1987, Masterson 1993, Rohde-Dachser 1979, 1989, Symington 1997, Volkan, Ast 1992, Volkan 1994, Wirth 2002,Wolf 1996

13. Da-Sein

1. Piaget siehe Wilber 2001, S. 264 und Wilber 2001, S. 264
2. Siehe auch Grof, C., Grof, S. 1991
3. Hirsch, M. 2007, S. 74/75

14. Verlust der Einheit

1. Siehe Kölling 2014

15. Egozentrik

1. Siehe auch Frommknecht-Hitzler 1994, S. 130
2. Siehe auch Anmerkung 10 vom 12.Kapitel

16. Die Wandlung der Beziehung zur inneren Mutter

1. Keen, S. 1992, S. 27

17. Die Wandlung der Beziehung zum inneren Vater

1. Leonard, L. 1990, S. 62

18. Die Suche nach der frühen Einheit

1. Grof, C. 1994, S. 153
2. Brando, M. 1996, S. 323
3. Siehe auch: The Augustine Fellowship, S.L.A.A. Deutschland e.V. 1997
4. Martin Buber: Ich und Du 1923 in: Das dialogische Prinzip. 1979
5. Schaef, A.W. 1995, S. 331

19. Der Fluss der Genesung

1. Beck, Cowan S. 482/483
2. Siehe Scharmer, C. O. 2001, Laloux, F. 2015
3. Siehe Almaas, A.H. 1992, 1994

Exkurs: Die Kultur der scheinbaren Schamlosigkeit

1. Greiner 2014, S. 276
2. Ich beziehe mich bei diesem Thema u.a. auf Neckel 1991, Landwehr 1999, Lotter 2012, Greiner 2014, Werden 2015
3. Siehe auch Neckel, S. 52ff
4. Siehe auch Lotter 2012, S. 100, Greiner 2014, S. 283
5. Greiner S. 283
6. Landwehr S. 167/168

20. Boomeritis oder ein postmoderner Sozialcharakter

1. Rushdi in Sennett 2000, S. 181
2. Siehe Postman 1987
3. Siehe Bly 1998
4. Kölling 1986, S. 242
5. Siehe Richter 1982
6. Siehe Riemann 1979, Kölling 2002, S. 120
7. Siehe vor allem Parin 1978
8. Die nun folgenden Ausführungen siehe auch Kölling 2002
9. Richter H.-E. 1979
10. Richter H.-E. 2002
11. Siehe Diekmann und Springer 1988
12. Siehe von Minden 1988

13. Siehe Lipovetsky 1995
14. Siehe auch Kölling 2006
15. ders. S. 47, Sennett, R. 2000, S. 10
16. Sennett S. 182
17. Hettlage 2000, S. 9ff
18. ders. S. 20ff
19. Lipovetsky, S. 208
20. ders. S. 20
21. Siehe Ehrenberg 2008
22. Siehe Winterhoff-Spurk 2004
23. Beck, Cowan S. 48
24. Siehe auch Mentzos 1991, Schmidbauer 1999, Winterhoff-Spurk 2004
25. Winterhoff-Spurk S. 19
26. Tiedemann, J.L. 2010, S. 406ff
27. Geißler 2005 und Kölling 2013
28. Siehe Debold 2012
29. Siehe Wilber 2012
30. Siehe Maaz 2012
31. Siehe Schmidbauer 2012
32. Wer oder was begehrt, beneidet oder hasst? Vortrag von KlausTheweleit, gehalten im Mai 2015 auf der Jahrstagung der Deutschen Psychoanalytischen Gesellschaft (DPG), Kulturradio rbb 02.07.2015
33. Siehe auch Lippman 2013, S. 82
34. ders. S. 158
35. Keupp 1988, 1989, zit. nach Lippmann S. 158
36. Keupp, 2012, S. 93ff
37. Heiner Keupp zeigt dies in seinerm Artikel sehr viel ausführlicher (2012, S. 86) und er bezieht sich dabei auch auf Heller (1996)
38. Siehe auch Amarque 2010
39. Hier beziehe ich mich vor allem auf Wilber 2007, S. 11ff und Wilber, Patten, Leonard, Morelli 2010, S. 31ff
40. Wilber, 2007, S. 41
41. Wilber, 2007, S. 18ff
42. Wilber, 2007, S. 93

43. Wilber, 2007, S. 90ff und Wilber, Patten, Leonard, Morelli, 2010, S. 113ff
44. Wilber, Patten, Leonard, Morelli 2010, S. 135ff
45. Keupp 2012, S. 86

21. Schritte des Wandels

1. in Reddmann 2008, S. 38
2. Siehe Schmidbauer 2005
3. Siehe Reddemann S. 37ff
4. Reddemann S. 46
5. Zum Thema Würde siehe auch Marks 2010, Kölling 2007
6. Reddemann S. 108ff, Kölling 2013
7. Reddemann S. 112
8. Reddemann S. 115ff
9. Siehe Marks 2010, S. 33
10. Siehe auch Anmerkung 4 hier im 18 Kpitel und Kölling 2013, S. 438
11. Isaacs, W. 2002, S. 83ff
12. Hier beziehe ich mich vor allem auf Findeis-Dorn 2005 und auf Informationen von Wünsche-Pietzka & Peter Seier vom office@dialogue transnational.de
13. Isaacs S. 10
14. Benhabib 1995, S. 152
15. dies. S. 176
16. dies. S. 43/44
17. dies. S. 71
18. Reddemann S. 69
19. dies. S. 72
20. Benhabib S. 284, Reddemann S. 62/63

LITERATUR

Abelin, E.L. (1986): Die Theorie der frühkindlichen Triangulierung. In: Stork, J. (Hrsg.)

Almaas, A.H. (1992): Die Leere. Oldenburg (Tranform Verlag)

ders. (1994): Essenz. Oldenburg (Transform Verlag)

Altmeyer, M. (200): Narzissmus und Objekt. Göttingen: Vandenhoeck & Ruprecht.

Amarque, T. (2010): Wie wir wurden, wer wir sind – und was wir werden können. Bielefeld (Kamphausen)

Amendt, G. (1999): Vatersehnsucht - Annäherung in elf Essays. Universität Bremen. Institut für Geschlechter- und Generationenforschung

Asper, K. (199O): Verlassenheit und Selbstentfremdung. München (dtv).

Badinter, E. (1997): Die Identität des Mannes. München, Zürich (Piper)

Bauriedl, T. (198O): Beziehungsanalyse. Frankfurt a.M. (Suhrkamp).

dies. (1987): Narziß als Ödipus. Unveröffentl. Manuskript.

Beaumont, H. (1987): Prozesse des Selbst in der Paartherapie. Gestalttherapie 1, Heft 1, S.38-51

ders. (1988): Ein Beitrag zur Gestalttherapietheorie und zur Behandlung schizoider Prozesse. Gestalttherapie 2, Heft 2, S. 16-26

ders. (1989): Einige Implikationen des "Dialogischen Prinzips" Martin Bubers für die Theorie und Praxis der Gestlttherapie der narzißtischen Charakterstörung. In: Ich und Du. Dokumentation der Münchner Gestalt-Tage 88, Eurasburg (G.F.E.)

ders. (2008): Auf die Seele schauen. München (Kösel)

Beck, D.E., Cowan, C.C., (2007): Spiral Dynamics. Bielefeld (J. Kamphausen Verlag)

Benhabib, S., (1995): Selbst im Kontext. Frankfurt a.M. (Suhrkamp)

Benjamin, J. (1990): Die Fesseln der Liebe. Frankfurt a.M. (Stroemfeld/ Roter Stern)

dies. (1996): Phantasie und Geschlecht. Frankfurt a.M. (Fischer Taschenbuch)

Bly, R., (1998): Die kindliche Gesellschaft. München (Knaur)
Böhme, G., (2012): Ich-Selbst. München (Wilhelm Fink)
Bradshaw, J. (1993): Wenn Scham krank macht. München (Knaur)
Brando, M. (1996): Mein Leben. München (Goldmann)
Breun, R., (2014): Scham und Würde. Freiburg/München (Verlag Karl Alber)
Buber, M. (1979): Das Dialogische Prinzip. Heidelberg (Verlag Lambert Schneider)
Carnes, P. (1992): Wenn Sex zur Sucht wird. München (Kösel)
Casriel, D. (1995): Wiederentdeckung der Gefühle. Oberursel (12&12 Versand & Verlag)
Chodorow, N. (1985): Das Erbe der Mütter. München (Frauenoffensive)
Dammann, G. (2007): Narzissten, Egomanen, Psychopathen in der Führungsetage. Bern (Haupt Verlag)
Debold, E. (2012): Die Boomeritis & Ich.http://www.wie.org/de/j8/debld.asp
Dieckmann, H. & Springer, A. (Hrsg.) (1988): Selbstzerstöung–Weltzerstörung. Olten (Walter)
Dieckmann, H. (1991): Komplexe. Berlin-Heidelberg (Springer)
Ehrenberg, A. (2008): Das erschöpfte Selbst. Frankfurt a.M (Suhrkamp) EMDR
Fassel, D. (1991): Wir arbeiten uns noch zu Tode. München. (Kösel)
Fast, I. (1996): Von der Einheit zur Differenz. Frankfurt a.M. (Fischer TB)
Findeis-Dorn, C. (2005): Achtsamkeit üben im Dialog. In: Neuen, C. (Hrsg)
Franck, B. (1997): Ich schau in den Spiegel und sehe meine Mutter. München (Goldmann)
Frommknecht-Hitzler, M. (1994): Idealisierung, Idealbildung und Selbtgefühl. Würzburg (Königshausen & Neumann)
Geißler, C. (2005): Was sind Babyboomer? Harvard Business Manager, 10.
Gottschalch, W. (1988): Narziss und Ödipus. Heidelberg (Asanger)
Görtz, F.J., Sarkowicz, H. (1998): Erich Kästner - Eine Biographie. München (Piper)

Greiner, U. (2014): Scham Verlust. Reinbeck (Rowohlt)
Grof, C., Grof, S. (1991): Die stürmische Suche nach dem Selbst. München (Kösel)
Grof, C. (1994): Sehnsucht nach Ganzheit. München (Kösel)
Grof, S. (1985): Vorstoß ins Unbewußte. In: Walsh,R.N.,Vaughn, F., (Hrsg): Psychologie in der Wende. Bern/München/Wien (Scherz)
ders. (1985): Geburt, Tod und Transzendenz. München (Kösel)
ders. (2002): Die Psychologie der Zukunft. Wettswil (Edition Astrodata)
Heinrichs, H.J. (1985): Die Katastrophale Moderne. Frankfurt/M (Fischer)
Heller, A., (1996): Ist die Moderne lebensfähig? Frankfurt/M (Campus)
Hettlage, R. & Vogt, L. (2000): Identitäten in der modernen Welt. Wiebaden (Westdeutscher Verlag
Hilgers, M. (1977): Schamkonflikte bei stationären psychotherapeutischen Behandlungen in Psyche 12: 1161-1200
Hirsch, M. (2007): Schuld und Schuldgefühl. Göttingen (Vandenhoeck & Ruprecht)
Hollstein, W. (1991): Nicht Herrscher, aber kräftig. Reinbek (Rowohlt)
ders. (1999): Männerdämmerung. Göttingen. (Vandenhoeck & Ruprecht)
Hornstein, H.A. (1993): Die Kümmerer. Reinbek (Rowohlt)
Isaacs, W. (2002): Dialog als Kunst gemeinsam zu denken. Berlin EHP
Janov, A. (1974): Das befreite Kind. Frankfurt am Main (Fischer)
ders. (1982): Der Urschrei. Frankfurt am Main (Fischer)
ders. (1984): Frühe Prägungen. Frankfurt am Main (Fischer)
Johnson, S.M. (1988): Der narzißtische Persönlichkeitsstil. Köln (Edition Humanistische Psychologie).
ders. (1990): Charakter-Transformation. Oldenburg (TransForm).
Jung, C.G. (1991): Archetypen, München (dtv)
Kast, V. (1990): Die Dynamik der Symbole. Olten und Freiburg im Breisgau (Walter)
dies. (1994): Vater-Töchter Mutter-Söhne. Stuttgart (Kreuz).
Kernberg, O.F. (1978). Borderline-Störungen und pathologischer Narzißmus. Frankfurt/Main (Suhrkamp)
ders. (2002): Affekt, Objekt und Übertragung. Gießen (Psychosozial-Verlag)

Keen, S. (1992): Feuer im Bauch. Hamburg (Kabel Verlag)

Keupp, H. (1988): Auf dem Weg zur Pachwork-Identität? In: Verhaltenstherapie und psychosoziale Praxis, 20(4), S.425-438

ders. (1989): Auf der Suche nach der verlorenen Identität. In Keupp H., Bilden H. (Hrsg.), Verunsicherungen. Das Subjektim gesellschaftlichen Wandel S. 47-69. Göttingen (Hogrefe)

ders. (2012): Identität und Individualisierung: Riskante Chancen zwischen Selbstsorge und Zonen der Verwundbarkeit – sozialpsychologische Perspektiven. In: Petzold, H.G., Identität. Ein Kernthema moderner Psychotherapie – interdisziplinäre Perspektiven. S. 77-105. Wiesbaden (VS Verlag)

Koestler, A. (1989): Der Mensch Irrläufer der Evolution. Frankfurt a.M. (Fischer TB)

Kohut, H. (1976): Narzißmus. Frankfurt a.M. (Suhrkamp).

ders. (1981): Die Heilung des Selbst. Frankfurt a.M. (Suhrkamp).

ders. (1987): Wie heilt die Psychoanalyse. Frankfurt a.M. (Suhrkamp)

Kornfield, J. (1995): Frag den Buddha und geh den Weg des herzens. München (Kösel)

Kölling, W. (1984): Kommunikations- und Beziehungsstörungen bei Patienten mit Borderline-Syndrom. Unveröffentl. Diplomarbeit, München, Ludwig-Maximilians-Univerität

ders. (1986): Tschernobyl und die Betroffenheit: In: Integrative Therapie 12. Jahrgang, 3/1986. Paderborn. (Junfermann-Verlag)

ders. (1993): Väter in der Familienberatung. In: Integrative Therapie, 19. Jahrgang, 4/1993. Paderborn. (Junfermann-Verlag)

ders. (1993): Väter in Trennungskrisen. In: Menne, K., Schilling, H.,Weber, (Hrsg): Kinder im Scheidungskonflikt. Weinheim (JUVENTA)

ders. (2002): Der flexible Mensch und die Scham. In: psychozaozial Heft IV

ders. (2006): Schamgefühle – Stolpersteine auf dem spirituellen Weg. In:Transpersonale Psyhologie und Psychotherapie. Heft 1. Via Nova

ders. (2007): Die Kultur der scheinbaren Schamlosigkeit und ihre Bedeutung für eine Fehlerkultur. In: OSC Organisationsberatung, Supervision, Coaching. 14 Jahrg. Heft 3, Wiesbaden

ders. (2009): Geschlechtsspezifische Schamattacken. In. Bube, Dame, König–Dis. S. 50–56. Wildwasser Hrsg. Köln (mebes & noack)
ders. (2013): Variationen über Narzissmus. In: OSC Organisationsberatung Supervision Coaching. 20 Jahrg. Heft 4. Wiesbaden (Springer)
ders. (2014): Festschrift Hochgratklink Stiefenhofen/Allgäu
Krapf, G. (1994): Autogenes Training aus der Praxis. Springer
Kutter, P. (1986): Vater und Sohn, eine konfliktreiche Beziehung. In: Stork, J. (Hsg)
Kühn, R., Raub, M., Titze, M. (1997): Scham – ein menschliches Gefühl. Opladen (Westdeutscher Verlag)
Küstenmacher, M., Haberer, T., Küstenmacher, W.T. (2010): Gott 9.0. Gütersloh (Gütersloher Verlagshaus)
Lair, J.C., Lechler, W.H. (2000): Von mir aus nennt es Wahnsinn. Freiburg (Kreuz-Verlag)
Laloux, F. (2015): Reinventing Organizations. München (Verlag Franz Vahlen)
Landwehr, H. (1999): Scham und Macht. Tübingen (Mohr Siebeck)
Lasch, C. (1986): Das Zeitalter des Narzissmus. München (dtv)
Lechler, W.H., Meier, A. (2007): Das Bad Herrenalber Modell. Goch (Santiago Verlag)
Leonard, L. (1990): Töchter und Väter. Frankfurt a.M. (Fischer Taschenbuch Verlag)
Leppmann, W. (1981): Rainer Maria Rilke, Leben und Werk. München (Heyne)
Leuner, H. (1988): Lehrbuch der Katathym- imaginativen Psychotherapie. Ber (Huber)
ders. (Hrsg.) (1996): Psychotherapie und religiöses Erleben. Berlin (VWB)
Lewis, M. (1995): Scham. München (Knaur)
Lietzmann, A. (2007): Theorie der Scham. Hamburg (Verlag Dr.Kovac)
Lifton, R.J. (1986): Der Verlust des Todes. München (Hanser Verlag)
Lipovetsky, G. (1995): Narziß oder Die Leere. Hamburg (Europäische Verlagsanstalt
Lippmann, E. (2013): Identität im Zeitalter des Chamäleons. Göttingen (Vandenhoeck & Ruprecht)

Lotter, M.-S. (2012): Scham, Schuld und Verantwortung. Berlin (suhrkamp)
Lowen, A. (1986): Narzißmus. München (Kösel)
Manuel Teil 2 (1999): EMDR Institut Deutschland
Maaz, H.-J. (2012). Die narzisstische Gesellschaft. München (C.H.Beck)
Marks, St. (2010): Die Würde des Menschen oder: Der blinde Fleck in unserer Gesellschaft. Gütersloh (Gütersloher Verlagshaus)
Masterson, J.F. (1993): Die Sehnsucht nach dem wahren Selbst. Stuttgart (Klett-Cotta)
Mentzos, St. (1991): Hysterie. Frankfurt/M. (Fischer)
von Minden, G. (1988): Der Bruchstückmensch. München, Basel (Reinhardt Verlag).
Mitscherlich, A.(1963): Auf dem Weg zur vaterlosen Gesellschaft. München (Piper)
Neckel, S. (1991): Status und Scham. Frankfurt/Main (Campus)
Neuen, C. (Hrsg) (2005): Einander anerkennen. Eine neue Beziehugnskultur. Düsseldorf (Patmos)
Nitzschke, B. (1988): Sexualität und Männlichkeit. Reinbek (Rowohlt).
Novalis. (1995): Werke in einem Band. München (dtv)
Olbricht, I. (2004): Wege aus der Angst Gewalt gegen Frauen. München (Beck)
Olivier, C. (1987): Jokastes Kinder. Düsseldorf (Claassen)
dies. (1997): Die Söhne des Orest. München (dtv)
Onken, J. (2003): Vatermänner. München (Beck Verlag)
Pahnke, W.N. (1996): Drogen und Mystik. In: Leuner (Hrsg.)
Parin, P. (1978): Der Widerspruch im Subjekt. Frankfurt a.M. (Syndikat)
Person, E.S., Ovesey, L. (1993): Psychoanalytische Theorien zur Geschlechtsidentität. In: Psyche 47/ S. 505 – 529
Petzold, H. & Paula, M. (1976): Transaktionale Analyse und Skriptanalyse, Aufsätze und Vorträge von Fanita English. Hamburg (Altmann)
Petzold,H.G. (Hrsg.) (2012): Identität. Ein Kernthema moderner Psychotherapie – interdisziplinäre Perspektiven. Wiesbaden (VS Verlag)
Pilgrim, V.E. (1988): Muttersöhne. Düsseldorf (claassen)
Postman, N. (1987): Das Verschwinden der Kindheit. Frankfurt/M. (Fischer)
Real, T. (1999): Mir geht's doch gut. Bern, München, Wien (Scherz)

Redemann, L. (2008): Würde – Annähereung an einen vergessenen Wert in der Psycho-Therapie. Stuttgart (Klett-Cotta)
Richter, H.E. (1979): Der Gotteskomplex. Reinbeck (Rowohlt)
ders. (1982): Zur Psychologie des Friedens. Reinbeck (Rowohlt)
ders. (2002): Das Ende der Egomanie. Köln (Kiepenheuer & Witsch)
Riemann, F. (1979): Die schizoide Gesellschaft. München (Kaiser)
Roediger, E. (2009): Praxis der Schematherapie. Stuttgart (Schattauer)
Rohde- Dachser, C. (1979): Das Borderline-Syndrom. Bern (Huber)
dies. (1989): Psychoanalytische Theorien zur Entstehung der frühen Objektbilder und ihre Bedeutung für die unbewußte Erfahrung der Geschlechtsdifferenzierung bei Mann und Frau. In: Bartl, G., Pesen dorfer, F. (Hrsg.). Strukturbildung im therapeutischen Prozeß. Wien (Literas).
dies. (1997): Expedition in den dunklen Kontinent. Frankfurt a.m (Fischer)
Rottman, M. (1978): Über die Bedeutung des Vaters in der "Wiederannäherungs-Phase". Psyche 32, S. 1105 - 1147.
de Saint-Exupery, A. (1991): Man sieht nur mit dem Herzen gut. Freiburg (Herder).
Sartre, J.P. (1999): Der Ekel. Reinbek bei Hamburg (Rowohlt)
Schaef, A.W. (1992): Die Flucht vor der Nähe. München (dtv)
dies. (1995): Mein Weg zur Heilung. München (dtv)
Scharmer, C.O. (2009): TheorieU. Heidelberg (Carl Auer)
Schiff, St. (1996): Saint-Exupery, Eine Biographie. München (btb Goldmann)
Schwartz-Salant, N. (1991): Die Borderline Persönlichkeit. Olten und Freiburg i.B. (Walter)
Schmidbauer, W. (1999): Der hysterische Mann. München (Nymphenburger)
ders. (2005): Therapy on Demand. Narzissmus und bedarfsorientiert Psychotherapie. Düsseldorf (patmos Walter Veerlag)
ders. (2012): Das kalte Herz. München (Goldmann)
Schüttauf, K., Specht, E.K., Wachenhausen, G.(2003): Das Drama der Scham. Göttingen (Vandenhoeck & Ruprecht
Seidler, G.H. (1995): Die diagnostische und therapeutische Nutzung der Verfügbarkeit des Schamaffektes in der Beziehungsregulierung grup-

penpsychotherapeutischer Prozesse. In: Gruppenpsychotherapie und Gruppendynamik , Heft 1/31.Jahrg.
ders. (1997): Scham und Schuld. In: Psychosomatische Medizin und Psychoanalyse, Heft 2/43.Jahrg.
Sennett, R. (2000): Der flexible Mensch. Die Kultur des neuen Kapitalismus. Berlin (Siedler)
Sloterdijk, P. (1986): Wieviel Katastrophe braucht der Mensch? In: Psychologie 10
S.L.A.A. (1997): Anonyme Sex- und Liebessüchtige. München (S.L.A.A. Deutschland)
Stauss, K. (2006): Bonding Psychotherapie. München (Kösel)
Steiner, C. (1985): Wie man Lebenspläne verändert. Paderborn (Junfermann-Verlag)
Stoller, R.J. (1979): Perversion- Die erotische Form von Haß. Reinbeck (Rowohlt)
Stork, J.(Hrsg.) (1986): Das Vaterbild in Kontinuität und Wandlung. Stuttgart Bad Cannstat (frommann-holz boog)
Sutton, I.R. (2007): Der Arschloch-Faktor. München (Hanser)
Symington, N. (1997): Narzißmus. Göttingen (Steidl)
The Augustine Fellowship, S.L.A.A. Deutschland e.V. (1997): Anonyme Sex- und Liebessüchtige. München.
Theweleit, K. (2015): Wer oder was begehrt, beneidet oder hasst? Vortrag: Kulturradio rbb 02.07.2015
Tiedemann, J.L. (2010): Die Scham, das Selbst und der Andere. Gießen (Psychosozial-Verlag)
Tisseron, S. (2000): Phänomen Scham. (Reinhardt)
Volkan, V.D., Ast, G. (1992): Eine Borderline Therapie. Göttingen. (Vandenhoeck & Ruprecht).
dies. (1994): Spektrum des Narzißmus. Göttingen. (Vandenhoeck & Ruprecht)
von der Osten, H. (1997): Über die Welt und über Gott. Bielefeld (Kamphausen)
von Franz, M.L. (1987): Der ewige Jüngling. München (Kösel)
Wardetzki, B. (1991): Weiblicher Narzißmus. München (Kösel)
Werden, R. (2015): Schamkultur und Schuldkultur. Münster (Aschendorf Verlag)

Willi, J. (1980): Die Zweierbeziehung, Reinbeck bei Hamburg (Rowohlt)
Wilber, K. (1999): Das Wahre, Schöne, Gute. Frankfurt/M. (Krüger Verlag)
ders. (2001): Eros Kosmos Logos. Frankfurt/M. (Fischer Taschenbuch)
ders. (2002): Über die miesen Meme im Allgemeinen. www.integral-world.net/de./mgm2_de.html
ders. (2006): Integrale Psychologie, Freiamt (Abor Verlag)
ders. (2007): Integrale Spiritualität. München (Kösel)
ders. (2012): Boomeritis. http://integralesleben.orgindex.php?id=648
Wilber, K., Patten, T., Leonard, A., Morelli, M. (2010): Integrale Lebenspraxis. München (Kösel)
Wilke, E. (2004): Katathym-imaginative Psychotherapie KIP. Stuttgart (Thieme)
Winterhoff-Spurk, P. (2004): Kalte Herzen. Vom Einfluß des Fernsehens auf den Sozial-Charakter. Vortrag 54. Lindauer Psychotherapiewochen
Wirth, H.-J. (2002): Narzissmus und Macht. Gießen (Psychosozial-Verlag)
Wolf, E.S. (1996): Theorie und Praxis der psychoanalytischen Selbstpsychologie. Frankfurt a.M. (Suhrkamp).
Wurmser, L. (1980): Das Problem der Scham. Vortragstext, Zürich 19.3.1980
ders. (1989): Die zerbrochene Wirklichkeit. Berlin Heidelberg (Springer)
ders. (1990): Die Maske der Scham. Berlin Heidelberg (Springer Verlag).
ders. (1993): Das Rätsel des Masochismus. Berlin Heidelberg (Springer Verlag)
ders. (1997): Die verborgene Dimension. Göttingen (Vandenhoeck & Ruprecht)
Ziehe, T. (1975): Pupertät und Narzissmus. Frankfurt/M.
Zwiebel, R., Weischede, G. (2015): Buddha und Freud – Präsenz und Einsicht. Göttingen (Vandenhoeck & Ruprecht)